BASTEI
LÜBBE

ber die Autorin:

Fittipaldi arbeitete als Finanzanalystin, bevor sie erblindete
alerin wurde. Seit 1996 verkauft sie ihre Arbeiten auf Aus-
en, inzwischen auch über das Internet und in renommier-
ien. Sie hat zahlreiche Fernsehauftritte hinter sich und
ine Stiftung für seh- und hörbehinderte Kinder. Zu-
ihrem Mann Al leitet sie ein kleines Hotel in San
s.

Lisa Fittipaldi

Berühre das Licht

Ich verlor das Augenlicht und fand die Malerei

Aus dem Amerikanischen von
Cornelia Panzacchi

BASTEI LÜBBE

BASTEI LÜBBE TASCHENBUCH
Band 61622

1. Auflage: November 2007

Vollständige Taschenbuchausgabe
der im Ehrenwirth Verlag erschienenen Hardcoverausgabe

Bastei Lübbe Taschenbücher und Ehrenwirth
in der Verlagsgruppe Lübbe

Titel der amerikanischen Originalausgabe:
»A Brush with Darkness. Learning to Paint after Losing my Sight«

Redaktion: Dr. Arno Hoven, Düsseldorf
Titelbild: © Anne W. Krause/CORBIS
Umschlaggestaltung: Marina Boda
Satz: Bosbach Kommunikation & Design GmbH, Köln
Druck und Verarbeitung: Ebner & Spiegel, Ulm
Printed in Germany
ISBN 978-3-404-61622-0

Sie finden uns im Internet unter
www.luebbe.de
Bitte beachten Sie auch: www.lesejury.de

Der Preis dieses Bandes versteht sich einschließlich
der gesetzlichen Mehrwertsteuer.

*Für Al,
mit Dank für den ersten
Malkasten und alles,
was danach kam*

Maman chérie,

je pense que ce livre
pourrait te plaire beaucoup.
Je t'embrasse
Sandra

24 décembre
2007

Inhalt

Danksagung

Viele Menschen haben durch ihre Arbeit und Unterstützung dazu beigetragen, dass dieses Buch erscheinen konnte. Einigen von ihnen möchte ich an dieser Stelle ganz besonders danken:

Meinem Literaturagenten Jeff Kleinman dafür, dass er an dieses Projekt glaubte und nicht ruhte, bis er den richtigen Verlag gefunden hatte.

Der Lektorin Jean Lukas, der Vertriebsdirektorin Rebecca Murray und den anderen Mitarbeitern des Verlags Andrews McMeel, weil es ein Vergnügen war, mit ihnen zusammenzuarbeiten.

Dem Kunsthändler Jason Siegel, weil er mein Selbstporträt kritisierte und mich immer darin bestärkt, weiterzumalen.

Laura (Lulu) Torbet half mir, meine Gedanken, die ich so zögerlich zu Papier brachte, zu strukturieren, und verlieh dem Ganzen den letzten Schliff. Sie stellte immer die richtigen Fragen, verstand die Antworten und wurde zu einer guten Freundin. Ohne ihr lenkendes Eingreifen wäre das Projekt wohl im Sande verlaufen. Und dies gelang ihr auf eine so ruhige und angenehme Weise, dass die Monate der Zusammenarbeit wie im Fluge vergingen. Ganz herzlichen Dank an Lulu auch noch für meine Bananensocken.

Schließlich danke ich Al Fittipaldi, der mich zum Malen aufforderte und der meine Karriere als Künstlerin auf jede erdenkliche Weise unterstützte. Er las mir jedes Wort jeder Fassung dieses Buchs vor und kocht mir sogar in den frühen Morgenstunden Kaffee. Er ist mein Leitstern.

Als meine Sehkraft nachzulassen begann, war ich verheiratet und in Austin, Texas, als gut bezahlte Finanzanalystin bei einem Krankenhaus angestellt. Wir hatten ein schönes Haus in der Vorstadt, einen großen Bekanntenkreis und keine anderen Sorgen als die, welches Auto wir als nächstes kaufen, wo wir unseren Urlaub verbringen und ob wir uns einen Swimmingpool zulegen wollten. So hätten wir weiterleben können, bis ans Ende unserer Tage. Doch ich hatte Glück. Ich verlor mein Augenlicht, und die Untersuchungen ergaben, dass ich an einer chronischen Krankheit litt, die sich laufend verschlimmern und an der ich eines Tages sterben würde.

»Die Mehrheit der Menschen«, meinte Thoreau, »führen ein Leben in stiller Verzweiflung.« Ohne es zu ahnen, gehörte ich dieser Mehrheit an. Ein angenehmes Leben ohne Schicksalsschläge und Komplikationen mag nicht als das erstrebenswerteste aller Ziele erscheinen, doch nach meiner traumatischen Vergangenheit gab es nichts, was ich mir sehnlicher wünschte. Seit meiner unglücklichen Kindheit reagierte ich auf Probleme mit Flucht und Verweigerung und ließ meine Gefühle schon seit langer Zeit nicht mehr zu.

Als ich noch nicht lange erblindet war, erinnerte mich jemand daran, dass das chinesische Schriftzeichen für »Krise« die gleiche Wurzel hat wie das Zeichen für »Gelegenheit«. Für mich ergab das keinen Sinn. Ich wollte mein altes Leben zurückerhalten. Weil ich kaum über innere Reserven verfügte, war ich für längere Zeit vor Wut, Angst und Niedergeschlagenheit wie gelähmt. Meine hartnäckige Weigerung, mein Schicksal zu akzeptieren und mein Leben wieder selbst in die Hand zu nehmen, wurde mir beinahe zum Verhängnis.

Heute gelte ich als die einzige blinde realistische Malerin der Welt. Meine Arbeiten werden international ausgestellt und verkauft. Ich leite eine Stiftung, die Kindern, die blind oder schwer seh- oder hörbehindert sind, spezielle Computertechnologien zur Verfügung stellt, mit deren Hilfe sie normale Schulen besuchen können. Mein Mann Al und ich führen zudem eine Frühstückspension in San Antonio, Texas. Entgegen aller Erwartungen hat meine Blindheit mich reich beschenkt. Doch wie sehr wünschte ich mir, ich hätte Klarheit erlangen können, ohne dafür meine Sehkraft verlieren zu müssen.

Inzwischen glaube ich, dass man *aufgrund* von – und nicht trotz – Krisen Erfolg hat. Nur wenige von uns entscheiden sich aus freien Stücken dafür, bis an ihre Grenzen zu gehen. Es macht uns Angst, eingefahrene Wege zu verlassen und uns aus dem Bereich des Vorhersehbaren hinaus und ins Unbekannte zu wagen. Was, wenn wir versagen? Was, wenn sich unser Leben zum Schlechteren wendet? Was, wenn uns diejenigen im Stich lassen, denen wir vertrauen? Auf eine Erblindung ist man niemals vorbereitet, ebenso wenig wie auf Krebs, den Tod eines geliebten Menschen oder darauf, dass das eigene Heim niederbrennt. Man kann sich einzig und allein darauf vorbereiten, alles anzunehmen, was einem widerfährt, und mit den Schwierigkeiten, die uns das Leben unvermeidlich in den Weg legen wird, gefasst und kreativ umzugehen. Vermutlich so wie jeder andere, der Hindernisse überwunden hat, die er später als Chancen erkennt, will auch ich andere dazu ermutigen, sich den Herausforderungen in ihrem Leben zu stellen. Indem wir aus Zitronen Limonade machen, verändern wir auch uns selbst.

Wer als Sehender versucht, sich Blindheit vorzustellen, dem kommt sie wie ein Albtraum vor. Und ich muss sagen, dass sie das auch tatsächlich ist und dass man sich Blindheit als Sehender eigentlich gar nicht vorstellen kann. Es gibt Tage, an denen ich nur noch erschöpft und entmutigt bin und nicht mehr weiß, wie es weitergehen soll. Ich möchte beschreiben, wie entsetzlich es ist, sich von grenzenloser Leere umgeben zu fühlen, wie gefährlich ein scheinbar unschuldiger, am Boden liegender Löffel werden kann, wie unmöglich es ist, etwas zu finden, das nicht an seinen gewohnten Platz zurückgelegt wurde. Ich möchte schildern, wie es ist, wenn man ununterbrochen alle verbliebenen Sinne auf Hochtouren laufen lassen muss, um die wachen Stunden des Tages zu überleben. Ich möchte berichten, wie es sich als behinderter Mensch in der Welt der Nichtbehinderten lebt. Ich will aber auch klar machen, dass ich nicht all das, was ich bisher erreicht habe, dafür geben würde, wieder sehen zu können.

In *Berühre das Licht* geht es darum, wie ich mit kleinen Schritten den Weg zurück ins Leben fand und Malerin wurde. Ich wurde es nicht durch Zauberei oder indem ich die Seele Degas' beschwor. Meine Beschäftigung mit der Malerei war von Anfang an ein praktisch ausgerichteter Lernprozess, der mir half, zu überleben und in dem dunklen, leeren Raum, in den ich mich verirrt hatte, meinen Weg zu finden. Malen zu lernen erforderte meine ungeteilte Aufmerksamkeit und beanspruchte mich intellektuell ebenso stark wie seelisch. Dieses Buch zeichnet meinen Weg von 1993 bis heute nach; es beginnt mit dem Zeitpunkt, an dem die Welt für mich zum ersten Mal verschwand, und endet dort, wo ich sie mir wieder zu Eigen gemacht habe. Es ist nicht immer eine heitere Geschichte. Große Teile davon beschreiben Phasen, in denen ich müde, deprimiert, ängstlich und wütend durch eine feindliche dunkle Landschaft taumelte. Ich bin keine verwegene, tapfere Romanheldin. Ich gehe davon aus, dass meine Leser sich gelegentlich über mich ärgern werden – so, wie meine Mitmenschen in der ersten Zeit meiner Erblindung.

Ich habe dieses Buch sowohl für sehende als auch für blinde Leser geschrieben, in der Hoffnung, dass es anderen auf ihrem Weg hilft. Ich möchte das, was ich über Kunst und über Wahrnehmung lernte, mit anderen teilen. Ich habe dieses Buch aber auch für mich geschrieben. Erst jetzt, nach so vielen Jahren, bin ich zuversichtlich und ausgeglichen genug, um meine dunklen Dämonen in aller Öffentlichkeit zu vertreiben.

Teil 1

Rückzug

1. Dämmerung

Kunst ist der Triumph über das Chaos.

JOHN CHEEVER

An einem kühlen, sonnigen Morgen im März 1993, als ich zu meinem Büro in einem Krankenhaus in Austin fuhr, verschwand die Welt vor meinen Augen. Den Bruchteil einer Sekunde lang verschlang tiefschwarze Dunkelheit den vor mir herfahrenden Sattelschlepper. Der kurze Moment war so rasch vorbei, dass ich das Erlebnis für ein schwarzes Loch hielt, für einen kleinen Betriebsunfall des Universums, der nichts mit mir zu tun hatte. Ich setzte meine Fahrt zur Arbeit fort und unterbrach sie nur dort, wo ich immer hielt, um mir den täglichen Becher Kaffee zu kaufen.

Zwei Wochen später, mitten im dichten Berufsverkehr eines Montagmorgens, passierte es wieder. Dieses Mal erlebte ich den Anfall sehr intensiv und wie in Zeitlupe: Nun konnte ich nicht mehr leugnen, dass es wirklich mir zugestoßen war. Auch heute noch läuft es mir kalt den Rücken hinunter, wenn ich daran denke.

Der Abschnitt der Interstate I-35 zwischen dem Airport Boulevard und der Manor Road ist nie angenehm zu fahren. Scharen riesiger Lastwagen rasen hier auf ihrem Weg nach Mexiko entlang. Die Pkws der Pendler springen von Spur zu Spur, um jeweils ein paar Sekunden rascher voranzukommen und so Zeit zu gewinnen. Öl und aufgeheizter Teer machen die Fahrbahn schlüpfrig. Der Lärm der Hupen, Sirenen und Reifen der Autos, die sich auf der Straße darüber fortbewegen, untermalt das Spiel der von Stoßstangen und Spiegeln reflektierten Scheinwerferlichter. Und an jenem Tag ging über Texas langsam und schwerfällig die Sonne auf, und ihre Strahlen blendeten die Autofahrer.

Ich war an dem verwirrenden Straßenknoten der Ausfahrt 235 A angelangt, dort, wo die Fahrspuren schmaler werden und es so gut wie keinen Randstreifen mehr gibt. Montagmorgens war ich immer äußerst vorsichtig, und an diesem letzten gefährlichen Abschnitt vor meiner Ausfahrt schaltete ich das Radio aus und nahm den Fuß vom Gas. An diesem besonderen Morgen spürte ich eine unerklärliche Müdigkeit. Es war, als hätte ich die Trägheit des vergangenen Wochenendes nicht abschütteln können und als würde sie mein Reaktionsvermögen dämpfen.

Plötzlich erschrak ich von dem Bremsenquietschen des Pickups links von mir. Von hinten und von rechts ertönte Gehupe, Reifen, die knapp an einem Hindernis vorbeigelenkt wurden, erzeugten auf dem Asphalt schrille, laute Geräusche. Als ich mich umdrehte, um zu sehen, woher die Geräusche kamen, ergriff mich Panik: Die Welt rings um mich herum war wieder schwarz geworden. Lenkrad und Armaturenbrett waren verschwunden. Der große Sattelschlepper vor mir, der leuchtend blaue Pick-up, das Meer von Fahrzeugen, die Stoßstange an Stoßstange ihrem Ziel entgegenfuhren – all das war plötzlich verschwunden. Gerade eben noch hatte ich gesehen, dass zwischen der Beifahrertür meines Honda und der Betonwand der Ausfahrtstraße nur wenige Zentimeter Luft waren. Nun war da nichts mehr. Ich drückte auf die Hupe, um die anderen zu warnen, und fühlte stechende Schmerzen, als das Adrenalin in meinen Blutkreislauf schoss, während ich rechts heranfuhr und auf die Bremse stieg. Ich machte mich auf den unvermeidlichen Aufprall von Stahl auf Stahl gefasst, auf den Gestank von Diesel und Benzin.

Plötzlich aber herrschte Stille. *Vielleicht liege ich zu Hause im Bett. Ich träume einfach nur.* Nur ganz allmählich wurde ich mir meiner Umgebung wieder bewusst und spürte, wie der Verkehr an meinem gegen die Betonwand gedrückten Wagen vorbeifloss. *Ich habe einen Schlaganfall. Einen Herzinfarkt. Ich werde sterben!* Ich saß da wie gelähmt, panisch und verwirrt, mit hämmerndem Herzen. Meine verschwitzten Hände glitten vom Lenkrad, am ganzen Körper strömte mir der Schweiß aus allen Poren.

Hartnäckige Geräusche durchbrachen meine Erstarrung, und die Welt rutschte ungelenk wieder an ihren Platz. Ich versuchte, mich zusammenzureißen. Meine vordere Stoßstange war in der Abgaswolke eines Sattelschleppers verschwunden, und der Spiegel auf der Beifahrerseite war vom vorbeifahrenden Pick-up abgerissen worden, der nur knapp einen Zusammenstoß mit mir hatte vermeiden können. Hinter mir und neben mir erklang immer noch Reifenquietschen. *Beruhige dich. Bewege dich.* Nach Luft schnappend, fuhr ich vorsichtig die Ausfahrtstraße hinunter.

Irgendwann nach der Katastrophe hatte ich mein Auto auf dem leeren Feld hinter dem Stadion der Universität von Texas geparkt. In dem Augenblick, in dem ich den Motor abstellte, fing ich erst richtig zu zittern an. Meine Hände und Füße waren eiskalt. *Was war vorhin nur geschehen? Hatte ich einen Nervenzusammenbruch? Einen Anfall von Migräne? War das Gefühl, mit knapper Not einem Verkehrsunfall entgangen zu sein, der Grund für meine Auflösung?* Ich war unfähig, mir bewusst zu machen, was soeben geschehen war, und wollte es auch gar nicht. Ich legte meine Stirn auf das Lenkrad. Ich fühlte, wie die Panik nachließ, und ich begann zu schluchzen.

Eine Weile fingerte ich erfolglos an meinem Autotelefon herum, bis es mir gelang, Al an seinem Arbeitsplatz anzurufen und ihm die seltsamen Ereignisse der vergangenen Minuten zu schildern. »Bleib, wo du bist. Ich bin so schnell wie möglich da«, befahl er mir. Ich rief auch im Krankenhaus an und erzählte, ich sei in einen Autounfall verwickelt worden. Wie sollte ich auch erklären, dass in einem Augenblick die Welt noch klar und hell gewesen war und mein Gehirn und meine Augen tadellos zusammengearbeitet hatten – und dass im nächsten alles verschwunden und aus den Fugen geraten war? Ich hatte keine Erklärung dafür, und ich hätte sie so nötig gehabt wie jeder andere auch.

Ich sah nach, ob sich irgendwo an mir Blut befand, ob ich mir etwas gebrochen hatte; ich suchte nach Abschürfungen, nach irgendeinem Hinweis darauf, dass etwas Schlimmes passiert war. Aber da war nichts. Die kurze Begegnung mit der Dunkelheit hatte keinerlei sichtbare Spuren hinterlassen. Doch sosehr ich mir auch wünschte, das, was ich gerade erlebt hatte, nicht erlebt zu haben, konnte ich doch nicht ganz verdrängen, dass soeben etwas Schreckliches geschehen war. Ich rief meinen Arzt an, um noch für den selben Tag einen Termin zu vereinbaren. Der Sprechstundenhilfe erzählte ich von einem Autounfall, ohne auf die unheimlichen Einzelheiten einzugehen. Auf gar keinen Fall wollte ich, dass jemand dachte, ich verlöre den Bezug zur Wirklichkeit. Schon wieder funktionierte ich nach dem vertrauten Muster, und die Frage »Was sollen nur die Leute denken?« war mir wichtiger als jede andere.

Jetzt, wo ich den Motor abgestellt hatte, hüllte mich das ferne Rauschen des Verkehrs ein wie ein Kokon. Ich schloss die Autotür ab und wartete gelassen auf Al und die Rückkehr der Normalität. Eine Stunde später erwachte ich aus einem komaähnlichen Schlaf, weil jemand hartnäckig an mein Seitenfenster klopfte. Aus Angst, die Welt könnte wieder plötzlich verschwunden sein, wollte ich die Augen zuerst nicht öffnen. Doch als ich endlich genügend Mut aufbrachte, um wenigstens einen kurzen Blick zu riskieren, sah ich Al und seinen Freund Tom, die mir zu Hilfe geeilt waren. Ich konnte wieder normal sehen. *Dem Himmel sei Dank!* Ich stieg aus und ging mit zittrigen Knien um das Auto herum, um mich auf den Beifahrersitz zu setzen. Tom, der annahm, der Honda habe technische Probleme, fuhr auf der Heimfahrt dicht hinter uns.

Als ich wohlbehalten wieder zu Hause in Georgetown angelangt war, kam mir mein Erlebnis nur noch wie ein ferner Traum vor. Es ging mir körperlich und seelisch gut, und meine Reaktion auf den scheinbar bedeutungslosen Zwischenfall war mir mittlerweile peinlich. Um mir nicht wie eine Hysterikerin vorzukommen, sagte ich den Arzttermin wieder ab. Al hatte dagegen nichts einzuwenden und bestätigte mich dadurch in meiner Haltung. Es war alles in Ordnung. Vielleicht sei ich einfach nur übermüdet gewesen und am Lenkrad sekundenlang eingenickt, meinte er. »Wenigstens bist du nicht verletzt.«

Die Aufregung war vorbei; wir beruhigten uns wieder und aßen eine Kleinigkeit zum Lunch. Doch ich konnte das Geschehene nicht wirklich ausblenden; immer wieder fiel mir die Wirklichkeit wieder ein. Ich erinnerte mich an die Schwärze. Ständig schwankte ich zwischen dem Gefühl, dass alles in Ordnung sei, und der Angst, es könnte noch viel schlimmer werden. Al schimpfte, ich sei eine Pessimistin. Er fand mich überdreht, weil ich glaubte, der Zwischenfall sei ein ernst zu nehmendes Omen. Warum war ich bloß so erschüttert, wo mir doch gar nichts passiert war? Vielleicht hat er Recht, dachte ich, vielleicht übertreibe ich alles nur. Dann aber meldete sich wieder dieser nagende, unangenehme Gedanke: Natürlich denkt er so, ich habe ihm ja nichts vom ersten Mal erzählt. Das war mein kleines Geheimnis, das erste von vielen.

So begann ich unaufhaltsam in die Dunkelheit abzugleiten. In meinem Unterbewusstsein lauerte ein Wissen, das mein rationaler Verstand nicht zugeben wollte, und meine unbestimmte Angst verließ mich keinen Augenblick lang. An den folgenden Tagen nahm ich zur Arbeit vorsichtshalber den städtischen Bus. Doch als eine ganze Woche ohne weitere Zwischenfälle vergangen war, glaubte ich allmählich wieder wie Al, dass die Ausfälle meiner Sehkraft lediglich vereinzelte zufällige Störungen gewesen waren. Vielleicht Stress, oder, wie ich beim ersten Mal gedacht hatte, ein winziger Zeitsprung; und sonst nichts.

Am Wochenende kämpfte ich gerade im Garten eine aussichtslose Schlacht gegen die Feuerameisen, als ein ganzer Schwarm

»Mücken« in meinem Blickfeld erschien. Nein, sie waren größer als Mücken, mehr so wie Kakerlaken und Spinnen, und sie zeigten sich überall dort, wo ich hinsah. Ich versuchte, sie zu vertreiben, bis ich merkte, dass es sie in Wirklichkeit gar nicht gab. *Ich muss müde sein,* sagte ich mir. *Ich habe seit dem Frühstück nichts mehr gegessen. Ich hole mir ein Glas Saft.* Als ich den Arm ausstreckte, um in den Kühlschrank hineinzugreifen, fiel die Dunkelheit wie ein Vorhang über meine Welt, und meine Knie ließen mich im Stich. Mich überfiel die Schrecken erregende Gewissheit, dass diese Zwischenfälle nicht einfach von alleine aufhören würden. Mit meinen Augen stimmte irgendetwas nicht, und es wurde laufend schlimmer.

Auf diese Weise begann für mich ein Leben in zwei voneinander getrennten Paralleluniversen. In dem einen Universum veränderte sich meine Sehfähigkeit ständig. Momente klaren Sehens wechselten sich ab mit vollkommener Schwärze und dem Auftreten von dunklen amöbenartigen Gebilden, die mir die Sicht nahmen. In diesem Universum beschäftigte ich mich mit meiner schwindenden Sehkraft. Ich lief von Arzt zu Arzt und von Untersuchung zu Untersuchung, ständig hin und her geworfen zwischen grenzenlosem Entsetzen und wilder Hoffnung, verzweifelt darum bemüht, eine eindeutige Diagnose zu erhalten. Parallel dazu existierte ein Universum, in dem ich vor mir selbst und den anderen mit aller Entschlossenheit vorgab, dass ich weiterhin sehen und meiner Arbeit nachgehen konnte und dass meine Augen bald wieder gesund sein würden. In dieser Welt verhüllten Verweigerung und Depressionen die Angst.

Es war ein Wechselbad der Gefühle. An einem Montagmorgen, genau eine Woche nach dem Ausfall meiner Sehkraft auf der Ausfahrt 235 A, fuhr ich wieder selbst zur Arbeit. Ich hatte mir eingeredet, dass mich das »Mückensehen« vor einem bevorstehenden Anfall warnen würde. Ich ließ meinen Chef wissen, dass ich aufgrund meines Unfalls in der vergangenen Woche einen Arzttermin hätte und früher gehen müsste. An jenem Nachmittag erzählte ich unserem Hausarzt eine leicht beschönigte Version von dem, was geschehen war.

»Ich habe vorübergehende Ausfälle meiner Sehfähigkeit festgestellt«, berichtete ich.

»Das ist Stress«, schloss er bald, nachdem er meiner geschönten Schilderung und den routinemäßig vorgenommenen Messungen von Blutdruck und Körpertemperatur keine weiteren Anhaltspunkte entnehmen konnte. Ob ich etwas für meine Nerven nehmen wolle? Er fragte mich nicht weiter nach Symptomen und drängte mir auch keine zusätzlichen Untersuchungen auf. Nur zu gerne machte ich ihn zu meinem ersten Verbündeten in Sachen Verdrängung. Ich lehnte die Tabletten dankend ab und ging erleichtert nach Hause. Mein Problem war also einfach nur auf Stress zurückzuführen.

Zwei Tage später wechselten sich eine Stunde lang Phasen von Dunkelheit mit anderen ab, in denen vor meinen Augen Rautenmuster aufblitzten. Derartige Anfälle, bei denen vor meinen Augen »Mücken«, Blitze oder schwebende Formen erschienen, wurden immer häufiger und ereigneten sich ohne Vorwarnung zu jeder Tages- und Nachtzeit. Meist dauerten sie einige Sekunden lang an, und es schien keinerlei Beziehung zwischen ihrem Auftreten und dem zu geben, was ich gerade tat, oder zu irgendeiner Form von Belastung. Ich gestand mir – aber nur mir allein – ein, dass ich für den Verkehr nicht mehr zumutbar war, und nahm wieder den Pendlerbus.

Die Sehausfälle folgten immer rascher aufeinander, dauerten länger und wurden heftiger. Eines Tages bekam ich im Büro Kopfschmerzen, und in meinem Gesichtsfeld erschienen statische Wellenmuster. Dieses Mal dauerte der Anfall nicht nur einige Sekunden oder Minuten, sondern mehrere Stunden, während deren sich vor meinen Augen so etwas wie ein durchscheinender Vorhang bildete. Andere Symptome kamen und gingen, von Schmerzen in der Brust und Taubheitsgefühlen in den Händen und im Gesicht bis hin zu Schwindel und doppeltem Sehen.

Jetzt bekam ich wirklich Angst. Ich rief wieder bei meinem Hausarzt an und erklärte der Sprechstundenhilfe, worum es ging. Sie setzte sich für mich mit einem Internisten in Verbindung. Ich wollte dieses Problem jetzt und sofort angehen, aber meine HMO (Gesundheitsvorsorge-Organisation, Anm. d. Übers.) bot mir lediglich einen Termin im folgenden Monat an. Mittlerweile war ich davon überzeugt, dass ich einen Gehirntumor hatte, dass in mir Zellen mutierten und kurz vor der Explosion standen. Ich bat und bettelte daher um einen früheren Termin, doch der nächstmögliche würde erst in drei Tagen sein. Drei Tage lang litt ich im Wachen unter Albträumen, war davon überzeugt, dass sich mein Gehirn auflöste und mir als Nächstes ein neurochirurgischer Eingriff bevorstand. Drei Tage, an denen ich weder essen noch schlafen konnte und die ich in einer beklemmenden Agonie verbrachte, in einer immer wieder von kurzen Phasen der Sehfähigkeit unterbrochenen Dunkelheit. Drei Tage, an denen ich zur Arbeit ging und so tat, als würde ich funktionieren.

Schließlich kam der Tag der Untersuchung. Der Internist ordnete eine Reihe von Tests an: ein Bluttest, um nach Hinweisen auf Krebs, Diabetes und Schilddrüsenproblemen zu fahnden, EKGs, Ultraschall, ein Test, der das Vorhandensein eines Aneurysmas ausschließen sollte, und ein MRI (Kernspinresonanztomogrfie), um herauszufinden, ob ich herzkrank war und einen Schlaganfall erleiden konnte. Ich wurde an einen Neurologen und an einen Augenarzt überwiesen. Diese Überweisungen hatten weitere Tests und Untersuchungen zur Folge. Weil die Ergebnisse keine weiteren Schlussfolgerungen zuließen, wurde ich zu einem anderen Spezialisten geschickt. Jeder Test gab Anlass zu neuen Spekulationen. Litt ich vielleicht an Netzhautablösung, an Astigmatismus, an einer Beschädigung der Iris, der Linse, der Lederhaut des Auges?

Es bestand Verdacht auf eine Papillitis genannte Entzündung, die mitunter durch die vorübergehende optische Wahrnehmung eines blinden Flecks in Erscheinung tritt. Aber keine dieser Diagnosen schien mit meinen Symptomen übereinzustimmen. So wurde ich weitergereicht an einen Hämatologen, dann an einen Rheumatologen und anschließend an einen Kardiologen. Es folgten Termine bei einem Allergologen, einem Dermatologen, einem Immunologen und einem Endokrinologen. Tests folgten auf Tests, und dann kamen weitere Tests. Bald gab es an mir weder Körperregionen noch Systeme, die noch nicht untersucht worden waren. *Wissen Sie, es ist einfach nur Stress.*

Drei Monate vergingen. Mittlerweile war es Ende Mai, und die »Mücken« und anderen in meinem Gesichtsfeld schwebenden Formen traten weiterhin auf, ebenso wie die Sehstörungen. Dennoch brachten die Tests keine Ergebnisse. Alle Ärzte stimmten darin überein, dass meine wiederkehrenden und vorübergehenden Ausfälle zwar ein ernstes Problem darstellten, es jedoch keinerlei Hinweise darauf gab, was sie auslöste. Jedes negative Ergebnis schenkte mir Hoffnung. Vor dem Zwischenfall auf der I-35 hatte ich zwar bereits kleinere Probleme mit den Augen gehabt, sie aber für Vorboten der beginnenden Wechseljahre gehalten und nicht weiter beachtet. Konnte man meine Symptome mit der Menopause erklären? *Vielleicht fehlt mir ja doch nichts.*

Der frustrierte Spezialist befand, dass ich mich einem Psychiater und vielleicht vorsichtshalber einem weiteren Augenarzt vorstellen sollte. Auch diesem schienen meine Symptome zu keiner Krankheit zu passen, und so wurde ich der nächsten Reihe von Augenärzten, Neurologen und Rheumatologen anvertraut. Mittlerweile hatte ich beinahe hundert Ärzte aufgesucht und mich jeder vorstellbaren Form medizinischer Untersuchung unterzogen. Jede Woche bescherte mir eine Vielzahl von Tests, von auszufüllenden medizinischen Formularen und Arztterminen, und ich wusste kaum noch, wie ich zwischen all diesen Terminen mein häusliches Leben und mein Arbeitsleben – genauer gesagt, mein vorgetäuschtes Arbeitsleben – führen sollte. Und noch immer machte ich mir vor, der Grund für all diese Untersuchungen, für all dieses Jonglieren mit Terminen könnte eines schönen Tages von selbst verschwinden.

Die Stapel von Rechnungen wurden von Tag zu Tag höher, und auch meine Angst wuchs, doch Wut und Frustration hielten die Angst in Grenzen. Allmählich verlor ich meine Geduld. Hin und wieder zwang ich mich, daran zu denken, dass ich nicht die ganze Wahrheit erzählte, in der naiven Hoffnung, es sei besser, wenn nicht alles bekannt wurde.

Der von der HMO empfohlene Psychiater fand, dass ich lieber mit den Augenspezialisten vom Cullen Eye Institute in Houston Kontakt aufnehmen sollte. Inzwischen glaubten die Ärzte, dass meine Symptome auf eine spät einsetzende multiple Sklerose hindeuteten oder aber vielleicht auch auf eine bestimmte Autoimmunerkrankung. Sie wollten weitere exotische Tests vornehmen, doch die HMO widersprach und meinte, dass eine 49-jährige Frau wie ich nicht an einer Autoimmunkrankheit leiden könne, die typisch für ältere weiße Männer sei. Sie weigerte sich, ohne eindeutige Diagnose weitere Untersuchungen zu finanzieren.

Wir hingen buchstäblich in der Luft. Die Ärzte wollten keine Behandlung riskieren, bevor sie wussten, woran ich wirklich litt. Eine falsche Diagnose und eine unangebrachte Behandlung könnten meine Probleme verschlimmern oder sogar tödlich sein. So blieb Al und mir nichts anderes übrig, als zu warten. Wir schrieben mehrfach an die HMO und baten um Untersuchungen, die eine korrekte Diagnose und Behandlung ermöglichen sollten. Wir waren enttäuscht und niedergeschlagen. Je größer meine Angst wurde, desto zynischer wurde meine Einstellung zum ärztlichen Berufsstand. Ich war nur noch ein wandelndes Nervenbündel. Eine in aller Unschuld gemachte Bemerkung, der kleinste Zwischenfall genügten bereits, und ich explodierte. Dies schien wiederum ein

Hinweis darauf zu sein, dass die Menopause die wahre Ursache meines Problems war.

Um nichts unversucht zu lassen, befolgte ich die Ratschläge meiner Bekannten und probierte alternative Behandlungsmethoden aus, die meine Symptome lindern sollten: Akupunktur, Vitaminpräparate, Massagen, Aromatherapie und pflanzliche Mittel. Nichts schien wirklich Besserung zu bringen. Schließlich beschloss ich, dass ich genug hatte. Es reichte mir. Es gab keine verlässlichen Ergebnisse, also auch keine feststellbaren Behinderungen – und somit kein eigentliches Problem. *Nichts Ernstes.* Ich bereute, so viel Geld für nichts und wieder nichts ausgegeben zu haben, und warf mir vor, um ein kleines Problem viel Theater gemacht zu haben. Mein ganzes Leben lang hatte ich mein Verhalten und meine Gefühle immer gut im Griff gehabt, und nun war ich auf mich selbst böse, weil ich meine Selbstbestimmung eingebüßt hatte.

In diesem Stadium meiner Erkrankung war es allerdings gar nicht mehr so einfach, die Illusion aufrechtzuerhalten, mir fehle nichts. Ich konnte ruhig dasitzen und lesen oder arbeiten, und plötzlich ließen meine Augen mich aus keinem erkennbaren Grund im Stich. Es konnte geschehen, während ich gerade mit etwas Anstrengendem beschäftigt war oder aber auch während ich mich ausruhte und nichts Besonderes tat. Wenn ich einen Raum durchquerte, hielt ich nach Einzelheiten und Orientierungspunkten Ausschau und plante meine Bewegungen im Voraus. Wann immer ich zwinkerte, konnte es mir passieren, dass ich meine Augen öffnete und nur noch Dunkelheit sah. Dann wieder vergingen Tage, ohne dass ich Sehstörungen hatte. Keine schwarzen Flecken, keine »Mücken«, keine Lichtblitze. Und plötzlich lockerte sich wieder irgendwo in mir der zuständige Computerchip, meine Augen funktionierten nicht mehr, und ich verbrachte Minuten oder Stunden mit Herzklopfen in völliger Dunkelheit und konnte nichts anderes tun, als darum zu beten, wieder sehen zu können, wenn ich meine Augen das nächste Mal öffnete.

Es kam mir vor, als sei der Verlust meiner Sehfähigkeit nicht einmal das Schlimmste an der ganzen Sache. Am unerträglichsten war, dass ich nie wusste, wann meine Sehkraft das nächste Mal verschwinden und ob sie wiederkehren würde. Genau wie bei jemandem, der unter grünem Star oder einer Makuladegeneration litt, sahen auch meine Augen äußerlich normal aus, obgleich das Zusammenwirken meiner Augen mit dem Gehirn und den Sehnerven nicht mehr klappte. Mein Gehirn begann, mir Dinge vorzutäuschen. Ich sah auf geistiger Ebene voraus, was ich sehen müsste. Doch immer öfter stellte ich fest, dass die Bilder, die ich sah, nur in meinem Kopf existierten. Ich begann an dem, was ich sah, zu zweifeln. *Ist das wirklich ein Messbecher? Trägt er eine gestreifte Krawatte? Sind das da auf der Teichoberfläche Lichtreflexe?* Manchmal starrte ich, ohne es zu merken, längere Zeit den gleichen Gegenstand an und wartete darauf, dass mir jemand bestätigte, dass der Gegenstand wirklich der war, den ich zu sehen glaubte.

Wir sind Augentiere und nehmen die Welt um uns herum durch unsere Augen wahr. Unsere Fähigkeit, Entscheidungen zu treffen, basiert zu ungefähr 70 Prozent auf dem, was wir sehen. Und dabei geht es nicht einfach nur um das Wissen, dass sich uns ein Auto nähert, dass uns ein Stuhl im Weg steht oder dass dort, wo wir als Nächstes hintreten wollen, ein Stein liegt. Es sind die Augen, die entscheiden: »Ja, ich nehme den rosa Pullover« oder »Dieser Käsekuchen sieht sehr lecker aus«. Mit ihnen nehmen wir Informationen über andere Menschen auf und entscheiden dann spontan, ob wir uns ihnen nähern oder sie meiden. Mit unseren Augen schätzen wir das Wetter ein und planen die Schritte, die uns ans Ziel führen sollen. Wir sind daran gewöhnt, Dinge »mit eigenen Augen« zu sehen.

Wenn wir das Augenlicht verlieren, verlieren wir damit die wichtigste Verbindung zur Welt. Ohne Sehfähigkeit ist das Gehirn wie ein Fotoapparat, in dem kein Film mehr ist. Der Geist braucht

Nahrung. Wird er von seiner wichtigsten Nahrungsquelle abgeschnitten, so reagiert er mit Panik. Wenn es nicht einen gleichbleibenden Strom von Informationen aufnehmen kann, verkümmert das Gehirn aufgrund mangelnder Anregung. Fantasien und Einbildungen gewinnen leichter die Oberhand. Das Gehirn kann nur dann gesund bleiben, wenn es regelmäßig beschäftigt und von den übrig gebliebenen Sinnen mit Reizen versorgt wird.

Je schlechter meine Sicht wurde, desto tiefer versank ich in emotionaler Dunkelheit. Meine Weigerung, mir die ganze Tragweite meines Problems bewusst zu machen, forderte ebenso ihren Preis wie das Fehlen einer korrekten Diagnose. Es war, als hätte ich mich in einem Labyrinth verirrt. Ich wusste, dass es irgendwo einen Ausgang gab, doch jedes Mal, wenn ich um eine Ecke bog, fand ich mich wieder in einer Sackgasse. Je verwirrter ich mich fühlte, desto stärker schrumpfte meine Fähigkeit, meine Probleme zu bewältigen. Anders als Menschen mit fortschreitenden Augenkrankheiten konnte ich mich nicht darauf verlassen, dass meine Sehkraft langsam und stetig abnahm und mir dadurch eine gewisse Zeitspanne blieb, um mich an den veränderten Zustand anzupassen. Der Verlust meiner Sehkraft war unvorhersehbar, und ich wusste nur, dass die Entwicklung rasch ihren unbekannten Abschluss finden würde. Was konnte ich nur tun, außer dass ich weiterhin so tat, als sähe ich ausgezeichnet?

Verweigerung und Täuschung waren Strategien, mit denen ich von Kindheit an vertraut war. Als unerwünschtes Kind von Eltern, die sich aus Kindern nie viel gemacht hatten und an deren Idealvorstellung einer Tochter ich nicht im Entferntesten heranreichte, war ich oft froh, wenn ich aufgrund meines schweren Asthmas und Ekzems längere Zeit im Krankenhaus verbringen musste. Im Grunde fühlte ich mich im Krankenhaus, wo ich Zuneigung und Anerkennung fand, wohler als zu Hause.

Meiner Mutter war ihr sozialer Aufstieg wichtiger als alles andere, und sie hatte sich eine hübsche und umgängliche Tochter gewünscht. Stattdessen hatte sie mich bekommen, ein pummeliges, dunkelhaariges und altkluges Kind. Deshalb tauschte sie mich gegen meine niedliche, fügsame Cousine Laurie und ließ mich bei meiner Tante und meinem Onkel oder aber bei den Großeltern aufwachsen. Meine Großeltern waren ein bemerkenswertes Paar. Meine boshafte Großmutter war erst dann zufrieden, wenn alle anderen unglücklich waren. Mein freundlicher Großvater war ein unheilbarer Optimist. Seine beruhigende Gegenwart war wie Balsam für meine wunde Seele. Die beiden schienen mich zu lieben, doch wie konnte ich wissen, dass das tatsächlich so war und sie nicht einfach nur ihrer Pflicht nachkamen?

Meiner Mutter machte es Spaß, mich zu quälen. Durch ihre Grausamkeit lernte ich, dass man sich nur auf sich selbst verlassen kann und man seine Gefühle ignorieren muss, um zu überleben. Vor den Launen und Wutanfällen meiner Mutter flüchtete ich mich in Romane und Biografien und wartete lesend darauf, dass der Sturm sich legte. Für längere Zeiträume mir selbst überlassen, lernte ich, mir eine eigene, stille Welt zu schaffen. Ich löste komplizierte Gleichungen oder Denksportaufgaben aus der Zeitung, bis mir vor Müdigkeit die Augen zufielen. Über Kritik ärgerte ich mich sehr, sie spornte mich aber auch dazu an, mehr zu lernen, um mich in der Schule hervorzutun. Mein Vater war netter als meine Mutter. Zumindest konnte er mir begreiflich machen, dass es nicht an mir lag, wenn er sich nicht um mich kümmerte. Das Einzige, was ihn im Leben interessierte, war sein Geschäft. Und wenn meine Eltern einmal Anteil an meinem Leben nahmen, dann auf eine Art, die ich als grausam und zerstörerisch empfand. Es war mir lieber, wenn sie mich nicht beachteten.

Die Krise aber, die ich jetzt erlebte, war von anderer Größenordnung. Sie erforderte meine ganze Intelligenz und Wachsamkeit. Ich konnte mir buchstäblich nicht vorstellen, das Augenlicht für immer zu verlieren. Es gab keine einzige Möglichkeit, mich zu beweisen, die nicht die Sehfähigkeit erforderte – und daher auch keine wirksamen Fluchtstrategien. Ich konnte mir nur vorstellen, so weiterzumachen wie bisher: indem ich mich selbst und alle anderen täuschte. Wenn ich nicht wachsam genug war, wenn ich nur einmal nicht aufpasste, würde ich eine entsetzliche und nicht mehr umkehrbare Veränderung erleben. Ich würde wieder eine unerwünschte Außenseiterin sein – und genau das konnte ich nicht ertragen.

Es mag lächerlich erscheinen, wenn jemand, der nicht mehr sehen kann, den Schein zu wahren versucht, aber ich gab mein Bestes. Um die zahlreichen Arzttermine wahrnehmen zu können, legte ich mir meine Stunden so, dass ich nur an vier Tagen die Woche ins Büro gehen musste. Damit andere nicht mitbekamen, wie es wirklich um mich stand, fuhr ich mit dem frühen Bus zur Arbeit und tastete mich sodann durch das Krankenhaus bis in mein Büro. Ich verbrachte nervenaufreibende Minuten damit, an den Wänden entlangzugehen, die Arme nach Stuhllehnen auszustrecken, die Schreibtischreihen zu zählen und nach den Stiften und Mappen zu suchen, die ich dabei von den Tischen fegte. Wenn ich am falschen Ort landete, fing ich von vorne an, ging zurück und zählte Tischreihen, bis ich mein Büro, meinen Tisch und meinen Stuhl wiedererkannte. Dort blieb ich dann den ganzen Arbeitstag lang. Es wäre über meine Kräfte gegangen, auch noch nach den Toiletten, der Cafeteria oder der Kaffeemaschine zu suchen.

Glaubwürdig vorzutäuschen, ich würde arbeiten, war noch viel schwieriger, als zum Arbeitsplatz zu gelangen. Ich wandte jeden erdenklichen Trick an, um den Anschein zu erwecken, dass ich wusste, was ich da tat. Immer wenn ich Schritte hörte, setzte ich mich in meinem Stuhl aufrecht hin und tippte irgendetwas ein.

»Ach, eigentlich ist das gerade noch gar nicht so wichtig«, sagte ich, wenn jemand meine vierteljährlichen Hochrechnungen sehen wollte. Oder: »Ich muss zuerst noch diese Analyse fertig stellen.

Könnten Sie das hier für mich durchsehen und mir morgen Ihren Kommentar dazu geben?«

Auf der Fahrt nach Hause ließ mich immer jemand der anderen Passagiere wissen, wann es für mich Zeit wurde, den Busfahrer auf meine Haltestelle hinzuweisen. Dann wartete ich am Park-and-ride-Parkplatz, bis Al mich abholen kam. Diese letzte Stunde meines Arbeitstages war immer die Furcht erregendste. Ich stieg aus dem Bus und fand mich auf dem menschenleeren Parkplatz wieder, vor Angst gelähmt in einer Umgebung, in der mir alles gleichzeitig fremd und gefährlich erschien: das Zwitschern der Vögel und das Rauschen der Bäume im Wind, das Zirpen der Zikaden, das Brausen des Berufsverkehrs und der Dampf, der in der Abenddämmerung vom abkühlenden Teer aufstieg – das alles verstärkte das Gefühl meiner Verletzlichkeit. *Was, wenn Al nicht kommt?* Ich war in einem See aus Dunkelheit auf Grund gelaufen, und meiner unzuverlässigen Sehfähigkeit sowie der eigenen Verbohrtheit hilflos ausgeliefert. *Ich muss mit diesem Versteckspiel aufhören. Ich halte es nicht mehr durch.* Immer gerade dann, wenn mir war, als könnte ich es keine Minute mehr länger aushalten – *ich muss mir einen Stock besorgen; ich werde die Brailleschrift (Blindenschrift, Anm. d. Red.) lernen* –, kam Al und half mir ins Auto, dorthin, wo ich sicher war.

Al kümmerte sich inzwischen um alles und versorgte mich mit Essen, mit Hinweisen, mit Nachschub, Neuigkeiten und Trost. Beim Abendessen las er mir meine Post und meine Memos laut vor. Ich diktierte ihm meinen Briefwechsel und ließ ihn meine Zahlenkolonnen addieren. So zu arbeiten war ermüdend und alles andere als effizient, doch mir fiel keine Alternative ein. Später am Abend legten wir meine Kleidung für den folgenden Tag zurecht, und Al half mir beim Duschen. Dass ich nachts überhaupt schlafen konnte, verdankte ich nur meiner Erschöpfung. Und so ging der Schwindel weiter, und Al spielte mit – jedenfalls eine ganze Weile lang.

Ich nutzte die Wochenenden nicht nur, um mich zu erholen, sondern auch, um mit Als Hilfe so viel Arbeit wie möglich zu Hause zu erledigen. Ich betete um die immer seltener werdenden Phasen, in denen ich gut sehen konnte. Sie ermöglichten es mir, Berichte zu schreiben, meine Kleidung für die kommende Woche in Ordnung zu bringen und mich in meiner rasch dahinschwindenden Welt neu zu orientieren. Alle Versuche, mich selbst zu frisieren oder zu schminken, gab ich endgültig auf. Ängstlich achtete ich auf jedes Anzeichen dafür, dass ich wieder etwas von meiner Kontrolle über mich selbst und meine Umwelt verloren hatte, und bemühte mich mit ganzer Kraft, weiterzumachen wie bisher.

Jeden Morgen fragte ich mich beim Aufwachen, ob ich mein Gesicht im Spiegel würde sehen können. Stellen Sie sich vor, dass Sie den Schrank öffnen und die Kleider in der präzisen Reihenfolge auf das Bett legen, in der Sie sie anziehen wollen, weil Sie wissen, dass sich von einem Moment auf den anderen über alles völlige Dunkelheit legen kann. Oder Sie sehen gerade in den Spiegel, um Mascara aufzulegen. Sie zwinkern, und plötzlich können Sie sich das andere Auge nicht mehr schminken, weil um Sie herum wieder Dunkelheit herrscht.

Manchmal erschien mir meine Sehkraft stabil, und ich wiegte mich nur zu gerne in Sicherheit. *Schau doch, es geht mir gut.* Ich stürzte nach draußen, um das Gras mit dem Aufsitzmäher zu schneiden, und fand mich kurz darauf in einem uferlosen schwarzen Meer wieder. Es war ein tückisches, selbst erdachtes Psychospiel, das ich da mit mir spielte.

Ich konnte nicht – oder wagte vielleicht nicht –, mir selbst, meinem Mann und den Ärzten klar zu machen, was genau geschah, und wie oft. Manchmal sah ich nur noch schwarzweißes Geriesel, wie es ein Fernseher bei einer Bildstörung zeigt. Zu anderen Zeiten erschienen wieder die schwirrenden, dicken »Mücken« oder aber Muster und Lichtblitze. Ich schüttelte den Kopf oder holte tief Atem, und plötzlich stimmte das Bild, und die Welt war wieder perfekt. Mitunter brauchte ich auch gar nichts zu tun, und meine Sehkraft kehrte von alleine zurück. Offenbar gab es keine Methode, um diesem Irrsinn zu entgehen. Nicht zu wissen, wann ich wieder sehen konnte, war für mich schlimmer als die Angst davor, ganz zu erblinden. Solange ich keine brauchbare Diagnose hatte, beherrschten die ständigen Veränderungen meiner Sehfähigkeit mein Leben; dennoch bemühte ich mich, sie lediglich als »lästig« anzusehen. Bei allem, was ich tat und dachte, musste ich ständig damit rechnen, dass ich schon in der nächsten Sekunde, im nächsten Moment, in einer Stunde oder am folgenden Tag nichts mehr sehen konnte. Selbst die Absicht, zu Hause die Treppe hinunterzugehen, um in der Küche etwas zu essen, konnte nur nach gründlicher Planung ausgeführt werden. Das alles kostete viel Kraft.

Obwohl ich es gar nicht wollte, verbrachte ich viel Zeit mit Grübeln. Wenn ich jetzt aufstehe, werden dann wieder die »Mücken« erscheinen? Könnte ich irgendetwas essen, das dagegen hilft? Glauben meine Kollegen, dass ich immer noch sehen kann? Werden die Ärzte heute eine Diagnose stellen? Habe ich vergessen, die Akten mit nach Hause zu nehmen? Warum kribbelt es auf einmal in meinem Arm? Werden diese Veränderungen meiner Sehfähigkeit aufhören, oder kommt es noch viel schlimmer? Es fiel mir immer schwerer, meine Probleme zu verdrängen, und darunter litt auch meine Selbstbeherrschung sehr. Ich hatte auch kaum noch Hoffnung.

Ende August hätte ich mich über einen tödlichen Gehirntumor geradezu gefreut. Alles war besser als diese Unsicherheit. Es wäre mir lieber gewesen, man hätte mir gesagt, ich müsse in wenigen Wochen sterben. Denn dann könnte ich einfach aufhören. Der furchtbare Druck wäre endlich weg, und ich könnte mich dem Unvermeidlichen überlassen. Endlich wüsste ich, was mit mir nicht stimmte, und könnte entsprechend leben. Mehr als alles andere wünschte ich mir Gewissheit.

Der September kam und brachte erst heiße Tage und bald darauf eine Kältewelle mit. Ich hatte eine Reihe von Terminen, um wieder von neuen Spezialisten weiteren Untersuchungen unterzogen zu werden. Die Prognose sah nicht gut aus. Es herrschte Übereinstimmung darüber, dass meine Sehkraft rasch schwand. Im März waren bei mir 20/20 gemessen worden. Nun lag der Messwert für beide Augen mit Sehhilfe unter 20/200. Es hatten sich Katarakte, Entzündungen und Schwellungen der Linsen gebildet. Der Zustand der Hornhaut verschlechterte sich rapide, aber die Ärzte wussten nicht, warum.

Um den Zerfall meiner Hornhäute nach Möglichkeit aufzuhalten, waren mir besondere Kontaktlinsen angepasst worden. Nach fünf Monaten trug ich schon das achte Paar; jedes war stärker gewesen als das vorhergehende. Mein Asthma, das mich über 20 Jahre lang in Ruhe gelassen hatte, meldete sich vehement zurück. Wie um alles noch mehr zu komplizieren, traten plötzlich Symptome mehrerer, voneinander unabhängiger Krankheiten auf, und immer noch wussten die Ärzte nicht, woran genau ich litt. Die Einnahme von Medikamenten, die mir früher gegen mein Asthma geholfen hatten, führte zu einem Notruf und mehreren Tagen Aufenthalt auf der Intensivstation mit künstlicher Beatmung.

Inzwischen hatte jeder Angst, der um meinen Zustand wusste. Al drohte, das Krankenhaus und die Gesundheitsvorsorgeorganisation zu verklagen, und verlangte, dass sich ein weiterer Spezialist mit meinem Fall beschäftigte. An diesem Punkt angelangt, merkten wir, dass ich von einem Versicherungssystem betreut wurde, das sich nur um die Basisversorgung kümmerte. Al fand, dass wir Unmengen an Geld und Zeit für unangemessene medizinische Betreuung vergeudet hatten. Wir wechselten von einem Versicherungsverhältnis, das ausschließlich Behandlung durch Vertragsärzte vorsah, zu einem anderen, das eine freie Arztwahl erlaubte.

Dieser Wechsel ermöglichte meine Überweisung an Fachärzte, die den Verdacht äußerten, ich könnte doch an einer Autoimmunerkrankung leiden. Schließlich erklärte mich mein neuer Augenarzt auch ohne eine gesicherte Diagnose für blind im gesetzlichen Sinne. Er nahm an, dass ich an einer optischen Neuritis litt, einer Entzündung der Sehnerven aufgrund mangelhafter Blutversorgung. Weitere Untersuchungen sollten darüber Aufschluss geben, ob sich die Störung auf meine Augen beschränkte.

In nur sechs Monaten hatte sich mein Leben unwiderruflich verändert. Al und ich saßen zusammen im Sprechzimmer, und der Augenarzt verkündete uns das Urteil: »Hiermit erkläre ich Sie für blind im Sinne des Gesetzes und überweise Sie an die Texanische Blindenkommission, damit Rehabilitationsmaßnahmen eingeleitet werden.«

Zwar war es vorher schon offensichtlich gewesen, doch nun, als es ausgesprochen war, standen wir wie unter Schock. Die Ärzte blieben auf eine unerträgliche Weise sachlich. »Wie viele Menschen erklären Sie jedes Jahr für blind?«, fragte Al den Arzt. »Wie sollen wir damit umgehen? Wird ihre Sehfähigkeit immer weiter abnehmen? Was können wir jetzt tun?« Er wollte alles wissen.

Al hatte Hunderte von Fragen, und ich hatte keine. Mir war vollkommen klar, dass ich blind war. Mir war vollkommen klar, dass in meinem Körper massive Veränderungen vor sich gingen, und ich hatte den Verdacht, dass meine Erblindung nur die auffälligste davon war. Auf emotionaler Ebene aber war ich noch nicht bereit, die Blindheit und die anderen Veränderungen zu akzeptieren. Immer noch weigerte ich mich, mich auf das Einzige einzulassen, was mich jetzt noch retten konnte: die Anpassung an mein neues Leben.

Ich fing an zu weinen. Wie aus großer Ferne hörte ich Al immer wieder sagen, es sei seit sechs Monaten absehbar gewesen, dass dieser Tag kommen würde. »Das Etikett ändert nichts daran«, wiederholte er ständig. »Seit jenem Tag im März ging die Entwicklung in diese Richtung.« Jetzt wollte er nur noch wissen, wie er mir helfen konnte, die mir verbleibende Sehfähigkeit zu bewahren. Niemand konnte ahnen, dass ich eines Tages nur noch schwarzweißes Geriesel und Schatten sehen würde. Warum behaupteten sie, ich sei im gesetzlichen Sinne blind, wenn ich doch gelegentlich immer noch sehen konnte? Das konnte sicherlich keine echte Erblindung sein.

Wir bewegen uns zwischen zwei Dunkelheiten.

E.M. FORSTER

Jetzt war ich also »im gesetzlichen Sinne« blind, hatte aber keine Vorstellung davon, was das nun eigentlich bedeutete. Ich wusste, dass ich die großen grünen Hinweistafeln an der Autobahn nicht mehr sah und, wenn ich ehrlich war, nicht einmal meinen großen Zeh. Das »E« ganz oben auf der Sehtesttafel des Augenarzts war für mich schon vor Monaten verschwunden. Blindheit im gesetzlichen Sinne wird in den USA definiert als »eine Sehkraft von 20/200 oder weniger des besseren Auges, auch mit Sehhilfe«. Die meisten Menschen sehen sie als wesentliche Behinderung an. Man kann nicht Auto fahren, man kann selbst Bücher in Großdruck nicht lesen, und man riskiert sein Leben, wenn man versucht, selbstständig über die Straße zu gehen.

Doch ich hatte für Blindheit meine eigene Definition. Blindheit bedeutete für mich einfach nur, dass es immer schwieriger wurde, so zu tun, als könnte ich ein ganz normales Leben führen. Inzwischen war ich ein im gesetzlichen Sinne blinder Mensch, der so tat, als sähe er. Niemand wusste mehr, wie er mit meiner Verweigerungshaltung umzugehen hatte. Alles, was ich tat, zielte nicht auf eine Rehabilitation, sondern auf Täuschung hin. Während ich früher geduldig auf die Rückkehr meiner Sehfähigkeit gewartet hatte, um eine Arbeit zu beenden, machte ich nun einfach weiter, ohne mich darum zu kümmern, ob ich dabei etwas sah oder nicht. Das hatte natürlich Folgen. Meine harmloseren »Versehen« bestanden darin, dass ich Leute beim falschen Namen rief oder Salatsoße trank, aber es kam auch vor, dass ich von Autos gestreift wurde, und einmal wäre durch meine Schuld beinahe unser Haus abgebrannt.

Bald traten keine Phasen mehr auf, in denen ich verhältnismäßig gut sehen konnte, und ich lebte von nun an in einer Welt der optischen Verzerrungen. Intensive Lichtblitze, amöbenähnliche schwarze Formen und Unmengen von »Mücken« erschienen plötzlich vor meinen Augen. Die optischen Verzerrungen waren so stark, dass ich einen Holzklotz für ein Tier hielt und umgekehrt. Ich konnte nicht länger die Größe von Gegenständen und meine Entfernung zu ihnen abschätzen. Auch war ich nicht mehr in der Lage, die Informationen über meine Umwelt in Normalzeit zu verarbeiten. Jeder Wechsel der Beleuchtung und jeder Farbwechsel erschreckten und zermürbten mich. Geräusche zeigten eine ähnliche Wirkung und hatten außerdem zur Folge, dass ich mich verletzlich, ängstlich und einsam fühlte.

Ich fand es entsetzlich, in einem fahrenden Auto zu sitzen. Farben und Lichter blitzten plötzlich am Rande meines Blickfelds auf, bis mich wieder die Dunkelheit verschlang. Das Gefühl der Geschwindigkeit, das Stoppen und Anfahren, die Schräglage in den Kurven, die Geräusche, die der Wind und die Räder auf der Straße machten, verstärkten zusammen mit den ständig wechselnden Lichtmustern meine Angst, da ich nie wusste, was als Nächstes kommen würde. Ich hatte ständig Schmetterlinge im Bauch, wie früher beim Achterbahnfahren. Doch während ich diese Fahrten auf Jahrmärkten früher genau wegen dieses Gefühls geliebt hatte, empfand ich die Adrenalinstöße, die das Autofahren bei mir auslöste, keineswegs als lustvoll. Sobald ich das Haus verließ, verfiel ich in Panik, und die Anspannung ließ erst nach, wenn ich wieder zu Hause war.

Das Wissen, meinem Schicksal nicht entrinnen zu können, machte mir ebenso viel Angst wie die lähmende Dunkelheit. Ich wusste nicht mehr, was ich tun sollte. Der einzige für mich akzeptable Weg bestand darin, nicht zuzugeben, wie ernst die Situation inzwischen war. Solange ich meine Täuschung aufrechterhielt, so argumentierte ich im Stillen, so lange kann ich überleben. Ich war überzeugt davon, dass mein Leben vorbei sein würde, sobald ich meine Blindheit zugab.

Mein Leben lang hatte ich mich bemüht, die Kontrolle über mein Schicksal zu behalten. Außer Verweigerung setzte ich dafür die Strategie der Flucht ein. Ich war vor meinen Eltern weggelaufen, die mich nicht liebten, vor Leuten, die meinten, ich würde ihren Erwartungen nicht genügen, und vor allen Menschen und Situationen, die mir das Leben schwer machten. Aus dem Asthma und den Allergien meiner Kindheit war ich eines Tages herausgewachsen. Ich verließ das Zuhause, in dem ich als verschroben und wenig liebenswert galt. Ich floh aus einer katastrophalen ersten Ehe, die ich eingegangen war, um wenigstens einmal von meiner ständig nörgelnden Mutter Anerkennung zu erfahren.

Ich trennte mich von einem Freund, den ich liebte, den meine Mutter aber unpassend fand, und heiratete 1970 einen Mann, den ich nicht ausstehen konnte, nur weil sie mir sagte, dass sie das sehr glücklich machen würde. Abgesehen von meiner Erblindung war die Ehe mit Jack die schlimmste Zeit in meinem Leben. Ich verließ ihn nach wenigen Monaten, ohne es meine Mutter wissen zu lassen. Ausgerechnet meine pessimistische Großmutter, die sonst immer Freude daran hatte, andere leiden zu sehen, unterstützte mich in meiner Entscheidung. Sowohl in politischer als auch in moralischer Hinsicht liberal, setzte sie Liebe nicht mit Sex gleich und sah in einer unglücklichen Ehe nichts Heiliges. Sie war eine Pragmatikerin und fest davon überzeugt, dass man es im Leben nur durch glückliche Zufälle und Ehrgeiz zu etwas bringen kann. Bildung und wirtschaftliche Unabhängigkeit waren für sie wesentlich wichtiger als ein Ehemann, und ihrer Ansicht nach befand ich mich auf dem richtigen Weg. Als meine Großmutter ein Jahr später anrief, um mir mitzuteilen, dass meine Mutter Selbstmord begangen hatte, fühlte ich mich wie befreit – von ihr und von dieser Ehe. Der erste Gedanke, der mir durch den Kopf schoss, war: *Ich kann mich scheiden lassen.*

Danach hatte ich einen erfolgreichen, attraktiven Ehemann, der mich liebte. Wir besaßen ein reizendes Haus in der Vorstadt, die neuesten Automodelle und alle anderen Annehmlichkeiten, die ein Leben in Wohlstand ausmachen. Ich war in meinem Beruf angesehen und verdiente gut. Wir hatten einen Bekanntenkreis. Ich war normal. Ich war wie alle anderen, auch wenn ich immer noch weglief, sobald ich Ärger befürchtete. Im Laufe der Jahre hatte ich Als Liebe zu mir häufig genug geprüft, und er hatte die Prüfung stets glänzend bestanden. Wie oft war ich zu meinem Auto gelaufen und weggefahren? Wie oft war er hinterhergekommen und hatte mir bewiesen, dass er anders als meine Familie war, dass er mich liebte und für mich sorgen würde, was auch geschah? Doch ich musste mir immer einen Fluchtweg offen halten. Das Wissen, dass es ihn gab, beruhigte mich. Ich brauchte mein Auto. Ich wollte nicht darauf verzichten. Doch inzwischen hatte ich begriffen, dass es nicht leicht sein würde, die Kontrolle über mein Leben zu behalten.

Die Reaktionen meiner Ärzte und Kollegen erinnerten mich ständig daran, wie schlimm es war, behindert zu sein. Sosehr ich mich über ihr Verhalten mir gegenüber auch ärgerte, so musste ich doch zugeben, dass meine Haltung gegenüber Blindheit und Behinderung früher nicht viel besser gewesen war. Ich konnte mir nicht vorstellen, wie jemand ein derart eingeschränktes Leben ertragen, geschweige denn genießen konnte. Mir war kurz zuvor aufgefallen, dass man in der Öffentlichkeit nur wenige blinde Menschen antraf. Nur sehr selten sah ich jemanden mit einem weißen Stock oder einem Blindenhund auf der Straße gehen. Ich hatte noch nie einen Blinden kennen gelernt, und ich denke, dass auch niemand in meinem Bekanntenkreis Blinde kannte. Im Grunde hatte ich noch nie jemanden mit einer Behinderung kennen gelernt. Auf der Straße machte ich um Rollstuhlfahrer einen weiten Bogen. Ich bemitleidete sie.

Als meine Sehprobleme begannen, fragte ich Leute beiläufig, wie sie über Blinde dachten. Ihre Antworten spiegelten oft ihre Ängste oder auch ihren Aberglauben wider. Sie zitierten Passagen aus der Bibel, in denen Blindheit als Strafe für Sünden beschrieben wird, zum Beispiel Sätze wie: »Und er schlug sie mit Blindheit«, der aus einem der Bücher der Könige stammt. Sie erwähnten Blindheit als Fluch, sprachen vom bösen Blick oder erinnerten sich an düstere Zitate.

Manche Leute vertrauten mir an, dass sie sich in der Nähe von Behinderten unbehaglich fühlten und es ihnen lieber war, wenn sie zu ihnen Abstand halten konnten. Sie waren dankbar dafür, dass es nicht sie getroffen hatte, und wurden nicht gerne daran erinnert, dass »so etwas« auch ihnen zustoßen könnte. Wenn sie etwas Positives über Blinde sagen wollten, erwähnten sie Stevie Wonder oder Ray Charles, die wunderbare Musik komponierten, »obwohl« sie blind waren. Ebenso wie ich glaubten sie, dass es Menschen ohne Augenlicht unmöglich sei, Glück oder auch nur Zufriedenheit zu empfinden.

Ein Teil von mir sah ein, dass es gebildete Leute gab, die anerkannten, dass ein Behinderter wertvoll und talentiert sein und einen angemessenen Platz in der Gesellschaft einnehmen konnte. Leider war ich keiner dieser wertvollen, begabten Menschen. Mir war es noch nicht einmal gelungen, in ihrer Welt einen Platz für mich zu finden. Mit einer scheinbar derart unüberwindbaren Behinderung konnte ich es nicht versuchen, wieder meinen Weg zu gehen. Die Blinden waren verflucht, und ich war blind.

Meine eigenen Vorurteile und ihre Bestätigung durch andere nährten das Entsetzen, das von mir Besitz ergriffen hatte. Aus der kalten Taubheit, die mein seelisches Gleichgewicht bisher geschützt hatte, wurde eine tiefe Depression. Ich sprach nicht über meine Gefühle, und die Menschen in meiner Umgebung wagten es nicht, nach meinem seelischen Zustand zu fragen. Wir alle taten, als ginge es mir gut. Ich hatte rings um mich herum eine uneinnehmbare Festung errichtet, und sowohl ich als auch alle anderen in meinem Kräftefeld waren Gefangene meiner eigenen Verteidigungsmechanismen. Erst im Nachhinein erkannte ich, wie extrem ich mich verhielt.

Anders als eine endogene Depression lässt sich eine depressive Reaktion leichter vor der Außenwelt verbergen. Man kann seine Symptome als Folgen der Katastrophe ausgeben – des Unfalls, der Krankheit, der Scheidung. Wäre da nicht jeder deprimiert? Ich weinte nicht ständig, ich klagte nicht über mein Schicksal. Zumindest nicht in der Öffentlichkeit. Ich stand morgens (mit Als Hilfe) auf, zog mich (mit Als Hilfe) an, ging zur Arbeit und zu den Ärzten. Ich war lediglich äußerst träge, erdrückt von der Schwere meiner Melancholie. Jede Bewegung, jeder Atemzug und jeder Gedanke war so anstrengend wie ein Marathonlauf mit Gewichten an den Füßen. Die herkulische Anstrengung, die es bedeutete, in meiner Situation nicht die Wahrheit zu sagen, forderte ihren Preis. Ich flüchtete mich nachts in einen mindestens zwölfstündigen unruhigen, traumlosen Schlaf. Die Ärzte fanden, dass dies gut sei und ich so den Schlaf der vergangenen schlaflosen Monate nachhole.

Tatsächlich aber trugen all diese Stunden, in denen ich wie betäubt schlief, keineswegs zu meiner Erholung bei. Ich wusste, dass meine übertriebene Wachsamkeit von der Depression ausgetrickst worden war. Immer noch begriff ich nicht, dass meine einzige Chance darin bestand, meine Situation vernünftig und ohne Verdrängung oder Hysterie anzugehen. Die Zahl meiner Alternativen nahm im gleichen Maße ab wie meine Sehfähigkeit, und immer noch zog ich es nicht ernsthaft in Erwägung, mich den veränderten Umständen anzupassen.

Ende November waren sich die Ärzte ziemlich sicher, dass

ich einen Schub von *arteriitis temporalis* durchmachte, einer Entzündung der Arterien von Kopf und Hals und der Sehnerven, die Schmerzen, auch Kopfschmerzen, und den Verlust der Sehkraft nach sich zieht. Da sie weiterhin der (mittlerweile widerlegten) Meinung anhingen, diese Krankheit befalle nur Männer über 65, suchten sie jedoch nach einer anderen, schlüssigeren Diagnose.

Wer seine Sehkraft verliert, verliert die Welt. Viele spät erblindete Menschen nehmen sich das Leben. Andere implodieren, nehmen jede Hilfe in Anspruch, die sie bekommen können, und führen ein Leben unter Blinden. Sie bleiben die meiste Zeit über in ihrem Zimmer oder ihrer Wohnung, lernen nur diejenigen Fertigkeiten, die sie zum Überleben unbedingt benötigen, und reduzieren ihr Dasein auf das Unverzichtbare. Diese Reaktion überrascht niemanden. Wenn man erblindet, ist Atmen zunächst alles, was man noch kann. Man fühlt sich, als müsse man platzen, weil sich in einem Gefühle aufstauen, denen man nicht entrinnen kann. Die eigene Haut ist die Grenze zu einer unendlichen Leere. Man ist eine winzige Insel inmitten eines noch nie vermessenen Ozeans, und selbst das, was eigentlich in Reichweite ist, bleibt unerreichbar. Jenseits der eigenen Fingerspitzen gibt es keine Welt mehr, es sei denn, man bewegt sich auf sie zu, um sie zu erkunden. Man gehört nicht länger der Welt »dort draußen« an, es gibt nur noch ein »hier drinnen«. Endlich wird einem klar und deutlich bewusst, dass die eigene Realität von der äußeren Umgebung abhängig ist. Doch zunächst kommt es einem vor, als sei die gesamte Umgebung verschwunden, und man stellt entsetzt die eigene Bedeutungslosigkeit fest. Man ist der Baum im Wald, der umstürzte, ohne dass jemand es hörte. Es kam mir vor, als hätte ich mich nach dem Verlust des Augenlichts in einen Klumpen Protoplasma ohne Lebenssinn und ohne Seele verwandelt. Aus meiner Welt entwich die Luft, und ich blieb in einem Vakuum zurück. Der Druck auf meiner Brust ließ niemals nach. Hatte ich wirklich eine andere Wahl? Konnte ich etwas anderes tun, als so zu funktionieren wie bisher? So als ob mein Leben noch einen Sinn hätte?

Ich zwang mir weiterhin extreme Leistungen ab und investierte all meine Kraft in den Versuch, normal zu wirken und am Spiel teilzunehmen. Zog mich an und stieg in den Pendlerbus ein, saß aufrecht auf meinem Schreibtischstuhl und ließ meine Stimme normal und sicher klingen. *Guten Morgen. Vielen Dank. Das kann noch eine Weile warten. Hört sich gut an.* Einatmen, ausatmen. Und noch mal von vorn.

Um Hilfe zu bitten stand nicht zur Debatte. Nie hatte mir jemand geholfen. Schon im Alter von sechs Jahren hatte ich gewusst, dass ich mich auf niemanden verlassen konnte, außer auf mich selbst. Wenn ich mich klein machte, mich nicht beklagte, um nichts bat und keine Wünsche äußerte, dann war ich auch nicht angreifbar. Ich konnte weiterhin so tun, als beherrsche ich mein Leben. Ich würde nicht den Zorn oder die Ablehnung meiner Eltern ertragen müssen. Und natürlich würde ich auf diese Weise nicht mit der Erkenntnis konfrontiert sein, dass es ihnen egal war, wie es mir ging. Ich würde mit allem klarkommen.

Da ich nie bessere Überlebensstrategien gelernt hatte, griff ich auf meine kindlichen Verteidigungsmechanismen zurück. Das Schweigen war mein bester Verbündeter. Ich zeigte meine Schwäche nicht, weil ich nicht riskieren wollte, auf Ablehnung zu stoßen. Entgegen jeder Vernunft redete ich mir ein, dass alles in Ordnung sei, solange ich mich zusammenriss. Doch es war nicht leicht, die Selbstbeherrschung zu wahren, denn ich war nie allein. Meine Kollegen im Büro waren stets in Hörweite. Dutzende gleichgültiger Fremder saßen mit mir im Pendlerbus, und zu Hause war Al jede Minute bei mir. Es ist traurig, aber ich glaube, dass nur mein geliebter weißer Königspudel Nova wirklich wusste, wie ich die furchtbaren Veränderungen in meinem Leben empfand. Nova war meine einzige Vertraute.

Das tägliche Funktionieren war eine übermenschliche Anstrengung. Daher blieb mir nicht genügend Energie, die Fertigkeiten zu erwerben, die ich brauchte, um mit meiner Behinderung leben zu können. Ich war zu erschöpft, als dass ich hätte lernen können, selbstständig mit meiner Kleidung umzugehen oder mir auch nur ein Sandwich zu machen. Warum sollte ich überhaupt alle Handgriffe des Alltags neu erlernen, wenn meine Blindheit vielleicht doch nur vorübergehend war? Al half mir, meine Illusionen lebendig zu erhalten. Zu Hause nahm Al mir alles ab. *Al, hol mir ein Handtuch. Al, bring mir ein Glas Wasser. Lies mir diesen Artikel vor. Such mal meine grüne Bluse.*

Im Nachhinein fürchte ich, nicht einmal »Bitte« oder »Danke« gesagt zu haben. Hätte ich zugegeben, dass Al mir half, dann hätte ich auch zugeben müssen, dass ich hilflos war. Außerdem hatte er sicher keine Probleme damit. Al liebte mich. Er wusste, dass ich blind war. Jedermann weiß, dass die Blinden völlig abhängig von anderen sind. Gewiss aber hatte Al in Wirklichkeit die Absicht, mir bei bestimmten Tätigkeiten lediglich zu *helfen* und mir bei anderen *beizubringen*, alleine mit ihnen klarzukommen. Doch ich hatte nicht die Kraft, mehr zu tun als zu atmen, zu schlafen und den Anschein zu erwecken, ich würde meiner Arbeit nachgehen. Ich war weder körperlich noch psychisch in der Lage, Neues zu lernen.

Hinter meiner Depression lauerte der Hexenkessel meiner Gefühle. Ich war verärgert. Nein, ich war wütend! Warum passierte das gerade mir? Hatte ich mir mein bequemes und ruhiges Leben nicht hart genug verdient? Ich hätte trauern und über all das nachdenken müssen, was ich verloren hatte, um verstehen zu können, wie ein Leben ohne Augenlicht sein würde und was die Erblindung für mich persönlich bedeutete. Ich hätte stundenlang weinen und eine Schachtel Papiertaschentücher nach der anderen verbrauchen sollen. Ein psychisch weniger beschädigter Mensch als ich hätte über seine Ängste gesprochen, hätte geschrien, um Hilfe gebeten und sich selbst Zeit gelassen, sich mit seinem Schicksal zu arrangieren. Al kümmerte sich sehr um mich, aber er begriff nicht, in welchem Ausmaß ich mich der Wirklichkeit verweigerte. In den sechs Monaten, bevor ich offiziell zur Blinden erklärt wurde, hatte ich die Hoffnung genährt, dass ich eines Tages aus diesem Albtraum erwachen und dann alles wie vorher sein würde. Wie konnte ich einen Verlust betrauern, den ich nicht wahrhaben wollte? Warum sollte ich mich auf einen Verlust einstellen, der doch hoffentlich nur vorübergehend war? Ich klammerte mich an den Glauben, dass ich aus der schwarzen Leere zurückkehren könnte, wenn ich sie nur konsequent genug ignorierte.

Ich steckte zwischen Skylla und Charybdis. Meine alten Tricks halfen mir nicht mehr. Ich konnte nicht einfach aufstehen und gehen, weil ich nicht Auto fahren konnte. Al hatte mir die Schlüssel weggenommen. Ich tat immer noch so, als sei ich unabhängig, selbst als ich ohne Als Hilfe nicht einmal die Zahnpastatube finden konnte. Ich zählte in allem auf Al. Er musste mich nicht nur am Leben erhalten und dafür sorgen, dass ich meine Kleidung richtig herum trug, sondern mir auch helfen, meine Version der Wirklichkeit beizubehalten. Al sagte immer wieder, dass ich irgendeine Form der Rehabilitation machen müsse, um in meiner neuen Welt zurechtzukommen. Ich versuchte ihm ständig zu beweisen, dass das lächerlich sei und dass ich weiterhin normal leben könne. Damals erschien mir das, was ich tat und sagte, vernünftig – und nicht verzweifelt und dumm. Wenn ich an jene Tage zurückdenke, weiß ich, warum mein Mann schließlich genug hatte.

Ich könnte Dutzende von Beispielen für mein Verhalten geben, die witzig wären, wären sie gleichzeitig nicht so tragisch und mitunter auch gefährlich gewesen. Als ich zum Beispiel einmal versuchte, das Abendessen zu kochen, klemmte ich, ohne es zu merken, etwas in der Tür des Tiefkühlschranks ein. Als Al mit dem Rasenmähen fertig war und in die Küche kam, war der Tiefkühlschrank vollständig abgetaut, und der Inhalt der Eismaschine hatte sich auf den Küchenfußboden ergossen. Alles stand unter

Wasser – Wasser, in das sich Blut aus dem gefrorenen Fleisch gemischt hatte und in dem die Packungen der Tiefkühlprodukte schwammen.

Einmal bekam ich plötzlich Lust auf heißes Popcorn aus der Mikrowelle. Kein Problem, ich konnte mir ja welches machen, aber leider legte ich die Popcorntüte verkehrt herum in das Gerät und stellte außerdem noch die Zeit falsch ein. Ich ging kurz zur Toilette, und als ich sie wieder verließ, roch es verbrannt. Bis ich mich in die Küche zurückgetastet hatte, war von dem Popcorn und seiner Verpackung nur noch ein Häufchen Asche übrig. Überall im Haus roch es unangenehm intensiv nach Popcorn, und die Mikrowelle war ruiniert.

Nur wenige Tage später goss ich, als ich mir Rühreier mit Rösti machen wollte, offenbar zu viel Öl in die heiße Pfanne und stellte die Flamme zu stark ein. Als mir klar wurde, dass ich die Küche in Brand gesetzt hatte, geriet ich in Panik und begann zu schreien. Mir ging auf, wie nützlich die Fähigkeit zu sehen tatsächlich ist. *Wenn ich sehen könnte, wäre das Feuer erst gar nicht entstanden, und wenn doch, dann hätte ich es gleich löschen können. Aber ich bin ja blind.* Zum Glück kam gleich ein Nachbar angerannt, der in seinem Garten gearbeitet hatte. Er schnappte sich den Feuerlöscher und bekämpfte erfolgreich die Flammen. Als Al vom Supermarkt zurückkehrte und feststellen musste, dass ich wieder einmal erfolglos versucht hatte, meine Unabhängigkeit zu beweisen, war er mehr als wütend. Er verbot mir, den Küchenherd zu benutzen, solange ich nicht irgendwelche Rehabilitationskurse besucht hatte. Aber ich hörte wieder nur das gefürchtete Wort »Rehabilitation« und dachte: *Nein, auf gar keinen Fall.*

Natürlich ging ich das nächste Mal, als ich alleine zu Hause war, schnurstracks zum Herd. Dieses Mal war da ein Geschirrhandtuch, das Al benutzt hatte, um den Herd von Fett und dem Pulver des Feuerlöschers zu reinigen, und dann in der Nähe eines Brenners liegen gelassen hatte. Das Handtuch und die Wand hinter dem Herd sowie eine Reihe Küchenschränke gingen in Flammen auf, und meine Dickköpfigkeit kostete uns dieses Mal 8000 Dollar. Al und ich sprachen eine Woche lang nicht miteinander. Ich war wütend auf ihn, weil er auf dem Herd ein Handtuch hatte liegen lassen. Dies war der Strohhalm, an den ich mich klammerte. Al war der Ansicht, dass das Feuer und der Schaden, den ich mir selbst hätte zufügen können, angemessene Gründe waren, wütend zu sein – von dem Schaden, den ich am Haus hätte verursachen können, gar nicht zu reden.

Gut, ich würde den Herd also nicht mehr benutzen. Aber was war mit dem Backofen? Eigentlich müsste ich doch in der Lage sein, ihn zu bedienen. Eines Abends wollte Al Lammkoteletts braten. Er legte sie auf die Arbeitsfläche und schnippelte erst einmal Gemüse für den Salat. Er bat mich, nichts zu machen, sondern einfach nur dazubleiben und mich mit ihm zu unterhalten. Warum dachte er nur, ich könnte ihm nicht helfen? Als er einmal kurz die Küche verließ, beschloss ich, die Lammkoteletts in den Ofen zu tun und ihn einzuschalten. Ich fand den Backofen, aber ich wusste nicht, wie ich den Rost einlegen und die Regler einstellen sollte. Die Welt verschwand vor meinen Augen, und ich hatte nichts getan, um mich auf diesen Verlust vorzubereiten.

Inzwischen hatte mir die Texanische Blindenkommission eine Sozialarbeiterin zugeteilt. Susan Poff war ein undankbarer Job zugefallen. Ich weigerte mich, an Kursen in Orientierung und Rehabilitation oder Brailleschrift teilzunehmen. Ich weigerte mich, mich am Criss Cole Rehabilitation Center in Austin anzumelden, einem Institut mit Internat, an dem spät erblindete Erwachsene lernen, sich im Alltag zurechtzufinden. Ich konnte jedoch nicht verhindern, dass ich zu einer Beraterin geschleppt wurde, die spät Erblindete betreut. Da mir meine Arbeit so große Probleme bereitete, meinte sie, ich solle kündigen und mich ausschließlich auf mich selbst konzentrieren.

Oje! Das war genau das, was ich nicht wollte. Wie konnte ich auf meinen Job verzichten oder mit Rehabilitationsmaßnahmen beginnen, wenn ich noch nicht bereit war, mich als Blinde zu fühlen? Die Arztrechnungen fraßen unsere Ersparnisse auf. Nicht nur meine Selbstachtung, sondern auch unsere wirtschaftliche Situation verlangte, dass ich weiterarbeitete. Ich wollte nicht bemitleidet oder zurückgewiesen werden, sondern lieber zur perfektesten Blinden der Welt werden, bevor ich mich der Welt als Blinde zu erkennen gab. Ich ließ mir von der Hadley School of the Blind (Hadley-Blindenschule) Tonbandkassetten kommen und begann heimlich, die Brailleschrift sowie die im Alltag erforderlichen Fertigkeiten zu lernen. Ich wollte in der Lage sein, zu kochen und zu nähen, mich um die Wäsche zu kümmern und mir meine Kleider zurechtzulegen. Wie schwer konnte es schon sein, sich diese einfachen Dinge selbst beizubringen? Tatsächlich war es so gut wie unmöglich. Al konfrontierte mich mit der Wirklichkeit, als er aufhörte, mir meine Sachen hinzulegen.

Schließlich musste ich mich dem Unvermeidlichen stellen. Bevor ich meine Sehfähigkeit verlor, konnte ich mehrere Dinge gleichzeitig tun. Ich konnte gleichzeitig telefonieren, einen Computer benutzen, im Kopf eine Zahlenkolonne addieren, eine Tasse Kaffee trinken und Kaugummi kauen. Jetzt war ich auf einmal wieder zwei Jahre alt und konnte alleine weder richtig laufen noch essen. Die kleinsten, alltäglichsten Aufgaben erforderten gewaltige Lernanstrengungen. Jeder Meter, den ich vorankam, fühlte sich wie ein Kilometer an. Es galt Tausende von Handlungen und Handgriffen zu meistern, an die ich früher keinen Gedanken verschwendet hatte: Unterwäsche so anziehen, dass die richtige Seite nach außen zeigte; Zahnpasta auf die Bürste drücken, mir den Mund ausspülen und den Becher wieder in seinen Halter stecken; Erbsen essen; einen Löffel Zucker in meinen Tee geben; aus einem Glas trinken; eine Fernbedienung benutzen; eine Bluse zuknöpfen; einen Reißverschluss schließen; den Drehverschluss einer Flasche öffnen; einen Dosenöffner benutzen. Einfache Bewegungen, simple Koordinationsaufgaben wurden zu beinahe unüberwindlichen Hürden. Es dauerte zwei Wochen, bis ich die Zahnpasta so auf meine Zahnbürste drücken konnte, dass nicht das meiste davon auf meine Hände oder ins Waschbecken fiel. Ich musste lernen, Tuben anhand ihrer Größe, ihrer Beschaffenheit, ihres Gewichts und ihrer Deckel zu unterscheiden. Ich musste daran denken, den Deckel in der Hand zu behalten, damit ich ihn anschließend wieder auf die Tube schrauben konnte und ihn nicht verlor. Ich musste mich selbst und auch Al dazu erziehen, alles immer an seinen Platz zurückzulegen. Für einen von Natur aus eher schlampigen Menschen ist es nicht leicht, plötzlich geradezu zwanghaft ordentlich werden zu müssen.

Ich musste lernen, jeden einzelnen Gegenstand in meiner häuslichen Umgebung zu identifizieren und korrekt zu benutzen: Socken, Strumpfhosen, Unterwäsche, T-Shirts, Kleider, Kämme, Bürsten, Handtaschen, Gabeln, Löffel, Tassen, Teller, Dosen, Flaschen, Türen, Schubladen, Lampen, Vasen, Stifte und Papier. Die Welt enthielt endlos viele Gegenstände, und daher musste ich endlos viel neu erlernen.

Das ging nur sehr langsam vor sich. Wenn die Welt nicht mehr durch die Augen auf einen zukommt, dann muss man ihr entgegengehen, um sie zu verstehen. Man muss immer die Entfernung zwischen Punkt A und B berechnen, gleichgültig, ob die Strecke zwischen diesen beiden Punkten für den Abstand zwischen Tisch und Bett steht oder für die Entfernung zwischen einem selbst und dem eigenen Arbeitsplatz. Meine mangelnde Mobilität und der Umstand, dass ich nicht an einem Orientierungstraining teilgenommen hatte, behinderten mich sehr. Ich wagte mich immer noch kaum von Bett oder Schreibtisch weg. Tage, Wochen und Monate vergingen, meine Sehfähigkeit nahm immer mehr ab, aber ich wurde nicht mobiler. Wie viel einfacher wäre mein Leben gewesen, hätte ich einfach sagen können: *Ich bin blind und brauche Hilfe.*

Inzwischen konnte ich zwischen zwei ähnlich geformten Schuhpaaren nicht mehr unterscheiden. Und selbst in dem Haus, in dem ich nun seit acht Jahren lebte, fand ich das Badezimmer nur, wenn ich mich an den Wänden entlangtastete. Ich konnte mein Gesicht im Spiegel nicht mehr sehen. Bis ich mich morgens fertig angezogen hatte und in den Pendlerbus eingestiegen war, hatte ich meine gesamte Tagesdosis an Energie dafür aufgebraucht, mir die Zähne zu putzen und die Haare zu kämmen, mich anzuziehen und zu versuchen zu frühstücken. Mein tägliches Maß an seelischer Kraft war danach bereits aufgebraucht.

Al und ich sprachen kaum noch miteinander. Er hatte auf dem College Psychologie studiert und fand nun, dass er mit seiner Unterstützung meine Entwicklung hemmte. Er hörte auf, mich mit Nahrung zu versorgen und mir alles zu holen. Vielleicht hatte er ja Recht mit dieser Strategie, aber er war auch sehr gereizt. Unser bisheriges gemeinsames, geordnetes Leben war inzwischen das reinste Schlachtfeld. Seine Gefährtin und Freizeitpartnerin war verschwunden, verdrängt von einer behinderten, wütenden Ehefrau. Es wurde für ihn langsam anstrengend, mich Tag für Tag pflegen zu müssen, und dazu kam noch, dass er von mir keine Anerkennung bekam und ich mich weigerte, an Rehabilitationsmaßnahmen teilzunehmen. Aus kleinen Kabbeleien waren laut vorgetragene Anklagen und verletzende Bemerkungen geworden. In unserer verzerrten Welt gab es keine schönen Stunden mehr, und wir steuerten geradewegs auf die Scheidung zu.

Im Januar 1994 wurde Al nach Camp Pendleton in Kalifornien versetzt. Wir waren beide erleichtert. Ohne Als Genörgel würde es mir bestimmt besser gehen, fand ich. Nun konnte ich die Tage damit verbringen, die Welt zu hassen, und die Nächte würden in angenehmer Bewusstlosigkeit vergehen. Mit anderen Worten: Ich konnte mich ganz meiner Depression hingeben. Susan, meine Sozialarbeiterin, wollte die Gelegenheit wahrnehmen und mich überreden, Kurse zu belegen, um wenigstens die für Blinde wichtigsten Fertigkeiten zu erlernen. Sie glaubte, dass ich teilweise deshalb nicht zugeben wollte, blind zu sein, weil ich Angst hatte, Als Unterstützung zu verlieren. Sie wusste, dass Al mich bei sich hatte haben wollen und es ihm lieber gewesen war, dass ich nicht für mehrere Monate zur Rehabilitation ins Criss Cole Center gegangen war. Al würde Ende Juni zurückkehren, und Susan hoffte, dass ich bis dahin meine Orientierung und Rehabilitation sowie noch einige andere grundlegende Fertigkeiten besser bewältigen würde. Als Wut, seine Weigerung, sich beraten zu lassen, und der Umstand, dass er mich mir selbst überlassen hatte, hatten sie schockiert. Sie ahnte, dass seine Weigerung, meinen Verlust zu begreifen, meine Depression verschlimmerte.

Ich kannte die wahren Gründe. Angesichts meines Verhaltens erschien es verständlich, dass er sich abwandte. Susan meinte, ich sollte die Abwesenheit meines bösen Mannes nutzen, und schleppte mich zu Mobilitätskursen. Sie wollte unbedingt, dass ich einen Stock benutzte. »Sie müssen eine Entscheidung treffen«, sagte sie. »Wollen Sie eine Blinde in einer blinden Welt sein, oder eine Blinde in einer sehenden Welt?«

Sie wiederholte diese Frage immer wieder, aber ich verstand den Sinn nicht. In dieser Zeit aß ich kaum noch etwas, und mein Gewicht sank unter 45 Kilogramm. Ich litt an schwerem Asthma und weiteren gesundheitlichen Problemen, weigerte mich aber, mich behandeln zu lassen. Bei der Arbeit sprach ich nur, wenn es nicht anders ging. Wenn ich nicht im Büro war und versuchte, Kontakte zu meiden, die meine Inkompetenz an den Tag bringen würden, war ich zu Hause und versuchte, den Weg ins Schlafzimmer zu finden, wo ich schlafen und dadurch vor der Wirklichkeit flüchten konnte. Die einzige Aufgabe, die ich täglich erfüllte, bestand darin, Nova rauszulassen, sie zu füttern und mit ihr zu schmusen, bevor ich ins Bett ging. Im Haus brannte kein Licht, und das einzige Geräusch, das ich hörte, war das Hecheln der Hündin. Mein Verlangen nach Schlaf war so heftig, dass ich mich über das Vogelgezwitscher ärgerte, über das Rattern der Rasenmäher und die Stimmen spielender Kinder – alles Erinnerungen an ein Leben als Sehende. Ich hatte mir mein dunkles Gefängnis nicht ausgesucht und war nun wütend darüber, hinter seinen Gittern leben zu müssen.

Der Umstand, dass ich weiterhin jeden Tag zu Arbeit fuhr, war und blieb der Kern meiner Verweigerung, der letzte Strang des sich auflösenden Taus, an dem ich mich festhielt. Allmählich aber stieß ich auch hier auf Widerstand. Mein Chef wies mir ein neues Büro zu, und ich wurde aus meinem Zimmer mit Blick auf das Atrium in eine fensterlose Abstellkammer geleitet, in der sich die Kartons bis zur Decke stapelten. Mir könne das ja nichts ausmachen, wurde mir erklärt, da ich ja ohnehin nichts mehr sähe. Niemand erwartete mehr von mir, dass ich noch irgendwelche Arbeiten erledigte, und das Krankenhaus weigerte sich, mich umschulen zu lassen oder mir einen geeigneten Computer zu beschaffen.

Keiner meiner Kollegen sagte auch nur ein Wort. Niemand kam in mein Büro oder bot mir an, mich zur Cafeteria oder zum Waschraum zu begleiten. Ich war auf mich allein gestellt. Das überraschte mich nicht weiter, denn zum einen hatte ich hier keine engeren Freunde, und zum anderen hätte ich jedes Hilfsangebot zurückgewiesen. Aber es machte nichts. Ich musste die Stelle unter allen Umständen behalten, da ich immer noch keine erträgliche Alternative gefunden hatte. Ich wahrte Distanz.

Auf meinen Tisch verirrten sich keine Akten mehr. Ich wurde nicht zu Besprechungen eingeladen, und wenn ich auf den Fluren oder im Waschraum jemanden traf, dann entspann sich nie eine Unterhaltung. Gelegentlich schaute mein unmittelbarer Vorgesetzter nach, ob ich zur Arbeit gekommen war. Normalerweise aber sprach ich tagelang mit niemandem. Mit der Isolation wuchs meine Angst. Ich schleppte mich jeden Morgen träge zur Arbeit. Ich hörte mir Hörbücher an, schlief am Schreibtisch ein oder übte

Brailleschrift, bis zehn Stunden vorbei waren und ich nach Hause zurückkehren konnte – in meine selbstgewählte Einsamkeit.

Ich spielte ein seltsames Spiel, und meine Arbeitgeber spielten es mit, aber in ihrem Sinne und nicht im meinem. Ich versuchte so zu tun, als wäre ich nicht blind und könnte meine Arbeit erledigen. Sie nutzten mein Verhalten aus, um zu behaupten, ich würde so tun, als sei ich blind, um mir eine Behindertenrente zu erschleichen.

Die Texanische Blindenkommission schickte einen Experten, der meinen Arbeitsplatz untersuchte und erklärte, der Staat würde mir einen speziellen Computer stellen und mich schulen lassen. Vom Arbeitgeber wurden nur Geduld und Kooperationsbereitschaft verlangt, doch meinen Vorgesetzten war selbst das zu viel. Das Krankenhaus beschäftigte bereits die erforderliche Anzahl von Behinderten und sah keine Veranlassung für eine Übererfüllung des Solls. Die Verwaltung war darüber verärgert, dass das Krankenhaus mit einer Blinden belastet wurde, die zudem noch das Gehalt einer Vollzeitangestellten erhielt. Das Krankenhaus duldete in seinen Räumen keinen Blindenhund und weigerte sich, die Maßnahmen zu beschleunigen, die meinen Arbeitsplatz behindertengerecht machen sollten. Weder von dem, was meine Sozialarbeiterin sagte oder erklärte, noch durch die Atteste, die meine Blindheit bewiesen, ließen sich meine Arbeitgeber von der Vorstellung abbringen, dass ich meine plötzlich aufgetretene Behinderung nur vortäuschen würde. Sie verstanden einfach nicht, warum ich weiterhin arbeiten beziehungsweise überhaupt von anderen in diesem Zustand gesehen werden wollte. Es war eine ausweglose Situation: Sie wollten eine funktionierende Angestellte, und ich wollte funktionieren; aber beides war unmöglich.

Eines Tages war es dann so weit. Mein Chef teilte mir mit, dass seine Abteilung keine Verwendung mehr für mich habe: Obwohl meine früheren Beurteilungen ausgezeichnet ausgefallen seien, hätte das Krankenhaus eine Neueinschätzung der Situation vornehmen lassen und festgestellt, dass ich den an mich gestellten Anforderungen nicht mehr nachkommen könne. Meine Arbeitgeber meinten, sie könnten sich meine schwachen Leistungen nicht erklären. Ich solle über die Gründe für mein Nachlassen nachdenken und eine Versetzung an einen anderen Arbeitsplatz akzeptieren. Weil sie Angst vor den amerikanischen Gesetzen zum Schutz der Behinderten hatten, wagten sie nicht, mich zu feuern. Wir sind nicht dumm, wollten sie mir damit sagen: Sie tun, als wären Sie blind, und wir tun, als würden Sie es nur vortäuschen. Ich hatte mich in meiner eigenen Falle gefangen. Ich tat, als sei ich noch kompetent, und sie drehten den Spieß um und nutzten das Theater, das ich ihnen vorspielte, um die Richtigkeit ihrer Annahme zu beweisen.

Ich sollte irgendwo anders arbeiten, in irgendeiner Abteilung, die mich zu übernehmen bereit war. Da ich normal aussah und mich einigermaßen normal verhielt, war ich ihrer Ansicht nach fähig, Akten abzulegen oder an einem Computer zu arbeiten. Aber wenn ich nicht in der Lage war, alleine zum Waschraum oder zur Cafeteria zu gelangen, wenn ich die Schritte von einer Tür zur nächsten zählen musste, um ins richtige Büro zu finden, wie sollte ich dann ohne geeignete Hilfsmittel Krankenakten lesen oder Kalkulationen machen?

Einmal traf ich die für die Betriebsrenten des Krankenhauses zuständige Dame zufällig im Waschraum. Sie war eine unabhängige Versicherungsagentin und stand kurz davor, nach Dallas umzuziehen, und sie wurde zu meiner Verbündeten. In den folgenden Monaten kam Martha mittags in mein Büro und nahm mich zur Cafeteria mit. Sie trug mein Tablett, und ich legte ihr eine Hand auf die Schulter und ließ mich von ihr führen. In der anderen Hand hielt ich meinen Stock. Wenn wir am Tisch meiner früheren Kollegen vorbeikamen, grüßte Martha sie immer und reagierte auf die Versuche dieser Leute, mich zu ignorieren, mit Missbilligung. Gelegentlich holte sie mich mitten am Nachmittag zu einem Einkaufsbummel oder einem Kinobesuch ab.

Es war schön, jemanden zu haben, der zu mir hielt, insgesamt aber fand ich die Situation unerträglich. Ich machte alle Stadien durch. Ich fühlte mich betäubt, deprimiert, erschöpft und sehnte ein Wunder herbei, ohne zu wissen, was für eine Art von Wunder es denn sein sollte. Ich hasste die Art, wie ich behandelt wurde, und hasste die Haltung des Krankenhauses gegenüber Behinderten im Allgemeinen und mir im Besonderen. Ich ärgerte mich über die Weigerung, der Texanischen Blindenkommission zu erlauben, behindertengerechte Geräte aufzustellen, und über die Behauptung, dass es leider nicht möglich sei, zwei Schilder im Wert von jeweils zehn Dollar anzuschaffen, um die Waschräume als behindertengerecht auszuweisen. Ich war es leid, mir die Vorwürfe meines Chefs anzuhören. Wenn er überhaupt mit mir sprach, dann nur, um mich zu ermahnen, mich »auch in seine Lage zu versetzen«, und um mich daran zu erinnern, dass die Leistungen seiner Abteilung durch meine Erblindung nachgelassen hatten. Warum ging ich nicht schleunigst in Frührente und erleichterte dadurch sein Leben? Er ärgerte sich, weil ich seine Bilanz beeinträchtigte. Warum konnte ich nicht einfach von der Behindertenrente in Höhe von 677 Dollar im Monat vor Steuern leben? Welche Bedürfnisse konnte ich denn jetzt als Blinde noch haben? Er wiederholte immer wieder, dass ich ihm das Leben schwer machte, weil ich arbeiten wollte. Weil ich einen Platz in der Gesellschaft beanspruchte. Weil ich verzweifelt versuchte, den bisherigen Zustand aufrechtzuerhalten, und nicht zugeben wollte, dass er schon lange nicht mehr bestand. Meine Sozialarbeiterin wurde nicht müde, mir zu erklären, dass ich Rechte hatte und sie wahrnehmen sollte. Schließlich begriff ich endlich, dass das Spiel vorbei war und ich nicht länger eine Sehfähigkeit vortäuschen konnte, die ich nicht besaß. Mit ihrer Hilfe beantragte ich bei Access Austin Unterstützung. Ich wollte das Krankenhaus durch rechtliche Schritte zwingen, mich zu rehabilitieren. Das einzige Gute dabei war, dass ich nun nicht mehr umhinkam, das Etikett »blind« zu akzeptieren.

Dann griff das Schicksal ein. Eines Nachts im Mai klingelte um drei Uhr morgens das Telefon. Es war der Leiter der Abteilung für Gefäßchirurgie des Balboa Marinekrankenhauses in San Diego. Er teilte mir mit, dass Al beim Joggen plötzlich kurzatmig geworden sei. Er sei mit einem Krankenwagen aus Camp Pendleton in die Klinik gefahren worden und läge nun auf der Intensivstation der Abteilung für Koronarchirurgie. Die Ärzte befürchteten, dass seine Arterien zu 80 bis 90 Prozent blockiert seien. Sie müssten ihm einen Herzkatheter legen und ihn vermutlich am offenen Herzen operieren. Ich solle so schnell wie möglich kommen.

In diesem Augenblick stürzte das wacklige Gebäude meiner Scharade ein. Auf einmal war mir klar, dass ich Al sehr liebte und bei ihm sein musste. Ich wusste, dass ich nicht fähig war, mir einen Platz im Flugzeug reservieren zu lassen, und ich hatte auch keine Freunde, die ich anrufen konnte, damit sie mich zum Flughafen brachten. Ich war an meine Grenzen gestoßen. Es war nicht mein Mut, der mich in die Lage versetzte, das zu tun, was ich dann tat, sondern das Wissen, dass Al und ich Partner in einem Team und aufeinander angewiesen waren. Mit Herzklopfen wählte ich die Nummer der Vermittlung. »Können Sie mir bitte helfen?«, sagte ich. *»Ich bin blind.«*

3. Schattenspiel

Kunst lehrt uns gar nichts, außer die Bedeutung des Lebens.

HENRY MILLER

Auf dem Weg zum Krankenhaus in San Diego verdrängte meine Angst um Al nur teilweise die Panik, die inzwischen zu meinem ständigen Begleiter geworden war. Die Sprechstundenhilfe meines Augenarzts, die ich um fünf Uhr morgens angerufen hatte, kam zu mir, packte meinen Koffer und gab mir den Stock in die Hand. Anschließend fuhr sie mich zum Flughafen und übergab mich an freundliche Leute, die mich ins Flugzeug setzten. Der Flug war ein Schlüsselerlebnis und zeigte mir wieder einmal, dass man als Blinder immer von Augenblick zu Augenblick lebt und nie weiß, was als Nächstes kommt. Vor allem als Blinder, der sich, mit den Worten meiner Sozialarbeiterin, dazu entschlossen hat, in der Welt der Sehenden zu leben. Der Flug war praktisch mein offizielles Coming-out.

Ich wurde laufend an Fremde weitergereicht, die so schnell wechselten, dass mir nicht einmal die Zeit blieb, ihre Namen zu erfahren. Die Flugbegleiterin fragte mich aus, um herauszubekommen, wie viel von meiner Umwelt ich mitbekam und sah. Als sie sich vergewissert hatte, dass ich mich im Vollbesitz meiner geistigen Kräfte befand, zeigte sie sich erleichtert. Dennoch führte sie mich aus Sicherheitsgründen auf einen Platz in der ersten Klasse, in der Nähe eines Schotts. Im Grunde wurde ich behandelt wie ein Gepäckstück. Ich zuckte zusammen, als sich plötzlich jemand zu mir herunterbeugte, um mir beim Schließen des Gurts behilflich zu sein. Es kamen Durchsagen, aber ich war viel zu durcheinander, um sie zu verstehen. Dann hob das Flugzeug ab. Da ich die Kunst, selbstständig zu essen und zu trinken schon zu Hause nicht meisterte, wollte ich damit auch nicht im Flugzeug herumexperimentieren, aus Angst, Fremden unangenehm aufzufallen oder gar ihre Kleidung oder ihre Computer zu beschädigen. Ich konnte nicht aufstehen und zur Toilette gehen. Aus meiner vertrauten Umgebung herausgerissen, gab ich mir Mühe, dieses weite, unbekannte Land zu begreifen, das nun meine Welt war. Spürten die anderen, dass ich panische Angst hatte?

Wieder ein anderer Fremder half mir, das Flugzeug zu verlassen und den Terminal zu erreichen. Da ich nur einen Stock, eine Handtasche und eine Reisetasche als Handgepäck hatte, waren die Formalitäten nach der Landung unkompliziert. Ich musste nicht auf mein Gepäck warten oder in irgendeinem Verkehrsmittel zu einem anderen Terminal fahren. Aber wie ging es jetzt weiter?

Ich befand mich am Airport 101. Früher war ich oft geflogen, aber ich hatte vergessen, wie chaotisch es auf einem Flughafen zugeht. Oder hatte ich es in meinem früheren Leben einfach so hingenommen? Los Angeles International Airport ist praktisch eine eigenständige Stadt, in der selbst die Sehenden bald die Orientierung, Nerven und Geduld verlieren. Die Durchsagen über Abfluggates, Verspätungen und Änderungen der Terminals sind kaum zu verstehen, und inmitten der geschäftigen Menschenmenge kann man Zusammenstöße mit anderen nur vermeiden, wenn man sie auch sieht.

Wie schnell verliert man doch den Kontakt zur Welt, wenn man nicht ständig visuelle Informationen erhält. Wenn man immer sehen kann, muss man sich das Gesehene nicht ständig in Erinnerung rufen. Wie schnell hatte ich vergessen, wie ich mich auf Rolltreppen und Laufbändern verhalten, wie ich mit Telefonzellen und Gepäckwagen, wie ich mit dem Leben umgehen musste. Es ist ziemlich schwierig, all das gelassen hinzunehmen, wenn man nicht sehen kann. Ich befand mich in einem Zustand ständiger Verblüffung, denn überall lauerten Überraschungen.

Noch vor 24 Stunden hatte ich es kaum von meinem Bett ins Badezimmer geschafft, und ich hatte über eine Stunde gebraucht, um mich anzuziehen. Jetzt waren schnelle Reaktionen und Orientierungsvermögen gefragt, und ich besaß keines von beiden. Meine Besitztümer und ich bildeten einen kleinen dunklen Vorposten inmitten dieses Chaos. Befand ich mich in der Nähe einer Treppe oder des Eingangs? Blockierte ich anderen den Weg? Meine Blase erinnerte mich daran, dass ich seit den frühen Morgenstunden nicht mehr auf der Toilette gewesen war. Ich hatte nichts gegessen und wusste nicht, ob ich genug Geld und auch noch genügend Zeit hatte, um mir etwas zum Essen zu kaufen. Und wie sollte ich das eigentlich machen? Durfte ich einen Angestellten der Fluggesellschaft bitten, mir zu helfen? Welchen Wert hatten die Geldscheine in meiner Brieftasche? Und woher sollte ich wissen, was es zu kaufen gab, wie hoch die Preise waren und ob mir das Wechselgeld richtig herausgegeben wurde? Wie sehr kann ich mich auf andere verlassen, ohne zum Opfer zu werden? Hätte ich mehr über diesen Flughafen, die Fluglinie und den Flug wissen müssen, bevor ich an Bord des Flugzeugs ging? Wo sollte ich jetzt eigentlich hin? Warum hatte ich mich nicht vorbereitet? Warum geschieht das mit mir? Die Fragen überschlugen sich. Ich hätte am liebsten geschrien. Dieser einfache Flug verlangte ein solches Maß an Kompetenz, das ich mir nie hätte vorstellen können, eine Beherrschung der Technik, als Blinde zurechtzukommen, die ich nie hatte erlernen wollen. Es war mir alles zu viel.

Als mich Als Bruder Jim fand, stand ich wie erfroren in einem See von Dunkelheit und klammerte mich an meine Tasche und an den letzten Rest meines Verstands. Er war schockiert, als er hörte, dass ich nicht mehr sehen konnte. Auch vor ihm hatte ich meine Erkrankung geheim gehalten. Ebenfalls verschwiegen hatte ich ihm, dass er wegen mir seiner Arbeit fernbleiben und ein Auto würde mieten müssen, um mich von Los Angeles zum Krankenhaus in San Diego zu bringen: Er musste alles für mich tun und somit Als Rolle übernehmen.

Wir erreichten das Krankenhaus, als sie Al zur Herzkatheterisierung bringen wollten. Uns blieb gerade noch Zeit für einen Kuss und ein paar wenige Worte. Al hatte seine Einwilligung in den Eingriff unterzeichnet, sich aber geweigert, eine Operation am offenen Herzen zu autorisieren, da er davon überzeugt war, dass ich übertrieb und dass auch die Ärzte irrten, wenn sie annahmen, eine derartige Operation sei notwendig. Al war seit einer Stunde im Behandlungsraum, als der Chirurg herauskam und uns informierte, dass sie dringend operieren müssten. Ich sollte eine Einwilligungserklärung unterschreiben.

»Was für eine Erklärung?«

»Diese Erklärung hier. Sie müssen sie unterschreiben.«

»Wo?«

»Hier. Auf der gestrichelten Linie.«

»Sie müssen mir zeigen, wo das ist«, sagte ich und gab es zum zweiten Mal an diesem Tag zu. *»Ich kann nicht sehen.«*

Die Operation an Als Herzarterie selbst verlief gut, doch er erlitt auf dem Operationstisch einen Herzinfarkt und einen Schlaganfall. Nach einigen Tagen auf der Intensivstation wurde er auf eine kardiologische Station verlegt. Erst zu diesem Zeitpunkt fielen den Ärzten, Schwestern und dem militärischen Personal die Schlaganfallsymptome auf, die Al von der Operation zurückbehalten hatte und die behandelt werden mussten. Eine Woche später hatte er einen zweiten Schlaganfall, der ihm weitere Schäden zufügte. Über längere Zeiträume hinweg funktionierte sein Gedächtnis nicht, und er hatte Schwierigkeiten, die richtigen Worte zu finden und sie korrekt zu verwenden. Es konnte passieren, dass er zum Telefon griff, um jemanden anzurufen, und eine Stunde später merkte er plötzlich, dass er immer noch versuchte, die Verbindung herzustellen. Gelegentlich erkannte er Leute und alltägliche Gegenstände nicht mehr. Körperlich war er sehr schwach und brauchte Hilfe bei vielem, was er tat. Er war emotional sehr labil und konnte innerhalb einer Minute von Benommenheit zu rasender Wut wechseln. Zwar war er oft in der Lage, Dingen die richtigen Bezeichnungen zuzuordnen und vollständige Sätze zu sprechen, manchmal aber fielen ihm nur Schimpfworte ein, was ihm sehr peinlich war. Er wusste, dass er sich unangemessen verhielt, konnte aber kaum etwas dagegen tun. Es sollte noch viele Wochen dauern, bis er sich so weit erholt hatte, dass er nach Hause entlassen werden konnte. Zum Glück wurde er in dem Krankenhaus ausgezeichnet versorgt.

Das eigentliche Problem war Als hilflose Ehefrau. In Kalifornien merkte ich, dass man tatsächlich auch ohne Augenlicht leben kann und dass es gutwillige Menschen gab, die mir helfen konnten, dies zu lernen. Jim war ein wahrer Engel. Inzwischen weiß ich, dass ich die ersten Wochen ohne seine Hilfe niemals überlebt hätte. Er akzeptierte meine Situation ebenso wie meine seltsame Art, mit Al umzugehen, forschte nicht weiter nach, wie blind ich tatsächlich war, und nahm auch meine Unfähigkeit hin, den Alltag zu bewältigen. Jims moralischer Unterstützung verdanke ich, dass ich genügend Ruhe und Muße hatte, die ständig wechselnden Anforderungen zu bewältigen, die meine Umwelt an mich stellte. Während sich Al von der Operation und den Schlaganfällen erholte, erlernte ich die Grundzüge des Lebens in einer sehenden Welt.

Aufgrund meiner Behinderung durfte ich auf dem Krankenhausgelände wohnen und wurde auch versorgt. Die Armee betrieb eine Art Wohnheim für Familienangehörige der Patienten, in dem ich während der zehn Wochen von Als Krankenhausaufenthalt lebte. Ich brauchte weder zu kochen noch mein Bett zu machen, und das waren nur zwei der vielen Fertigkeiten, die ich immer noch nicht neu erlernt hatte.

Abgesehen davon blieb mir nichts anderes übrig, als mir mein eigenes Rehabilitationsprogramm zusammenzustellen. Man kann sich als Sehender nicht vorstellen, wie schwierig selbst das Gehen für einen Blinden ist. Es ist außerordentlich leicht, in dem Bruchteil einer Sekunde auszurutschen, der zwischen dem Absetzen des einen Fußes und dem Anheben des anderen liegt, selbst wenn man sich auf die Bewegungen konzentriert. Wenn dann noch ein loser Stein, etwas Sand oder nur ein bisschen Wasser sowie ein Augenblick der Ablenkung dazukommen, kann es einem passieren, dass man auf einmal zu Boden geht. Ich weiß gar nicht, wie oft ich mich am Fuße einer Treppe plötzlich, ohne es zu wollen, hingesetzt habe. Bis es einem gelungen ist, die Angst vor Stürzen zu überwinden, sind die Muskeln angespannt und die Nerven in ständiger Alarmbereitschaft. Man kommt sich vor, als würde man auf einem Hochseil balancieren.

Ich entwickelte meine eigene Technik, um Treppen hinunterzugehen; sie bestand darin, dass ich stets vorsichtig die Ferse an das Setzbrett platzierte. In Orientierungs- und Mobilitätskursen lernt man das anders: Dort heißt es, man solle mit dem Stock nach der nächsten Stufe tasten. Ich stellte fest, dass ich einen Waschraum oder das andere Ende eines Flurs oder Hofs relativ sicher erreichen konnte, wenn ich meine Schritte zählte. Ich brachte mir bei, die offenen Innenhöfe, die die einzelnen Krankenhausgebäude untereinander verbanden, zu überqueren, indem ich mich wie eine fliegende Krähe vorwärts bewegte und einfach geradeaus ging. Auch das entspricht nicht dem, was Blinden bei Rehabilitationsschulungen beigebracht wird, half mir aber, zumindest in die Nähe meines Ziels zu gelangen. Dann musste ich nur noch stehen bleiben und warten, bis jemand kam und mich fragte, ob ich Hilfe bräuchte. Von mir aus sprach ich nie Leute an, um sie um Hilfe zu bitten; so weit war ich damals noch nicht. Doch allein schon zuzugeben, dass ich Unterstützung benötigte, war für mich ein großer Schritt.

Der Al zugewiesene Sozialarbeiter nahm auch mich unter seine

Fittiche. Er beauftragte jemanden, Besorgungen für mich zu erledigen und mich zu begleiten, wenn ich Wäsche, Kleinigkeiten oder Medikamente besorgte. Er fand auch jemanden, der mir wichtige Fertigkeiten beibrachte und mir zeigte, wie ich zu den Cafeterias und in den Fitnessraum kam. Als Al seinen ersten Ausflug in die Welt außerhalb des Krankenhauses machen durfte, sorgte der Sozialarbeiter dafür, dass so lange ein Sehender mitging, bis er sicher sein konnte, dass ich überall hinfand. Er kannte jemanden, der mir die akustischen Signale der Fußgängerampeln übersetzte, mir die beste Strategie für das Überqueren von Straßen erklärte und mich warnte, dass ich lieber nicht alleine über eine Straße gehen sollte, bis ich die entsprechenden Kurse besucht hatte.

Ich nahm diese Warnung nicht wirklich ernst – bis zu dem Tag, an dem Al im Zoo von San Diego einen Wutanfall bekam. Er hatte die Erlaubnis, den Tag außerhalb des Krankenhauses zu verbringen, und die Ärzte schlugen vor, dass wir irgendwohin gehen sollten, wo wir unter Leuten waren und mein Mann sich wohl fühlte. Wir nahmen den Bus zum Zoo, kauften Erdnüsse für die Elefanten und liefen herum. Al beschrieb mir, was er sah, und ich konzentrierte mich auf die Geräusche und Gerüche. Es war ein schöner Tag, bis Al beschloss, er würde jetzt das Auto holen und uns nach Hause fahren. Natürlich stand unser Auto nicht auf dem Parkplatz, denn wir waren nicht zu Hause in Georgetown, Texas. Doch Al war von dem Tag im Zoo erschöpft, und ich konnte ihm nicht begreiflich machen, wo wir uns befanden, und warum. Je stärker er ermüdete, desto verwirrter wurde er und desto seltsamer sein Verhalten. Um ihn zu beruhigen, sagte ich, wir würden zum Auto gehen, denn die Militärbasis lag nur wenige Blocks vom Zoo entfernt. Ich hatte den Zoo zuvor schon mehrmals zusammen mit Jim besucht und war mir sicher, dass ich zurückfinden konnte, wenn Al mir die Straßenschilder vorlas.

Aber ich irrte mich. In seinem Zustand war Al nicht in der Lage, die Schilder zu lesen, und mir gelang es nicht, die Ampelsignale richtig zu interpretieren. Mittlerweile schrie Al, dass er die Autoschlüssel nicht finden könne, und brüllte Flüche und Beleidigungen, so laut er konnte. Verzweifelt bemüht, ihn unter Kontrolle zu halten, geriet ich mit ihm aus Versehen mitten auf eine verkehrsreiche Kreuzung. Beinahe hätte uns ein Polizeiauto überfahren. Der Polizist sprang heraus und schrie uns an, und ich reagierte mit Tränen. Als ich mich ausgeweint hatte, war er auch schon mit uns vor dem Eingang des Krankenhauses vorgefahren und hielt uns noch einen Vortrag über vernünftiges Verhalten. Ich übergab Al an eine freundliche Krankenschwester, die meinem immer noch brüllenden Gatten Medikamente verabreichte und ihn ins Bett steckte. Ich setzte mich auf einen Stuhl in seinem Zimmer und hatte lange Zeit keine Kraft mehr, wieder aufzustehen.

Meine Rehabilitation machte Fortschritte. Hilfsbereite Fremde zeigten mir, wie man im Kaufhaus für Armeeangehörige mit der Kreditkarte zahlt, und ich kaufte mir Sportkleidung für den Fitnessraum. In der Cafeteria erlernte ich die komplizierte Technik des Essens mit Messer und Gabel. Ich dachte mir ein System aus, nach dem ich meine Kleider kennzeichnete und sie in Schubladen ordnete. Kurz vor dem für seine Entlassung vorgesehenen Termin erlitt Al einen weiteren Schlaganfall. Als wir endlich nach Georgetown zurückkehren konnten, hatte Al sein Kurzzeitgedächtnis verloren und zeigte ernst zu nehmende Sprachprobleme und Stimmungsschwankungen, die beängstigende Ausmaße erreichen konnten.

Zu Hause musste ich lernen, ohne die Hilfe von Als Bruder und des Krankenhauspersonals auszukommen. Jedes Mal, wenn wir zum Lebensmittelladen oder zur Apotheke gingen, sah ich mich gezwungen, Fremde anzusprechen. Ich sage »wir«, weil wir inzwischen zu einem Zweiergespann geworden waren: Al war für das Sehen zuständig und ich für das Erinnern. Jeder Ausflug konnte entsetzlich schief gehen, sogar ein Gang zum Supermarkt. Während ich mich im Schneckentempo vorwärts tastete, um sicherzugehen, dass wir alles kauften, was wir brauchten, konnte Al jederzeit ein markerschütterndes Gebrüll anstimmen, weil er die Frühstücksflocken nicht finden konnte, die direkt vor seiner Nase im Regal standen. Er fing mit anderen Kunden Streit an, weil er nicht verstand, warum er Schlange stehen sollte. Preisänderungen verwirrten ihn, und es überforderte ihn, sich zwischen mehreren Produkten entscheiden zu müssen. Er war nicht mehr fähig, Anweisungen zu befolgen, und Menschenmengen verunsicherten ihn. In jener Zeit war es an der Tagesordnung, dass er beim geringsten Anlass losschrie und wie ein Zweijähriger mit den Füßen aufstampfte. Der einzige Silberstreif am Horizont war, dass er nun Patient und ich wiederum recht und schlecht in der Lage war, die Rolle der Pflegerin zu übernehmen.

Jetzt machten wir ganz offiziell eine Rehabilitation – Als Rehabilitation. Wir stellten uns einer endlosen Reihe von Psychologen vor und besuchten verschiedene Einrichtungen. Es folgten zahllose Stunden Sprachtherapie, kognitive Therapie, Beschäftigungstherapie, Koronarsport und Psychotherapie. Ich begleitete Al zu all seinen Terminen. Dann kam noch ein Schlaganfall, und er büßte sein Sprachvermögen vorübergehend vollständig ein. *Wenn es so etwas wie eine Hölle auf Erden gibt, dann fühlt sie sich so an,* dachte ich. Ein Teil von mir war wie betäubt. Ich war nicht deprimiert, denn dazu war ich viel zu beschäftigt. Aber ich war völlig erschüttert. Ich wäre so gerne der Verantwortung entflohen, die ich jeden Tag und den ganzen Tag lang für jede Entscheidung trug. Ich war gezwungen, jede wache Minute mit Al zu verbringen und ganz alleine dafür zu sorgen, dass er seinen Tagesplan einhielt und seine Medikamente nahm, und das zehrte an meinen Kräften. Ich war es müde, das, was er sagte, deuten und sein Verhalten beaufsichtigen zu müssen. Ich dachte wehmütig an den Tag zurück, an dem ich mich beklagt hatte, dass er so viel fluchte; jetzt war er die meiste Zeit über still. Ich träumte von einer einsamen Insel mit Bücherstapeln, so hoch wie Palmen – denn ich vermisste die Bücher sehr.

Jeder Spezialist empfahl uns eine andere Methode. Der Neuropsychologe schlug die Teilnahme an Fremdsprachenkursen vor. Der kognitive Therapeut meinte, Al sollte Karten zeichnen. Der Sprachtherapeut dachte, es wäre gut, wenn wir an alle Gegenstände im Haus Post-its klebten. Verzweifelt um einen Ausweg aus unserer Hölle bemüht, meldete ich Al für jeden Kurs an, der uns vorgeschlagen wurde, und ging jedes Mal mit. Es war aufreibend, aber dadurch, dass ich mich um Al kümmerte, fühlte ich mich wieder gebraucht. Außerdem lenkte mich Als Betreuung von der Tatsache ab, dass die mir verbliebene zentrale Sehschärfe und meine Fähigkeit, Farben zu sehen, unter das messbare Niveau gesunken waren.

Ich könnte ein Buch darüber schreiben, wie es ist, mit jemandem zusammenzuleben, der einen Schlaganfall hatte. Ich gewöhnte mich daran, dass ich eine Frage oder eine Anweisung 15-mal wiederholen musste, bis Al richtig darauf reagierte. Wenn er bei etwas unterbrochen wurde, ging es von vorne los, und ich musste die ursprüngliche Anweisung erneut 15-mal wiederholen. Inzwischen ist es sehr viel besser geworden, aber wenn er müde oder angespannt ist, sind acht Wiederholungen an der Tagesordnung. Betreuer eines anderen Menschen zu sein ist oft eine undankbare Aufgabe. Manchmal fühle ich mich wie eine Xanthippe, und gleichzeitig weiß ich, dass ich keine andere Wahl habe, als alles bis ins kleinste Detail hinein zu planen und mit der gleichen Sorgfalt über die Ausführung zu wachen. Unter derartigen Umständen ist Geduld keine Tugend, sondern eine defensive Strategie, und das Einzige, was einem gegen die Machtlosigkeit hilft, die man immer wieder verspürt, ist der Sinn für Humor.

Als Gedächtnisverlust verzerrte seine Wahrnehmung der Wirklichkeit. Ich musste davon ausgehen, dass er ein unrichtiges Datum, eine verkehrte Zeit, die falschen Namen und Orte angab; und deshalb war ich stets gezwungen, alles nachzuprüfen. Zu den weniger folgenschweren Vorkommnissen zählte, dass er die Autoschlüssel auf die Frühstückstheke legte und dann mehrere Minuten lang versuchte, sich zu erinnern, wo er sie gelassen hatte. Weil ich ihn immer wieder so erleben musste, zweifelte ich inzwischen an seiner Fähigkeit, überlegte Entscheidungen zu treffen und mit gesundem Menschenverstand zu urteilen. Natürlich wurden alle seine Handicaps durch meine Blindheit noch komplizierter.

Bei Al wechselten sich Phasen der Klarheit mit solchen ab, in denen er nicht wirklich er selbst war. Ich musste lernen, vorauszuschauen, zu erkennen, inwieweit seine Worte und Handlungen durch seine momentane Stimmung beeinflusst waren, und mich der jeweiligen Situation entsprechend zu verhalten. Zum Glück lernte ich auch rasch, das, was er sagte und tat, nicht persönlich zu nehmen. Es kam vor, dass er vergaß, etwas fertig zu stellen, und dann fiel ihm erst zwei oder drei Stunden oder Tage später ein, was noch zu tun blieb. Mir gefiel, dass er schließlich doch noch daran dachte, aber insgesamt war er unzuverlässig, und gelegentlich reagierte er auf die eigene Unzulänglichkeit mit Wutausbrüchen. Manchmal konnte er erst nach Stunden oder Tagen auf eine Frage antworten, obwohl er die Antwort genau kannte. Dann plötzlich posaunte er die Antwort heraus, obwohl seine Gesprächspartner sich längst über etwas ganz anderes unterhielten. Es kam auch vor, dass er ein Gespräch unterbrach, um die Antwort eines anderen wie ein Papagei nachzuplappern, und dann glaubte er, alle hörten ihm interessiert zu. Wenn er später plötzlich wieder zu sich kam und merkte, dass er erneut einen gesellschaftlichen Fauxpas begangen hatte, war es ihm peinlich.

Sich um jemanden zu kümmern, dessen Behinderung nicht gleich offensichtlich ist, kann schwieriger sein, als jemanden mit einem deutlich erkennbaren Handicap zu betreuen. Einem Menschen, der einen Schlaganfall hatte, sieht man das nicht immer an. Wenn Al einen seiner Temperamentsausbrüche erlitt, waren die Leute überrascht und fragten sich, ob sie etwas falsch gemacht hatten. Häufig frage ich mich, ob Al geistig anwesend ist oder aber nicht – und vielleicht in Gedanken im Garten den Rasen sprengt. Sollte ich ihn darauf hinweisen, dass er sich gerade nicht richtig verhält, oder wäre das grausam? Bin ich zu sehr darum bemüht, ihm alles Unangenehme zu ersparen, oder ist meine Art, ihm beizustehen, die richtige? Niemand kann mir eine Antwort auf meine Fragen geben. Häufig passiert es gerade dann, wenn man seine Geduld oder seinen Sinn für Humor verliert, dass dem Menschen, auf den man eigentlich aufpassen wollte, etwas Unangenehmes widerfährt.

Wenn jemand etwas Unerwartetes tut, stellt man die eigene Realität infrage. Immer wenn Al sich vermeintlich heimlich Papier nimmt oder die Post öffnet, wird mir mulmig zumute. Immer wenn er mit seiner Bankkarte Geld abhebt und hinterher nicht mehr weiß, wann er es getan hat und wie hoch die Summe gewesen ist, verunsichert mich das. Ich denke ständig darüber nach, wie viel Kontrolle ich ausüben muss, um unangenehmen Überraschungen vorzubeugen, und wie viel Kontrolle seine eigene Unabhängigkeit verträgt. Dies ist auch deshalb so, weil ich um meinetwillen den ganzen Tag über wachsam sein muss.

Durch den Besuch von Fremdsprachenkursen besserte sich Als Fähigkeit, zu sprechen und korrekte Sätze zu bilden. Die fremde Sprache schien in seinem Gehirn neue Wege zu bahnen. Er begann, Wörter mit Gegenständen in Verbindung zu bringen, und konnte schließlich wieder einen vollständigen Satz sagen und ein Bedürfnis mitteilen. Sobald er wieder zusammenhängend reden konnte, besuchten wir regelmäßig den kognitiven Therapeuten in San Antonio. Dieser stellte fest, dass Al nur noch in der Lage war, einfachere Rechenaufgaben zu lösen. Er konnte keinen Zusammenhang mehr zwischen einem Datum und einem historischen Ereignis herstellen und sich kurzzeitige Ziele und Ideen nicht mehr merken. Al hatte nicht mehr so häufig Wutausbrüche, er schmollte nicht mehr so lange, und er erwartete auch nicht unbedingt mehr, dass sich andere seinen Stimmungen anpassten. Die Ärzte glaubten, dass er seine Fähigkeit zurückerlangen werde, auf andere Rücksicht zu nehmen, Geduld mit ihnen zu haben und ihnen gegenüber höflich zu sein. »Lassen Sie ihm Zeit«, sagte der Therapeut immer wieder. Ich fragte mich im Stillen, wie lange es wohl dauern würde. Bald befanden die Ärzte, dass Al gesund genug für die physische Rehabilitation sei, und aus diesem Grund ging Al nun dreimal die Woche in das Krankenhaus, bei dem ich angestellt war.

Ja, so unwahrscheinlich es klingen mag: Ich war immer noch Angestellte des Krankenhauses und hatte nach meiner Rückkehr nach Hause, nachdem ich so lange wie möglich Familienurlaub genommen hatte, die Arbeit wieder aufgenommen. Meine Arbeitgeber hatten geglaubt – oder wohl inbrünstig gehofft –, dass ich angesichts des Gesundheitszustands von Al und mir bald aus ihrem Leben verschwinden würde. Aber ich tat ihnen nicht den Gefallen. Ich war immer noch eine Blinde, die keine erträgliche Alternative gefunden hatte. Die Verwaltung war nicht gerade glücklich darüber, mich wiederzusehen, aber wo sollte ich denn sonst hingehen? Zumindest war ich inzwischen in der Lage, selbstständig die Toilette aufzusuchen und eine Kreditkarte zu benutzen. Vermutlich passten auch meine Strümpfe zusammen. Doch ich war durch Als Betreuung so erschöpft, dass das Krankenhaus leichtes Spiel mit mir hatte: Ich hielt den auf mich ausgeübten Druck nur fünf Wochen lang aus – so lange, wie sie brauchten, um meine Entlassung in den Ruhestand aufgrund meiner Behinderung zu veranlassen. Dann waren sie mich los.

Zu diesem Zeitpunkt hatten die Armeeleitung und die Ärzte beschlossen, dass Al wieder Auto fahren durfte, sofern er dabei von jemandem beaufsichtigt wurde, und zwar von mir. Solange er fuhr, musste ich mich ständig auf dem Laufenden darüber halten, wo wir uns gerade befanden. Um Weihnachten herum erklärte der kognitive Therapeut, dass Al in der Lage sei, eine Karte korrekt zu zeichnen und zu beschriften. Mit anderen Worten: Sein logisches Denken und sein Orientierungssinn waren zurückgekehrt. Jetzt konnte Al auch ohne mich zum Lebensmittelladen, zur Reinigung und zur Tankstelle fahren.

Ich versuchte, mich über seine Genesung zu freuen. Die Ärzte erinnerten mich daran, dass ich von ihm nicht mehr erwarten konnte, etwas richtig wegzuräumen. Ich war zwar blind, aber bildungsfähig, während er nicht mehr die Fähigkeit besaß, sich anzupassen. Ich musste lernen, damit umzugehen. Der Gedanke daran erschien mir unerträglich. Warum sollte ich diejenige sein, die sich anzupassen hatte? War mein Los nicht schon schrecklich genug? Was war mit meinem Bedürfnis nach Unterstützung? *Ich bin doch blind, ich bin diejenige, die Hilfe braucht!*

Ich wurde immer frustrierter. Ich versuchte, Al zu dämpfen, ermahnte ihn, wenn er überreagierte oder wenn seine Nachlässigkeit es mir unmöglich machte, mich im Haus zurechtzufinden. Einmal schnitt er jemandem an der Tankstelle den Weg ab und war bald in eine heiße Diskussion verwickelt. Anstatt einzugreifen, betete ich förmlich darum, dass ihn der andere Autofahrer niederschlug und dass irgendjemand die Polizei rief. Vielleicht könnte ich dann endlich aufhören, rund um die Uhr Betreuerin und Vermittlerin zu sein. Vielleicht würde jemand kommen, Mitleid mit mir haben und mir diese Aufgaben abnehmen. Aber nein, der Streit ging noch eine Weile weiter, und dann fuhren wir nach Hause. Ich versank in eine tiefe Depression, und es wurde so schlimm, dass alle glaubten, ich könnte sie nicht mehr überwinden.

Meine Verzweiflung war so übermächtig, dass ich in der Hoffnung auf Trost meinen Vater anrief, um ihm zu sagen, dass ich erblindet sei. »Ja, und was soll ich jetzt dagegen tun?«, schimpfte er. *Was hatte ich mir davon nur erhofft?* Dies war der Mann, der, als meine Mutter starb, sein Kartenspiel nicht unterbrach, um den

Krankenwagen zu rufen. Ein Mann, der zur Beerdigung des Sohnes, der 18 Jahre lang für ihn gearbeitet hatte, zu spät kam, zwei Minuten lang weinte und dann wieder ging. Ein Mann, der sich nie den Namen seines Enkels oder seiner Schwiegertochter hatte merken wollen. Mit meinem Vater konnte ich mich über den Aktienmarkt oder die wirtschaftliche Entwicklung unterhalten. »Der Dow ist heute um 60 Punkte nach oben geklettert, ist das nicht toll?« – Sätze dieser Art fielen, wenn wir Gespräche unter vier Augen führten. Wir sprachen dann über seine Geschäfte, seine Reisen und sein Leben, aber er wollte nie etwas über mein Leben wissen. Ein paar Male sagte er mir, wenn ich es am wenigsten erwartete, dass er mich liebe oder stolz auf mich sei. Jedes Mal war ich geradezu schockiert. Einige Jahre vor meiner Erblindung hatte ich herausgefunden, dass er sich über mein Leben auf dem Laufenden hielt. Dank irgendwelcher indirekter Quellen wusste er, dass ich meinen Abschluss am College gemacht und als Krankenschwester in der Traumatologie gearbeitet hatte, und er erfuhr von meinen Umzügen und Stellenwechseln. Ich weiß, dass ich damals, als ich ihn anrief, hoffte, er könnte trotz seiner Distanziertheit Anteil an meinem Leben nehmen und mein Bedürfnis nach Zuwendung erfüllen. Von seiner Gleichgültigkeit schockiert, legte ich den Hörer wieder auf. Das war das letzte Mal, dass wir miteinander sprachen.

Nun war klar, dass ich von keiner Seite Hilfe zu erwarten hatte. Jetzt würde niemand mehr kommen, um mich zu retten. Ich kroch ins Bett, weigerte mich, etwas zu essen, und stand nur noch auf, wenn ich zur Toilette musste. Zwei Monate lang trug ich die gleichen Sachen und duschte kein einziges Mal. Nachdem Al mein Verhalten einen Monat lang ertragen hatte, hörte er auf, meine geliebte Nova zu füttern, und zwang mich auf diese Weise, täglich in die Küche zu gehen. Mehr Energie, als zum Füttern des Hundes erforderlich war, konnte ich nicht aufbringen. Ich war an Körper und Seele krank.

Schließlich ging ich doch wieder zu den Ärzten. Der Anlass waren meine Katarakte, die nun »reif« genug waren, um entfernt zu werden. Doch der Zustand meiner Hornhäute hatte sich inzwischen so verschlimmert, dass die mir verbliebene Sehkraft nur noch durch Transplantationen gerettet werden könnte. *Meine Sehkraft retten?* Neue Hoffnung kam auf. Ich würde alles tun, um wieder sehen zu können. Ich würde wieder lesen, Auto fahren, mir ein neues Auto kaufen. Ich würde der düsteren Welt der Blinden und dem Leben mit meinem durch den Schlaganfall beeinträchtigten Mann entrinnen. Meine neuen Hoffnungen und Träume gaben mir die Kraft, klaglos eine Reihe von Eingriffen zu ertragen, die in den folgenden beiden Monaten an mir vorgenommen wurden.

Abgesehen von einer kurzen und traurigen Zwischenzeit kehrte im Februar 1995 meine Sehfähigkeit für einige Wochen zurück. Ich konnte wieder fernsehen und Bücher in Großdruck lesen. Zeit meines Lebens hatte ich Bücher sehr geliebt, und so las ich und las ich. Aber es war wieder, als würde ich zweigleisig leben und denken. Ich wusste, dass der derzeitige Zustand vielleicht nicht lange anhalten würde, und ein Teil von mir war unermüdlich aufmerksam und genoss die vielen tausend Dinge, die unsere Welt ausmachen. Mit meinen neuen Augen genoss ich den Anblick jedes Gegenstands, jede Farbe, den ständig wechselnden Lichteinfall und jede Phase einer Bewegung. Ich prägte mir jede Blume und jeden Sonnenuntergang ein, die ich sah, und Als Gesicht in allen Einzelheiten. Ich versuchte, mir für den Fall, dass ich wieder in die Dunkelheit abgleiten sollte, meine Umgebung und die Funktionsweise der Dinge genau zu merken. Ich frischte Erinnerungen an Menschen und Orte auf, die zu verblassen begonnen hatten, und machte mir sozusagen im Geist Notizen. Die alltäglichsten Ansichten kamen mir jetzt zauberhaft und wunderbar vor.

Die andere Hälfte meines Selbst klammerte sich an meine wiederhergestellte Sehfähigkeit, an mein wiederhergestelltes Leben und an den Glauben, dass die Schwankungen in der Sehkraft ganz normale Folgeerscheinungen der Operationen seien. Ich sah mich nach einem neuen Auto um. Sollte es ein Jaguar sein? Oder ein VW Cabrio?

Als ich nach drei Wochen wieder zum Augenarzt ging, um mir neue Gläser verschreiben zu lassen, dauerte das Messen meiner Sehkraft verdächtig lange. Immer wieder verschwammen und verblassten die Symbole vor meinen Augen. Dann veränderte sich wieder etwas, und ich konnte die Farbe Rot nicht mehr sehen. Nachdem es eine Stunde lang so weitergegangen war, ließ mein Arzt sich auf seinen Stuhl fallen. »Ich glaube, Sie leiden an einer Form von Vaskulitis.«

Endlich hatte ich eine Erklärung für meine Blindheit, und es war so ziemlich die schlimmste von allen möglichen: eine degenerative systemische Autoimmunkrankheit, an der ich bis heute leide.

Vaskulitis ist eine Autoimmunkrankheit, die zu Entzündungen der Blutgefäße führt. Es ist eine seltene Erkrankung, die nicht leicht zu diagnostizieren ist, weil die Symptome denen anderer Krankheiten mitunter stark ähneln. Die Symptome können dort auftreten, wo sich Blutgefäße entzünden, also buchstäblich überall: in Augen und Ohren, Herz und Leber ebenso wie im zentralen oder peripheren Nervensystem.

Die Behandlung richtet sich nach der Schwere der Krankheit. Es gibt milde Fälle, die nicht lebensbedrohend sind und manchmal auch nicht behandelt werden müssen. Die Krankheit kann aber auch wichtige Organe in schwerer Form befallen und schädigen – mit fatalem Ausgang. Um sie unter Kontrolle zu halten, werden Chemotherapie, Prednison, Plasmapherese und Cyclosporin eingesetzt – alles Therapien und Medikamente, die ich heute noch bekomme.

Nach weiteren Untersuchungen wurden bei mir zwei Typen von Vaskulitis festgestellt. Die eine wird als Riesenzellarteriitis bezeichnet. Sie befällt die Schläfenarterien, die seitlich am Kopf verlaufen, und ruft Kopf- und andere Schmerzen hervor. Die andere, Churg-Strauss-Syndrom genannt, wirkt sich auf Lunge, periphere Nerven, Haut, Nieren und Herz aus.

Viele Aspekte der Vaskulitis sind den Medizinern heute noch ein Rätsel. Es ist bekannt, dass das Immunsystem die Arterien angreift und Infarkte oder Aneurysmen verursacht. Doch niemand kann sagen, warum, wann oder wo der Angriff erfolgt. Weil die unspezifischen Symptome der Riesenzellenarteriitis sowohl schleichend als auch plötzlich auftreten können, lässt sich diese Erkrankung nur schwer diagnostizieren. Der durch Riesenzellenarteriitis entstandene Sehkraftschwund ist unheilbar, sofern seine Ursache nicht sofort erkannt und behandelt wird. In meinem Fall erfolgte die Diagnose zu spät.

Jahrelang bezweifelte die medizinische Fachwelt, dass es Autoimmunerkrankungen tatsächlich gibt, denn die Vorstellung, der Körper könne sich selbst angreifen, schien dem gesunden Menschenverstand zu widersprechen. Inzwischen weiß man, dass Autoimmunerkrankungen durch fehlgeleitete Angriffe von Zellen des Immunsystems verursacht werden. Vaskulitis kann durch genetische Anlagen, das Zusammenwirken mehrerer Erkrankungen und Umweltfaktoren ausgelöst werden. Vieles spricht dafür, dass unerkannte Vaskulitis sowohl für den Tod meiner Mutter als auch für den meines Bruders verantwortlich war, obwohl man bei beiden seinerzeit andere Ursachen angenommen hatte. Bei meinem jüngeren Bruder Larry, der sein Leben lang unter gesundheitlichen Problemen litt, wurde einwandfrei Vaskulitis festgestellt.

Mir blieben nur noch ein paar Wochen, in denen ich abwechselnd mal sehen konnte und mal nicht. Eines Morgens, Anfang April 1995, wachte ich mit grausamen Kopfschmerzen auf, die sich auch durch Medikamente nicht betäuben ließen. In meiner Not tastete ich mich in die Küche, um mir einen Kühlbeutel zu holen. Ich lehnte mich gegen das Küchenfenster und sah einen wunderschönen Roten Kardinal, eine Erscheinung, die so deutlich war wie das Tageslicht.

Genau in diesem Moment schoss ein blitzartiger Schmerz durch meine Schläfen und meinen Nacken. Ich ließ mich zu Boden fallen, kniff meine Augen zu und betete darum, dass der Schmerz weggehen möge. Der Druck in meinen Schläfen löste Wellen von Übelkeit aus. Der Raum drehte sich mit rasender Geschwindigkeit um sich selbst. Mir war, als würde mir jemand mit Messern in die Schläfen stechen. Das laute Klingeln in meinen Ohren führte dazu, dass ich glaubte, mein Kopf würde gleich platzen. Ich wand mich vor Schmerzen und war mir sicher, jetzt sterben zu müssen. Ich hieß den Tod willkommen. Doch der Schmerz ließ allmählich nach. Noch bevor ich ganz langsam meine Augen öffnete, wusste ich bereits, dass der rote Vogel das Letzte gewesen war, was ich jemals sehen würde. Zuvor hatte ich in einer grauschwarzen Welt gelebt, doch nun war ich von einem blendenden Schneesturm umgeben, einem weißen Nebel, in dem ich noch heute lebe.

Ich hatte meine dunkle Welt gegen eine Welt eingetauscht, in der es viel zu hell ist. Die Kopfschmerzen kommen und gehen, aber sie sind nie mehr so heftig gewesen wie an jenem Morgen in der Küche. Ich sehe das, was man auf einem Fernsehbildschirm bei einer Bildstörung sieht. Wenn sich etwas oder jemand ungefähr 20 Zentimeter vor meiner Nase befindet und von hinten beleuchtet ist, bemerke ich einen schwachen Schatten. Da ich aber keine weiteren Einzelheiten erkennen kann, irritiert mich das bloß. Jedes helle Licht, auch das normale Tageslicht, kann bei mir eine starke Migräne auslösen. Wenn ich nach draußen oder in mein Atelier will, um zu arbeiten, muss ich eine Sonnenbrille aufsetzen.

Es kam mir vor, als sei ich zu einer neuen Lebensform geworden, zu einer Art von Schimmel. Schimmel gedeiht im Dunkeln, in feuchten Kellern, man wird ihn niemals wieder los, und er ist zu nichts nütze. Wie unter Zwang fragte ich mich ständig, was denn der Sinn meines Lebens sei. Ich war nur noch ein Klumpen Bewusstsein, ein atmender Körper, der aus seiner natürlichen Umwelt herausgelöst worden war. Ich konnte meinen lauten Atemgeräuschen nicht mehr entkommen und spürte ständig, wie mir das Blut durch die Adern rann. Ich aß und schlief und empfand das Verstreichen der Sekunden als etwas Eisiges und Lähmendes. Wozu bin ich noch hier? Wen kümmert es? Was spielt für mich überhaupt noch eine Rolle? Was könnte meinem Leben trotzdem Sinn geben? Werde ich einfach nur noch in den Tag hineinleben, wie eine Pflanze, bis mein Herz stillsteht und mein Gehirn abstirbt? Kann denn ein Leben einzig daraus bestehen, morgens aufzustehen, sich in die Küche zu tasten und eine Tasse Kaffee zu trinken? *Ich glaube nicht.*

Al ging es bald immer besser. Seine Sprachfähigkeit war beinahe vollständig zurückgekehrt. Wenn ihm nicht die richtigen Wörter einfielen oder es ihm nicht gelingen wollte, einen Satz zusammenzufügen, fluchte er, aber nicht mehr so ordinär wie früher. Er hatte weiterhin leichte Probleme mit seinem Kurzzeitgedächtnis, und beim Rechnen kam er nicht über das Niveau eines Drittklässlers hinaus. Medikamente glichen seine Stimmungsschwankungen aus. Er fühlte sich gut und bestimmte sein Leben weitestgehend selbst. Ich dagegen hatte weder Arbeit noch Freunde und war ans Haus gefesselt, es sei denn, ich konnte es dank Als Hilfe verlassen. Eine Zeit lang war ich seine Betreuerin gewesen, aber nun musste ich diese Rolle wieder aufgeben. Ich tat nichts anderes mehr, als zu atmen, um weiterzuleben.

Schlimmer kann es gar nicht mehr kommen, dachte ich. Doch ich sollte mich irren. Nova bekam plötzlich Krämpfe, und mir blieb nichts anderes übrig, als sie einschläfern zu lassen. 14 Jahre lang war Nova meine ständige Begleiterin gewesen, die engste Freundin und Vertraute eines Menschen, der keine Freunde hatte, denen er vertrauen konnte. Nova schenkte mir die bedingungslose Liebe, die ich von Menschen nicht erwartete. Sie kannte meine intimsten

Geheimnisse; sie war immer da, um mich zu trösten und mein Leid mit mir zu teilen, und stets mit dem zufrieden, was ich ihr bot. Jahre später begriff ich, dass Nova mir den Sinn des Lebens gezeigt hatte: Sie lebte den Augenblick.

Der Verlust meiner Hündin war mehr, als ich ertragen konnte. Wie auf einem Endlosband sah ich sie im Geiste immer wieder auf dem Fußboden einer von grauen Schatten überlagerten Küche verbluten. In einem Anfall von Trauer und Wut bemächtigte ich mich der Schlüssel meines Honda, der geduldig auf die Rückkehr meines Augenlichts gewartet hatte. Obwohl ich nur Lichtblitze und Schatten sah, fuhr ich mitten in der Nacht zu einem nahe gelegenen Motel. Wahrscheinlich suchte ich immer noch nach einem Ausweg aus meinem hoffnungslosen Leben. Ich begreife bis heute nicht, wie es sein konnte, dass ich das Auto weder zu Schrott fuhr noch irgendjemanden verletzte. Ich wünschte mir nur noch, in jenem Motelzimmer zu sterben. Wie so oft in unserem gemeinsamen Leben kam Al auch dieses Mal, um mich zu retten, auch wenn ich das damals nicht als Rettung empfand. Ich war am Ende. Zu Hause kroch ich in mein Bett zurück und wartete auf den Tod. Ich sehnte nur noch das vollkommene Vergessen herbei, war aber viel zu deprimiert und antriebsschwach, um Selbstmord zu begehen.

Wochenlang blieb ich in meinem Bett liegen, umgeben von meiner Dunkelheit, die Decken hochgezogen, sodass ich kaum atmen konnte, aber eigentlich wollte ich es auch nicht mehr. Wozu denn noch atmen? Meine Passivität brachte Al zur Weißglut. *Aber was hätte ich auch tun sollen? Zum Markt fahren und für das Abendessen einkaufen?* Ich hasste unser Haus und die Vorstadt, in der es stand, weil ich hier wesentlich hilfloser war als im Krankenhaus von San Diego.

In Georgetown, Texas, gab es keine öffentlichen Verkehrsmittel, ja nicht einmal einen Taxidienst. Dort, wo wir wohnten, standen die Häuser Dutzende von Metern auseinander. Es war ein Pendlerviertel, dessen Bewohner morgens früh aufstanden, um nach Austin zu fahren. Tag für Tag und Woche für Woche war ich von Stille umgeben, isoliert, in der Unendlichkeit verloren.

Es machte mich wahnsinnig, dass Al kommen und gehen konnte, wie er wollte, während ich vollkommen von ihm abhängig war. Er wiederum konnte nicht verstehen, dass ich keine Ziele und Interessen mehr hatte. Ich war sowohl geistig als auch körperlich über die Maßen erschöpft, und ich wusste, dass ich mich nie wieder erholen würde. Al drängte mich, unabhängiger zu werden und mir zu überlegen, was ich mit meinem Leben anfangen wollte. Er probierte alle Tricks aus, um mich aus dem Bett zu locken. Weil es nichts half, mir nichts mehr zu essen zu bringen, gab er es auf und stellte mir Speisen und Getränke ans Bett. Schließlich versuchte er auch nicht mehr, mich zur Teilnahme an Kursen zu überreden. Ich verweigerte mich einfach. »Entweder wir schaffen das gemeinsam«, drohte er, »oder ich verlasse dich.« Er kam nicht mehr, wenn ich ihn rief, und ich hörte auf, ihn zu rufen.

Eines Tages stürmte Al in unser Schlafzimmer, knipste das Licht an und warf einen Schulmalkasten und einen Zeichenblock auf meine Bettdecke.

»Du musst irgendetwas tun«, meinte er barsch. »Warum versuchst du es nicht mit Kunsttherapie?«

Ich war sprachlos. Schockiert! Ich schleuderte Malkasten und Block in seine Richtung. »Du hast wohl immer noch nicht gemerkt, dass ich nicht sehen kann! Wie kannst du es nur wagen? Warum bist du nur so gefühllos?«

Mir klopfte das Herz bis zum Hals, und meine Gedanken rasten. Hyperventilierend kroch ich mit Farben und Block zu dem Tisch im Wohnzimmer. In dem hellen Licht und mit dem schmalen Streifen zentralen Sehens, der mir verblieben war, konnte ich gerade noch die kugelige Glasflasche erkennen, die auf einem Wandregal stand. In nur fünf Minuten warf ich eine Reihe von Flaschen auf das Papier. Alle hatten die gleiche Form, aber unterschiedliche Farben – Farben, auf die ich im Malkasten meinen Pinsel klatschte, ohne sie voneinander unterscheiden zu können. »Ist das hier rot oder grün?«, keuchte ich.

»Hier ist dein verdammtes Bild«, schrie ich in den leeren Raum hinein. »Ich hoffe, du bist zufrieden!« Ich glühte vor Wut. »Was willst du von mir? Deine Frau ist blind, verdammt noch mal!« Bei jedem Pinselstrich fluchte ich lauter. »Was erwartest du von mir? Ich kann nichts sehen!« Von diesem Ausbruch erschöpft, warf ich das Bild auf den Boden und kroch zurück ins Bett.

Teil II

Kräfte sammeln

4. Ein Funken Licht

Ein Kunstwerk ist das Ergebnis eines Titanenkampfs.

ROBERT HENRI

Nun schien es beschlossene Sache zu sein, dass aus mir eine Malerin werden sollte. Sowohl Al als auch jeder andere, dem er es zeigte, meinte, das Bild *Jars* sei ein Wunder. Malen zu lernen schien die einzig mögliche Antwort auf die Herausforderung zu sein, die das Schicksal mir stellte. Meine eifrigen Betreuer meldeten mich für einen zweiwöchigen Kurs an einer Kunstschule in Ruston, Louisiana, an, in deren Nähe auch eine Blindenschule lag, von der ich im Notfall Hilfe erhalten könnte. Ich würde malen lernen und nicht mehr ausschließlich in meinem Zimmer leben. Ich würde wieder zu etwas Vollständigem werden, zu einer Künstlerin. Al und meine Freundin Linda fanden, mein »wunderbares« Bild sei so etwas wie ein Zeichen. Linda beschloss, mich nach Ruston zu begleiten und ebenfalls am Kurs teilzunehmen. Linda und Al meinten es gut mit mir, doch ich wurde den Verdacht nicht los, dass sie nur deshalb so begeistert waren, weil sie hofften, der Malkurs würde ihr größtes Problem lösen: den Umgang mit mir.

Ich interessierte mich nicht für Kunst oder Malkurse und verspürte immer noch keinen Wunsch, mein Bett zu verlassen. Ich kümmerte mich nicht um die Vorbereitungen und blieb unter meinen Decken. Inzwischen hatte ich mich mit den ständigen Veränderungen meiner Sehkraft abgefunden und begriffen, dass mir weitere Operationen nichts nützen würden. Dies hatte wiederum zur Folge, dass sich meine Depression verschlimmerte. Weil ihr meine Hoffnungslosigkeit Sorgen machte, bestand Susan darauf, dass ich sofort an dem Criss Cole Rehabilitation Center in Austin, Texas, angemeldet und nicht nach Ruston verbannt wurde.

Al hoffte, dass meine Rehabilitation nach einem Aufenthalt an der Kunstschule und einigen wenigen Wochen der Eingewöhnung zu Hause abgeschlossen wäre. Eine formale Rehabilitation hätte einen mehrmonatigen Aufenthalt in einer entsprechenden Einrichtung erfordert, und Al gab zu, dass er nicht so lange allein bleiben wollte. Er war überzeugt, Susan würde meine Probleme übertreiben, und konnte nicht nachvollziehen, dass mir die Anpassung an meine neue Situation solche Schwierigkeiten bereitete.

Linda bemühte sich, mich für Fingerfarben zu begeistern, für die Schönheit der Kunst, für das Arbeiten mit Ton. *Nein danke, vielleicht ist es dir noch nicht aufgefallen, aber ich kann nicht sehen, und mir ist alles egal.* Als der Tag unserer Abreise heranrückte, wurde Linda bewusst, wie beschränkt meine Mobilität war, und sie bekam kalte Füße. »Das Bild war eine Fälschung«, stellte sie nun fest. »Ich kann nicht die Verantwortung für eine Blinde übernehmen.« Sie fand, Al habe meine Rehabilitation prima hingekriegt. Eigentlich reiche es doch schon, dass ich wieder aß, schlief und Fragen beantwortete.

Genau in dem Moment, als Al und Linda erkannten, wie verrückt ihr Plan war, sah ich diesen Malkurs als meine Chance, meinem Elend zu entkommen. Ich bestand darauf, allein nach Ruston zu gehen. *Wenn ich meinem Leben nicht entkommen kann, indem ich auf der Autobahn davonfahre, kann ich vielleicht entkommen, indem ich nach Louisiana verschwinde.* Al packte meine Koffer, und wir fuhren nach Ruston. Wizard, unser neuer Hund, saß aufmerksam auf der Rückbank. Man hätte uns filmen sollen: ein Fahrer, der alle paar Kilometer vergaß, wohin er eigentlich fuhr, und seine blinde Beifahrerin mit dem ausgezeichneten fotografischen Gedächtnis.

Fahrer: »Wir haben auf der I-20 die Ausfahrt Ninden in Richtung Osten erreicht. Was nun?«

Beifahrerin: »Fahr wieder auf die Autobahn und 80 Kilometer weiter zur Ausfahrt 67. Dann an der dritten Ampel links.«

Auf der Hinfahrt verfuhren wir uns nur einmal. (Auf der Rückfahrt durfte Wizard auf den Beifahrersitz, und Al hielt alle zwei Stunden mit mir telefonisch Rücksprache, verirrte sich aber trotzdem viermal. Als er unser Haus endlich erreichte, rief Al mich an und sagte, unsere Auffahrt käme ihm so fremd vor. Dann drehte er sich zu Wizard um und fragte ihn, ob dies wirklich unser Zuhause sei.)

In meinem Zimmer in Ruston half Al mir, alles auszupacken und mich im Raum zurechtzufinden. Er klebte Brailleschrift-Etiketten auf Schränke, Türen, Schubladen und Lampen. Immer wieder forderte er mich auf, ihm die Grundrisse meines Zimmers und meiner Umgebung zu beschreiben. Er vergewisserte sich, dass ich das Telefon an der Wand wiederfand und die Nummer unseres Anschlusses zu Hause korrekt wählte. Dann umarmte er mich zum Abschied.

Endlich bin ich ihn los. Ich war nicht hergekommen, um mich mit Kunst zu beschäftigen. Ich interessierte mich nicht für die Malerei. Ich war lediglich vor Al geflohen und vor allen anderen und ihren Erwartungen. Ich wollte mit meiner Depression allein sein und gedachte, zwei ungestörte Wochen zu verbringen. Niemand würde mich aufwecken, niemand würde mich zum Essen überreden, niemand würde ständig um mich herumschwirren und auf ein Lächeln lauern.

Ich glaubte auch, in Ruston eine neue Form von Freiheit zu finden. Niemand dort hatte mich vor meiner Erblindung gekannt, und deshalb konnte ich so sein, wie ich wollte. Man würde mich so wie jeden anderen Kursteilnehmer behandeln. Die Vorstellung, nicht nur zu lernen, mit der Blindheit zurechtzukommen, sondern auch als neuer Mensch zu Al zurückzukehren, war sehr verlockend und rief in mir ein Gefühl der Befreiung hervor. Ich war fest entschlossen, mich zu verändern und anzupassen. Jener Teil von mir, der nicht vorhatte, den ganzen Tag über zu schlafen, und der nicht zu scheitern erwartete, sehnte sich verzweifelt nach der Fähigkeit, in der Welt der Sehenden zu leben, wie Susan es ausgedrückt hatte. Ich würde lernen, normales Verhalten nachzuahmen, Entfernungen richtig einzuschätzen und meine verlorene Sehfähigkeit durch Logik zu ersetzen. *Ja, ich wollte es schaffen.*

Ungefähr zehn Minuten verbrachte ich wie in einem Glücksrausch, bis ich begriff, dass mir meine Umgebung vollkommen unbekannt war. Ich blieb steif auf dem Bett sitzen und fürchtete mich davor, auch nur die kleinste Bewegung zu machen. Als meine Zimmergenossin eintraf, merkte ich, dass meine Schultern sich entspannten und ich wieder normal atmete. Sie marschierte ins Zimmer und ließ ihre Koffer und ihre Malausrüstung aufs Bett fallen. »Ich bin fix und fertig«, sagte sie zu mir. »Warum helfen Sie mir nicht und packen diesen Koffer aus, während ich mich um den anderen kümmere?« Dann sah sie meinen Stock, und ihr entfuhr ein kleiner Schrei.

»Sie sind ja blind, das kann doch gar nicht sein!« Offenbar hatte niemand sie vorgewarnt. Sie war so entsetzt von dem Gedanken, auf eine Blinde aufpassen zu müssen, dass sie sich sofort auf die Suche nach einem Verantwortlichen machte. Sie hatte mich nicht nach meinem Namen gefragt und sich auch nicht vorgestellt, aber sie wusste bereits, dass ich eine Versagerin war. Als sie feststellen musste, dass niemand bereit war, auf sie einzugehen, und ich ihr auch nicht beim Auspacken helfen konnte, war sie rasend vor Wut. Sie ließ ihren Aggressionen freien Lauf, indem sie Als Brailleschrift-Etiketten abriss. Ich versuchte sie zu beruhigen, doch sie erklärte, die Situation sei unhaltbar. Ich sah ein, dass sie in gewisser Weise Recht hatte, war aber trotzdem verzweifelt. Während wir einander anschrien, stellte sie die Möbel so um, wie es ihrem Harmoniegefühl entsprach.

Meine Zimmergenossin hörte nicht auf zu schimpfen. Als ich über ihren Koffer stolperte und mir die Nase blutig schlug, sah sie das als Beweis dafür an, dass ich an einer Kunstschule nichts verloren hatte. Zum Glück griff eine nette Frau aus einem Zimmer auf der anderen Seite des Gangs ein, begleitete mich zum Waschraum und versprach, mir am folgenden Tag zu helfen, den Zeichensaal zu finden.

Als es Zeit wurde, schlafen zu gehen, hatten meine Zimmergenossin und ich einen Waffenstillstand geschlossen. Mitternacht war vorbei, und ich fühlte mich müde und verwirrt. Die ganze Nacht über wälzte ich mich schlaflos in einem fremden Bett, in dem ich mein Kissen nur mit Mühe fand. In diesem fremden Raum hatte ich noch nicht einmal eine Vorstellung davon, wo sich meine Kleider oder meine Haarbürste befanden. Weil ich nicht feststellen konnte, wie spät es war, lauschte ich angespannt auf jedes Geräusch und hatte Angst, dass Mae, meine neue Freundin, vergessen würde, mich am Morgen zu wecken und zum Kurs mitzunehmen. Ich war entsetzlich hilflos und ärgerte mich darüber, so abhängig von jemand anderem zu sein. Ich hoffte, dass ich Mae bald nicht mehr brauchen würde.

Mae kam, so wie sie es versprochen hatte, führte mich zu den Waschräumen und half mir, etwas zum Anziehen zu finden. Es ist furchtbar, wenn man nicht weiß, ob man seine Bluse richtig herum angezogen hat, und befürchten muss, lächerlich auszusehen und von niemandem darauf hingewiesen zu werden. Ich würde bestimmt nicht fragen, ob mit meiner Kleidung alles stimmte. Alles musste schnell gehen, denn ich hatte mich nach der Uhr der Sehenden zu richten. Mir reichte die Zeit nicht, und ich konnte mir kaum das Gesicht waschen. Eine Dusche kam gar nicht infrage. Durch eine Landschaft, die für mich formlos war und dennoch aus Rasen, Gehsteigen, Treppen, Kurven und einem geheimnisvollen Gebäude mit endlosen Gängen bestand, wurde ich zu einem hohen Hocker an einem Tisch geführt.

Als ich mich auf den Stuhl setzte, hatte ich meine Orientierung endgültig verloren. Dennoch versuchte ich, mich zu beruhigen. Was hatte ich mir bloß dabei gedacht? Warum hatte ich nicht vorher die Grundrisse der Gebäude angefordert? Warum hatte ich mich nicht vorbereitet? Ich hätte mich ohrfeigen können. *Wo habe ich nur meinen Kopf? Ich bin doch nur blind und nicht gehirntot!*

Wenn man ständig unter dem Zwang steht, zu lernen, mit der Welt umzugehen, gerät man in einen Nebel, der das Denken lähmt. Das Gefühl, das ich dabei empfinde, ist nicht eigentlich Angst, sondern fühlt sich mehr wie ein Albtraum an, in dem ich zu ersticken meine. In diesem Albtraum bin ich wach und in einem dunklen Zimmer alleine. Eine unsichtbare Kraft drückt mir die Lunge zusammen. Ich kann nicht richtig atmen, und meine Glieder sind so schwer, dass sie schmerzen. Plötzlich kommt ein dunkler Schatten über mich, und mir ist, als hätte mir jemand Eiswasser auf den nackten Körper gegossen. Ich wache frierend in einem fremden Land auf.

Da saß ich nun also auf meinem Hocker, hätte mich am liebsten unsichtbar gemacht und kam mir lächerlich vor. Blind zu sein war keine Entschuldigung dafür, dass ich mich nicht mit dem Informationsmaterial beschäftigt hatte, das mir mit der Bestätigung meiner Anmeldung zugeschickt worden war. Ich steigerte mich in meine Selbstvorwürfe hinein, bis ein noch schlimmeres Gefühl in mir aufstieg: Ich begriff, dass dies kein Albtraum war. *Das hier ist mein Leben, und ich kann nicht davor fliehen.* Mir brach an Händen und Füßen der Schweiß aus; und plötzlich umhüllten mich wie übelriechender Smog die Gerüche im Raum – die der Körper und Parfums, der Farben und Lösungsmittel. Auf der Zunge spürte ich einen scharfen, metallischen Geschmack. Mir war schlecht, und ich konnte mich kaum noch beherrschen. Mein Herz raste, und der Wunsch, wegzulaufen, wurde übermächtig. Mein ganzes Leben lang bin ich weggelaufen. Wie seltsam, dass ausgerechnet ich erblindet war und mich nun nicht mehr von diesem Hocker fortbewegen konnte. Ich fühlte mich wie gelähmt.

Dies alles geschah wie in Zeitlupe, und mir war, als säße ich schon seit Jahren auf diesem Stuhl, obwohl kaum eine Minute vergangen war. Dann ließ der Nebel die Geräusche zu mir durch, und das Geraune und Gerede, das Klappern und Klirren, das 30 eifrige Frauen verursachten, schlug über mir zusammen. *Na toll. Jetzt bin ich in Ruston, Louisiana, in einer lauten, stinkenden, Furcht erregenden Hölle. Ich muss mich konzentrieren. Ich muss die Regeln und Parameter dieser Wirklichkeit kennen lernen.*

Wenn man gut sehen kann, macht man nie die Erfahrung dieser verzerrten Wahrnehmungen, und es fällt auch nicht zu schwer, sich zu orientieren. Man öffnet die Augen, richtet sie auf das, was vor einem liegt, und hat nicht mehr das Gefühl, von den Dingen überrollt zu werden. Wenn man blind ist, ist das Gehirn ununterbrochen damit beschäftigt, die Welt zu ordnen und diese Ordnung aufrechtzuerhalten. Man versucht, sich ein Bild von seiner Umgebung zu machen und dieses Bild ständig im Gedächtnis zu behalten. Man zählt die Stufen und wie oft man sich nach links oder rechts wenden muss. Als Sehender weiß man, wie weit man die Hand nach dem Lichtschalter ausstrecken sollte. Für einen Blinden besteht die Wirklichkeit darin, dass der Albtraum ständig darauf wartet, die Kontrolle zu übernehmen. Augenblicklich muss man entscheiden, ob sich nähernde Schritte einen Freund oder einen Feind ankündigen. Man ist hilflos in seiner dunklen Welt und nimmt zuerst immer an, dass die Laute, die man hört, Unheil bedeuten. Dies ist eine vollkommen irrationale Reaktion, aber man fühlt sich trotzdem ständig so, als hätte einen jemand in den Magen geboxt und als bekäme man nun keine Luft mehr. Häufig verspürte ich das dringende Bedürfnis, »nach oben zu gucken«, um mich zu vergewissern, dass alles in Ordnung und meine Angst grundlos war. Stets war ich eine verängstigte Blinde, die sich Fremden ausgeliefert sah, deren Atem und Gerüche sie umgaben.

Nun saß ich also an einem Tisch im hinteren Bereich des Raums, den Al und ich am Vortag kurz erkundet hatten. Erst jetzt begriff ich, dass wir eine falsche Entscheidung getroffen hatten. Seit jener Migräneattacke im April, als sich meine innere Dunkelheit in einen blendend weißen Schneesturm verwandelt hatte, ertrug ich kein helles Licht mehr. Eine lange Reihe von Fenstern nahm die Wand links von mir ein, und das Licht, das durch sie hineinfiel, verursachte mir stechende Schmerzen in den Augen. Gestern war der Raum leer gewesen und so ruhig, dass man das leise Summen der Leuchtröhren hören konnte. Heute war er von Lärm erfüllt. Die Stimmen der Kursteilnehmer, ihre Radios, der Krach, der beim Umstellen der Tische und Stühle entstand, überforderten mich ebenso wie die Tatsache, dass dieser Saal, den ich immer wieder zu durchqueren hatte, für mich im Grunde nichts anderes als ein ständig sich verändernder Hindernisparcours war. Meine dunkle Brille konnte mich kaum vor dem psychedelischen Lichtspektakel schützen, das durch die Reflexe des künstlichen Lichts auf den glatten Tischplatten entstand. Ich fühlte mich wie in einer Spiegelhalle, in der um mich herum schemenhafte Formen tanzten. In diesem Raum konnte ich mich nicht orientieren.

Die hilfsbereite Mae setzte mich buchstäblich auf einem Hocker ab. »Rühren Sie sich nicht vom Fleck«, ermahnte sie mich. »Ich bin gleich wieder da.« Ich versuchte verzweifelt, den Lärm und mein lautes Herzklopfen zu überhören und mir vorzustellen, ich sei sicher und geborgen zu Hause und läge unter meiner Bettdecke.

»Wo sind denn Ihre Utensilien? Wo sind Farben und Papier?« Nach einer Stunde kam Mae zurück und wunderte sich, dass ich noch nicht mit der Arbeit begonnen hatte. Natürlich hatte ich keine Utensilien, hatte ich doch die Liste nicht gelesen, auf der stand, was ich am ersten Kurstag benötigen würde. Es stellte sich heraus, dass der Kurs nicht für Anfänger, sondern für erfahrene

Künstler gedacht war. Er sollte Gelegenheit zu »Begegnungen mit dem Aquarellmalen« bieten und den Teilnehmern helfen, zu einem eigenen Ausdruck zu finden. Es ging darum, sich dem Malen aus einer neuen Perspektive anzunähern und der eigenen Kreativität Raum zu geben. Die anderen malten schon seit Jahren, und einige von ihnen waren professionelle Künstler. Sie wussten unter anderem, dass die »Begegnungen mit dem Aquarellmalen« nicht nur das Malen mit Aquarellfarben einschlossen, sondern den Umgang mit wasserlöslichen Farben aller Art. Sie waren in der Kunstterminologie ebenso bewandert wie in den Grundlagen der Malerei. Viele von ihnen hatten an früheren Kursen des Dozenten teilgenommen und kannten sich im Zeichensaal und auf dem Anwesen aus. Sie hatten alles dabei, was sie brauchen würden. Sie wollten arbeiten – anders als ich, die einfach nur von zu Hause fortgewollt hatte. Und sie konnten sehen.

So saß ich also einfach nur da und hörte dem Dozenten zu, der von Bildern erzählte, die ich nicht sehen konnte – so wie ich auch nicht wahrzunehmen vermochte, was er uns vorführte. Dabei weinte ich, und die Tränen liefen mir nur so übers Gesicht. Jemand rechts von mir drückte mir eine Packung Papiertaschentücher in die Hand. »Schätzchen, glaube nicht, dass es besser wird«, sagte eine Frauenstimme. »Ich habe an dem Kurs schon einmal teilgenommen, und er ist wirklich anspruchsvoll.«

Man merkt nicht immer gleich, dass jemand blind ist. Meine klaren grünen Augen sehen ganz normal aus. Ich sitze nicht im Rollstuhl, und wie gewöhnlich hatte ich meinen Blindenstock versteckt. Ich gab mir jede erdenkliche Mühe, mich zusammenzureißen. Durch meine Mutter hatte ich gelernt, dass Tränen verletzlich machen und man durch die eigene Verletzlichkeit zum Opfer wird. Ich will andere nicht sehen lassen, dass ich Schmerzen leide oder weine. Diese Frau nahm an, ich hätte angesichts der Ziele dieses Kurses den Mut verloren. Tatsächlich aber hatte ich Angst davor, meine Selbstbeherrschung zu verlieren. Außerdem hatte ich gemerkt, dass aus der Situation kein Entkommen war. Ich konnte nicht nach Hause zurückkehren, zurück zu Al und unseren ständigen Kabbeleien. Ich wollte nicht vor den Augen der anderen scheitern. Mir blieb keine andere Wahl, als weiterzumachen und mich auf diese neue Erfahrung einzulassen. Dann konnte ich nach Hause zurückkehren, mich unter meiner Bettdecke verkriechen und schlafen.

Aber da war immer der Lärm. Ich konnte mir kein klares Bild von meiner Umgebung machen, und auch das Gefühl dafür, wer ich eigentlich war, schien mir langsam abhanden zu kommen. Ich hatte mich so sehr an die Stille gewöhnt. Kein Radio, kein Fernsehen, keine Stimmen oder andere Laute. Hier fühlte ich mich wie auf dem Flughafen, und von allen Seiten drang Lärm auf mich ein: Unter meinen Füßen vernahm ich das Wegrücken von Kisten und Schritte; ungefähr auf Höhe meiner Taille waren die Geräusche, die entstehen, wenn Menschen sich bewegen, aufräumen, wenn Stifte auf Papier kratzen; das mal lauter und mal leiser werdende Stimmengemurmel, zwischendurch eine Stimme, die sich über die anderen erhob, oder ein Husten; das Geräusch von laufendem Wasser und der Krach, der entsteht, wenn Radiostationen miteinander wetteifern. Es war mir vollkommen unmöglich zu unterscheiden, welche Geräuschquellen sich in meiner unmittelbaren Nähe befanden. Ich merkte nur, dass meine Sinne völlig überreizt waren.

Bevor ich mit meiner künstlerischen Ausbildung beginnen konnte, musste ich Schritt für Schritt das Gefühl meiner Hilflosigkeit bekämpfen und mir den Raum aneignen. Ich begann, indem ich mir den Grundriss des Zeichensaals einprägte. Ich lernte, durch schwingende Bewegungen meiner Arme Breite, Länge und Höhe des Raums zu messen. Dies hilft tatsächlich, einen Raum zu erkunden. Mit Händen, Füßen und Stock lokalisiert man die größeren Objekte (Tisch, Stuhl, Wand). Dann untersucht man kleine

Gegenstände wie Pinsel, Radiergummis, Bleistifte und Papier. Schließlich kann man nur noch hoffen und beten, dass nichts davon anders hingelegt wird. Das Gefühl für einen komplexen Raum erhält man, indem man die Position eines Objekts ermittelt und diese in Beziehung setzt zu einem anderen Gegenstand, dann zum nächsten und so weiter. Dabei berechnet man den Abstand zwischen den einzelnen Dingen und überprüft ihn anschließend mehrmals. Zuletzt speichert man das Ergebnis in seinem Gedächtnis ab. Es ist ein mühseliger Prozess, den man täglich tausendmal wiederholen muss. Die Sehenden nehmen alles mit einem Blick wahr, durchdenken rasch das, was in ihrem Blickfeld ist, und sortieren im Geist alles Unwichtige aus. An dieses Sortieren brauchen sie keinen einzigen Gedanken zu verschwenden, es geschieht automatisch und reibungslos, dank der perfekten Zusammenarbeit von Auge und Gehirn.

In den folgenden Tagen bahnte ich mir allmählich einen Weg durch diese neue Welt. Durch eine breite Tür betrat ich den Zeichensaal, einen Raum, dessen gesamte linke Seite von Fenstern eingenommen wurde. Im Saal standen drei Reihen von jeweils zehn Tischen, von denen jeder ungefähr 1,80 Meter lang und 90 Zentimeter breit war. Der Abstand zwischen zwei Tischen betrug 1,20 Meter. Ich saß auf einem hohen Hocker an einem Tisch, der mir bis zur Brust reichte. Rechts von mir war eine Wand mit einer Tür in der Mitte, die in ein weiteres riesiges Atelier führte. Durch die Tür im hinteren Teil des Zeichensaals gelangte man in einen Vorlesungssaal, in dem vorne Pult und Stuhl des Dozenten standen, während an der hinteren Wand eine Tafel und eine Art große Korkpinnwand hingen. Gegenüber dem Dozentenpult standen sechs Reihen von jeweils fünf Stühlen, jener Art altmodischer Stühle, an denen rechts eine Schreibunterlage befestigt ist. Rechts neben diesem Raum befand sich ein weiterer von ähnlicher Größe, entlang dessen Wänden Waschbecken, Vorrichtungen zum Mischen der Farben sowie beleuchtbare Tische waren. Ein etwa 3,6 mal 2,4 Meter großer Tisch in der Mitte dieses letzten Raumes war mit den unterschiedlichsten Gegenständen bedeckt – Fundstücke jeder Art, die irgendwie interessant aussahen und ein bisschen so wirkten, als hätte jemand Abfälle des archäologischen Museums dort abgeladen. Hier holte man sich, was man brauchte, um ein Stillleben zusammenzustellen, das man malen wollte.

Ich könnte noch mehr ins Detail gehen, aber ich fürchte, meine Leser zu langweilen. Wenn ich mich heute mit Kursteilnehmern von damals unterhalte, dann stellt sich heraus, dass sie sich nur schwach an diesen Raum erinnern können, den ich in allen Einzelheiten auswendig weiß. Sie bräuchten sich den Raum nur nochmals anzuschauen, oder auch nur ein Foto davon, und wüssten sofort alles, was für sie von Interesse ist. Sie haben es nicht nötig, derartige Informationen in ihrem Gedächtnis zu archivieren.

Und dann das eigentliche Malen. Man braucht so viel, um ein Kunstwerk zu schaffen: eine Unterlage, Farben und Stifte, ein Palettenmesser, Wasser in einem Behälter, Klammern, Pinsel, Radiergummis, Papier und Papiertaschentücher – und vor allem natürlich eine Idee, wie man das Thema des Tages umsetzen will.

Die Vorstellung, ich könnte mir das alles selbst bereitstellen, war lächerlich. Bei seiner Einführung am ersten Tag ging unser Dozent Doug Walton die Liste der Utensilien mit uns durch. *Ob ich alles dabeihabe? Nein, denn ich habe eigentlich gar nicht vor zu malen. Sehen Sie nicht, dass ich blind bin?* In Begleitung hilfsbereiter Zimmergenossinnen ging ich zu dem Laden auf dem Campus, um mich mit Künstlerbedarf einzudecken. Die ersten drei Tage des Kurses verbrachte ich mit Versuchen, meine Sachen so anzuordnen, dass ich das fand, was ich jeweils brauchte.

Es hört sich lächerlich an, aber am schwierigsten war es, die Pinsel so hinzulegen, dass sie nicht von der leicht schräg stehenden Tischplatte hinunterrollten. Ich war zu verwirrt, um auf die Idee zu kommen, sie einfach in irgendeinen Behälter zu tun. Immer wieder legte ich sie auf den Tisch, hörte sie hinunterrollen, kroch auf Händen und Knien am Boden herum, um sie wiederzufinden, und bemühte mich dabei nach Kräften, nicht loszuheulen. Das wiederholte sich mehrmals am Tag, bis Mae mir einen Becher für die Pinsel mitbrachte. Dann musste ich nur noch lernen, den Becher nicht umzukippen.

Jeden Morgen hielt Doug als Erstes einen Vortrag über Kreativität und Ausdrucksmöglichkeiten. Es folgte eine Vorlesung über Kunst. Darin konnte es um Farbtheorie oder um Komposition gehen, um Perspektive oder um Bildränder. Ich nahm alles auf, damit ich es mir später zu Hause, wo ich weniger abgelenkt sein würde, nochmals anhören konnte. Auch meine eigenen Anmerkungen dazu zeichnete ich auf. Als Nächstes besprach Doug kritisch die Arbeiten des Vortages. Ich hatte keine Arbeiten vorzuweisen, denn ich konzentrierte mich zunächst einzig und allein darauf, im Zeichensaal nichts umzuwerfen.

Dann ging es los. Die Kursteilnehmer wärmten sich sozusagen mit einer 10- bis 30-minütigen Übung auf, die dazu gedacht war, die intuitive rechte Gehirnhälfte anzuregen. Bei dieser Freiarbeit sollte man lernen, sich selbst auszudrücken. Offenbar aber bemühten sich die meisten eher um ein ansehnliches Endergebnis als darum, die verborgenen Seiten des eigenen Ichs zu entdecken. Wenn die Zeit lief, versuchten alle eifrig, das Stillleben, das Doug aufgebaut hatte, möglichst perfekt wiederzugeben. Bei diesem Wettbewerb konnte ich nicht mithalten. Ein vorzeigbares Bild zu Stande zu bringen lag außerhalb meiner Möglichkeiten.

Doug befürwortete meine Teilnahme am Kurs und verteidigte mich gegen alle, die sich über meine Anwesenheit beschwerten oder fanden, dass eine Blinde unmöglich malen lernen könne. Dennoch war ich mit den Aufgaben, die er stellte, vollkommen überfordert. Wie sollte ich nur »die Statue auf dem Tisch malen, indem man sie zu der Wasserflasche auf dem eigenen Zeichentisch in Beziehung setzt«, wenn ich Schwierigkeiten hatte, mir die Bluse zuzuknöpfen? Wie sollte ich seine Erläuterungen zur Verkürzung oder Perspektive in der stark von visuellen Ausdrücken geprägten Sprache verstehen, die er benutzte? In meiner Welt war alles eindimensional; mit Begriffen wie »Entfernung« oder »Perspektive« konnte ich nichts mehr anfangen. Ich konnte die Wasserflasche berühren oder sie in der Hand halten, aber wie sollte ich mir jene Statue dort draußen im leeren Raum vorstellen?

Nach der Mittagspause stellte Doug uns die Aufgabe für den nächsten Tag, an der wir den restlichen Nachmittag über arbeiteten. Dazu zeichneten wir unsere Komposition zunächst auf dünnes Papier und vervollständigten sie in verschiedenen Etappen. Für jede Phase verwendeten wir ein frisches Blatt Papier und übertrugen die Zeichnung mithilfe eines der beleuchteten Glastische. Wenn man schließlich mit dem Gezeichneten zufrieden war, ging man wieder zum Lichttisch. Nun wurde schweres Aquarellpapier über die Zeichnung gelegt, um die Linien des Bildes mit schwarzer Acrylfarbe nachzuziehen. Dann stellte man das Bild fertig, das am nächsten Tag besprochen werden sollte. *Ausbessern und kopieren? Das könnte ich wohl nur im Traum!*

Die Kursteilnehmer arbeiteten mit Feuereifer von ein Uhr mittags bis ungefähr zehn Uhr abends und kehrten am folgenden Tag um neun Uhr morgens in den Zeichensaal zurück, um weiterzumachen. Weil ich weder die beleuchteten Tische noch die Zeichentechnik mit Acrylfarben anwenden konnte, teilte Doug jedem von uns einen Partner zu. Dies war theoretisch eine nette Geste, praktisch aber nicht durchführbar. Es war mir nicht möglich, Farben zu verwenden, ohne mich und alles, was ich berührte, damit voll zu schmieren. Das Zuweisen von Partnern führte dazu, dass sich die anderen noch mehr über meine Anwesenheit ärgerten. Ich wurde nicht gerade gemieden, aber die Gruppe, die meine erzürnte Zimmergenossin um sich scharte, wuchs mit jedem Tag.

Die erste Woche verbrachte ich damit, zu lernen, mich in meinem Zimmer zu bewegen und mit meiner Zimmergenossin und meinen Utensilien umzugehen. Meine Zimmergenossin erzählte allen, ich »könne unmöglich« blind sein. So wie viele andere Menschen nahm auch sie an, Blindheit bedeute, dass man überhaupt nichts sieht und die Welt um einen herum pechschwarz ist. Ich versuchte zu erklären, dass der Begriff »Blindheit« eine ganze Reihe von Sehbehinderungen bezeichnet, doch sie war wild entschlossen, meinen »Betrug« zu entlarven. Sie stellte mitten im Raum einen Stuhl auf, und natürlich fiel ich darüber. Sie ließ ein Papiermesser offen herumliegen, und ich schnitt mich daran. Sie legte ein nasses Handtuch oder ein Bild auf mein Bett und wurde wütend, wenn ich mich darauf setzte oder es auf den Fußboden warf. Sie hinterließ mir Nachrichten, die ich nicht lesen konnte, und bestätigte Verabredungen, von denen ich nichts wusste und die ich deshalb nicht einhielt. Ich schrie sie an, und sie schrie zurück. Wir benahmen uns nicht wie Erwachsene. Sie hänselte mich und meinte, aus mir würde nie eine Künstlerin werden.

Auch wenn sie am Ende Recht behalten würde – ich wollte es trotzdem versuchen. Nach fünf Kurstagen hatte ich endlich ein Bild fertig gestellt und konnte es kaum erwarten, Dougs Urteil darüber zu hören. Es sollte eine sich bauschende Pfauenfeder zeigen, die in leuchtenden Blau- und Grautönen gehalten war, mit violetten und gelben Reflexen. Zwei Stunden lang arbeitete ich daran, die richtige Farbkonsistenz zu erzielen, die weder zu trocken noch zu dünn sein darf. Sorgfältig zog ich die Linien mit schwarzer Acrylfarbe nach und trocknete das Bild mit einem Haarföhn. Um mich auf dem 55 mal 75 Zentimeter großen Blatt Aquarellpapier orientieren zu können, das mir sehr groß vorkam, legte ich ein Lineal quer darüber und schob es für jeden Pinselstrich ein winziges Stück weiter. Die anderen Teilnehmer gingen zwischendurch zum Abendessen, doch ich blieb und malte den Schaft und jede Faser der Feder in sorgfältiger Kleinarbeit aus, wobei ich mich mit den Fingern an jeder Linie entlangtastete. Ich wollte, dass einem diese Pfauenfeder förmlich entgegensprang. Sechs Stunden später war ich über und über mit Farbe bedeckt, aber ich hatte mein Bild vollendet. Ich glaubte, ein wahres Meisterwerk angefertigt zu haben, bis ich entdeckte, dass ich das gesamte Bild in nur einer Farbe gemalt hatte: in Blau. So viel zu meiner künstlerischen Genialität.

Offenbar musste ich mich darin üben, besser unterscheiden zu lernen. Doug unterstützte mich bedingungslos. Wenn ich jammerte, dass ich weder die Farben noch das Papier sehen könne, meinte er: »Dann mal doch einfach los!« Dies war der beste Rat, den er mir geben konnte. Dougs Strategie bestand darin, mich zu ermutigen, nicht mit dem Malen aufzuhören, komme, was wolle. Damals merkte ich noch nicht, wie sehr er mir dadurch half. In seinem Kurs lernte ich zwar nicht zu malen, doch seine Anteilnahme und seine Bestätigung kamen mir auf einer anderen, tieferen Ebene zugute. Im Laufe der Zeit wurde ich geschickter im Umgang mit Farben und Pinsel und erzielte bessere Ergebnisse. Doug begann, mich als ein leuchtendes Beispiel für kreativen Wagemut hinzustellen. Jeden Tag sagte er etwas in der Art von »Zumindest hat Lisa versucht, die Übung fertig zu stellen« oder »Lisas Fortschritte machen uns allen Mut«. Das ärgerte natürlich die anderen Teilnehmer, die es satt hatten, sich ständig anhören zu müssen, was für ein blinder Ausbund an Tugend ich war. Auf der einen Seite freute ich mich über Dougs Unterstützung, andererseits verschärfte sich dadurch die feindselige Stimmung jener Gruppe, die mich gerne hätte gehen sehen. Sie fanden, dass ich zu Unrecht ständig Bestätigung erhielt; auch sei es nicht fair, dass ich vom Dozenten mehr Aufmerksamkeit erhielt als die anderen. Ich denke, dass sie Recht hatten. Ihr Groll war für mich insofern positiv, als er mich ständig daran erinnerte, dass nicht jeder über meinen Wunsch, zu malen, begeistert war.

Ich begriff, dass ich nicht so lernen konnte wie die sehenden Schüler, nämlich in Kursen, in denen ein großer Teil des Stoffs mit visuellen Begriffen erklärt und durch Vorführungen oder Dias vermittelt wurde. Die auf visueller Wahrnehmung beruhende Sprache der Kunst ist für einen Blinden nahezu unverständlich. Ich musste meinen eigenen Weg, mein eigenes System, meine eigene Kosmologie der Kunst finden. Ich begann zu verstehen, dass das, was man verliert, wenn man nicht mehr sehen kann, mit anderen Mitteln zurückerobert werden muss. Ich würde die Palette meiner Sinneswahrnehmungen an die veränderten Umstände anpassen und neue Wege finden müssen, die Grundsätze der Linie, der Umrisse und der Perspektive zu begreifen.

Zuerst aber musste ich es irgendwie schaffen, mit weniger Mühe vom Zimmer zum Zeichensaal zu gelangen und die alltäglichen Handgriffe besser zu meistern. Die anderen Teilnehmer begleiteten mich jeden Tag zum Kurs, indem sie mich bei der Hand nahmen, mich von hinten antippten oder aber an der Kleidung packten. Aus dem Gleichgewicht gebracht und ohne Orientierungspunkte, konnte ich kaum nachvollziehen, wohin ich ging. Ohne es mir zu sagen, schlugen sie am vierten Tag einen anderen Weg in den Zeichensaal ein. Ich folgte ihnen mit meinem Stock, so gut es ging, als meine Führerin abgelenkt wurde, weil jemand ihren Namen rief. Für einen Sehenden ist das eine normale Reaktion, jedoch unverzeihlich, wenn man einen Blinden führt. Ich stürzte drei Steinstufen tief in einen kleinen Teich. Als ich klatschnass und mit Abschürfungen wieder auftauchte, mussten wir in mein Zimmer zurückkehren, damit ich mich umziehen konnte, und dadurch kamen wir zu spät zum Kurs. Wäre ich in der Lage gewesen, mich zu orientieren, hätte ich das unfreiwillige Bad vermeiden oder zumindest mein Zimmer alleine aufsuchen können. Die anderen lernten von da an, mir präzise Anweisungen zu geben, und machten untereinander aus, wer für mich an welchem Tag verantwortlich war.

Nachdem ich mich mehrere Tage lang auf Katzenwäschen beschränkt hatte, nahm ich all meinen Mut zusammen und beschloss, im gemeinsamen Badezimmer zu duschen. Ich tastete mich zu einer Kabine durch, doch dann wusste ich nicht mehr weiter, denn ich hatte keine Ahnung, wie man die Hebel betätigen musste und die Wassertemperatur einstellte. Scheinbar eine Ewigkeit lang stand ich in dem kalten, hallenden Raum, unfähig, einen Platz für mein Shampoo zu finden oder festzustellen, von wo denn das Wasser kommen würde, bis plötzlich jemand wortlos an mir vorbeigriff und die Dusche anstellte.

»Wenigstens muss ich mir das Zimmer nicht mehr mit einem Schwein teilen.« Ich erkannte die unverwechselbare Stimme meiner Zimmergenossin, und es lief mir kalt den Rücken hinunter. Sie verließ mich, ohne mir zu verraten, wie ich den eisigen Regen wieder abstellen konnte. Jemand, der genügend Geistesgegenwart aufgebracht hätte, hätte die Kabine verlassen und um weitere Anweisungen gebeten. Doch ich war blind und alles andere als geistesgegenwärtig. Endlich rief ich um Hilfe. Eine Stimme antwortete, dass ich den Hebel ungefähr sieben Zentimeter nach links bewegen sollte, um wärmeres Wasser zu erhalten. Um das Wasser abzustellen, brauchte ich den Hebel nur zur Wand zu drücken. Leider drehte ich den Hebel zu weit nach links und bekam einen brühend heißen Guss ab. Ich schrie auf, sprang in Panik aus der Kabine und rutschte auf dem Fußboden aus, den ich mit meinem Duschwasser überschwemmt hatte. Jemand drückte mir ein Handtuch in die Hand. Als ich mich beruhigt hatte, war mir das alles entsetzlich peinlich.

Bei meinem ersten Besuch in der Cafeteria versuchte ich, mir selbst ein Glas Eiswasser einzugießen. Die Leute rechts und links von mir hätten mir sicher gerne geholfen, aber es konnte doch gar nicht so schwer sein, am Automaten ein Glas mit Wasser zu füllen. Zuerst verwirrte mich die Maschine, doch nach mehreren Fehlstarts fand ich den richtigen Knopf. Erst, als jemand aufschrie, merkte ich, dass mein Glas schon längst voll war und nun überlief. Als ich wieder am Tisch saß, wollte ich nach meinem vollen Glas greifen, doch ich griff daneben. Es kippte um, und das Wasser ergoss sich in einen fremden Schoß. Nachdem ich mich überschwänglich entschuldigt hatte, gelang es mir, ein neues Glas Wasser zu holen und auf den Tisch zu platzieren. Doch ich stellte das Glas zu weit weg von mir und trank dann den Eistee von jemand anderem. Es brauchte zwei Wochen, viele Gläser, viele nasse Leute und Entschuldigungen, bis es mir gelang, ein Glas Wasser zu holen und es so vor mich auf den Tisch zu stellen, dass ich es auch wiederfand. Zu diesem Zeitpunkt war allerdings die Geduld der anderen Kursteilnehmer fast vollständig aufgebraucht.

Ich glaubte, dass ich mit meiner Situation besser fertig werden könnte, wenn es mir nur gelang, das Chaos unter Kontrolle zu bringen und mich besonnener zu verhalten. Ich sollte den Leuten klar und deutlich sagen, was ich brauchte, anstatt die wohlmeinenden, aber oft ungeeigneten Hilfeleistungen zu akzeptieren, die mir im Allgemeinen zuteil wurden.

»Deuten Sie bitte nicht einfach nur hin, wenn ich Sie nach einer Richtung frage«, wollte ich ihnen erklären. »Ich kann Ihre Gesten nicht sehen.« »Fassen Sie bitte nicht einfach nach meinem Arm. Das erschreckt mich und bringt mich aus dem Gleichgewicht. Berühren Sie mich leicht am Ellbogen, damit ich meine Hand auf Ihre Schulter legen oder Ihrer Stimme folgen kann.« »Schubsen Sie mich bitte nicht von hinten.« »Beschreiben Sie mir immer, wohin wir gehen und wie das Gelände beschaffen ist. Nähern wir uns einer Treppe? Wie lange werden wir über diesen Rasen gehen? Werden wir abbiegen?«

Ich wünschte mir Kooperation, ich wünschte mir, dass wir aufeinander zugehen könnten und die Atmosphäre sich entspannte. Leider wurde mein Wunsch nur selten Wirklichkeit. Die meisten Sehenden dachten, sie wüssten, was ich brauchte. Manche Menschen zensierten Informationen und trafen für mich Entscheidungen, anstatt mich zu fragen, wie ich darüber dachte oder was mir lieber war. Wenn ich genauere Angaben darüber machte, was ich wollte, oder aber weitere Forderungen an sie stellte, fanden sie mich undankbar. Andere wieder gaben mir ungenaue Informationen und Anweisungen, deren Ausführung für mich gefährlich war oder nach denen ich mich nicht richten konnte. Sie hatten keine Ahnung, wie die Informationen beschaffen sein sollten, die ich brauchte: Ich musste Dinge in Erfahrung bringen, die für Sehende selbstverständlich waren. Aus all diesen Gründen landete ich, bevor ich die Technik des richtigen Fragens beherrschte, nur allzu oft in der Herrentoilette.

Meine Bemühungen, mit den anderen Schritt zu halten, erschöpften mich. Ich hatte mein Augenlicht für immer verloren. Niemand würde geduldig bei mir bleiben und zusammen mit mir die Anzahl von Schritten zum Waschbecken oder zu einer Wand ausrechnen. Um mich herum ging das Leben weiter; und um zu überleben, musste ich noch viel mehr lernen, als nur, mich selbst anzuziehen. Ich hatte nicht die Muße, in Ruhe zu überlegen, welche Aspekte visueller Wahrnehmung ich mir zurückerobern müsste, oder einen Strategieplan zu entwickeln, wie ich es früher in meinem Leben als Sehende getan hätte. Oft kostete mich der Weg vom Tisch zum Waschbecken alles, was ich an Geduld und Energie gerade noch aufbringen konnte. In einer vertrauten Umgebung fühlt sich jeder wohler, und für Blinde gilt dies in noch stärkerem Maße. Andererseits befinden sich Blinde so gut wie immer auf unbekanntem Territorium. Ich weiß noch, dass ich immer wieder in meinem Zimmer, im Zeichensaal oder in der Cafeteria stand und dachte: »Ich muss aufwachen. Ich muss meine Probleme aktiv lösen.« Ich fühlte mich erschöpft. Immer wieder von Gesprächsfetzen abgelenkt, versuchte ich mich darauf zu konzentrieren, wie in aller Welt ich die Wasserflasche zu der Statue auf dem Podest in Beziehung setzen sollte.

»Sucht nach der Essenz des Objekts«, wiederholte Doug ständig. Doch um mit meinem Leben klarzukommen, musste ich genau andersherum vorgehen. Ich lebte in der Essenz. Ich musste den Kontext finden und aus den Bruchstücken, die mir die verbliebenen Sinnesorgane vermittelten, eine brauchbare Wirklichkeit zusammenschustern. Wenn man blind ist, gibt es keine »Wirklichkeit«. Man konstruiert sie sich laufend selbst und kann nur hoffen, dass dabei eine relevante Version von Wirklichkeit entsteht. Ich musste die täglichen Aufgaben und Handgriffe in kleine Lernschritte unterteilen und meine Fähigkeit verbessern, mentale Karten anzufertigen.

Wer sehbehindert oder blind ist, zeichnet im Geist in jeder Situation so etwas wie eine Landkarte aus allen Informationen, die er sammeln kann: visuelle Erinnerungen, Beschreibungen von Sehenden, geschriebene Texte, Geräusche, Gerüche und mit dem Tastsinn untersuchte Objekte. Erst dann wagt er den ersten Schritt. Bevor ich mich bewegen kann, muss ich genau wissen, wo ich bin. Dann beschließe ich, wohin ich will, und überlege, wie die Entfernung zwischen den beiden Punkten zu bewältigen ist. Ebenso wie eine Sehende versuche ich meinen Weg im Voraus zu planen und Hindernisse zu meiden. Um Energie zu sparen, wähle ich den direkten Weg und schätze ein, wie viel Zeit ich dafür brauchen werde. Anders als eine Sehende aber führe ich einen mentalen Testlauf durch, bevor ich einen Raum betrete oder verlasse. Es ist ein bisschen so wie bei den Skiläufern, die man im Fernsehen sieht: Während sie noch am Start warten, gehen sie im Geist die Rennstrecke durch. In neuen Situationen oder an unbekannten Orten, wie Flughäfen, in großen Verwaltungsgebäuden oder belebten Geschäftsstraßen, sind auch Sehende oft angespannt. Diese Anspannung entsteht, weil sie in kurzer Zeit viele visuelle Eindrücke verarbeiten müssen, und nicht, weil keine Informationen vorhanden sind. Ich verwende sehr viel Energie darauf, Informationen zu sammeln.

Al rief jeden Abend an, um zu fragen, wie ich vorankam. Am liebsten hätte ich jedes Mal vor Enttäuschung geheult. *Ich male nicht! Ich muss froh sein, wenn ich überhaupt in den Zeichensaal finde.* Je teilnahmsvoller er sich anhörte, desto stärker war bei mir der Drang, den Hörer auf die Gabel zu knallen. Al erwartete, eine funktionierende Gattin zurückzuerhalten. Er sollte sich noch wundern.

Wenn ich heute meine Abenteuer in Ruston überdenke, kommt es mir vor, als wäre ich damals nicht ganz bei Verstand gewesen. Ich war nicht in der Lage, ruhig zu bleiben und mich höflich zu verhalten. Es war absurd, eine Kunstschule für Sehende zu besuchen und zu erwarten, dass sich alle nach mir richteten. Ich war dort verloren, fern von vertrauten Orten und erschöpft von der Notwendigkeit ununterbrochener Aufmerksamkeit. Dennoch stellte Ruston einen Wendepunkt dar. Auch wenn ich mich ständig falsch verhielt, auch wenn mir die anderen nie so halfen, wie sie mir hätten helfen sollen, lernte ich doch, selbstständig zu sein. Zum ersten Mal seit langer Zeit erlebte ich Phasen innerer Ruhe. Ich erschrak nicht mehr bei jedem Geräusch, empfand es nicht mehr als peinlich, wenn ich einen Gegenstand auf meinem Weg berührte, und erwartete nicht mehr, mit allem mühelos fertig zu werden. Ich lernte, deutlich und souverän um das zu bitten, was ich brauchte, ohne dabei gleich in die Defensive zu gehen.

Allzu lange hatte ich mich davor gefürchtet, irgendetwas zu tun, was komplizierter war, als zu atmen. Ruston bot mir die für mein Überleben notwendige Stimulation der Sinne, die mein Gehirn am Leben erhielt. Ich entdeckte neue Instrumente der Wahrnehmung; wenn ich sie beherrschte, würden sie mir helfen, meine Welt zu erweitern und in ihr zurechtzukommen. Vor allem aber hatte ich zur Kunst gefunden, die zur Leidenschaft meines Lebens und gleichzeitig zu dem Weg werden sollte, der mich zurück in die Welt führte. Ich nehme an, dass Al wusste, was er tat, als er mir die Wasserfarben kaufte und mich zur Kunstschule fuhr.

Nach zwei Wochen, die mir endlos lange vorgekommen waren, fuhr Al in Begleitung von Wizard und mit einem großen Strauß Taglilien vor, um mich abzuholen. »Was hast du denn alles gemalt?«, fragte er, als wir endlich im Auto saßen.

Unter Tränen berichtete ich: »Ich habe Utensilien gekauft, Pinsel und Farben und Papier. Ich habe zwei neue Freundinnen, und ich habe gelernt, mich wieder auf mein Urteilsvermögen zu verlassen. Ich lerne, mich selbstständig zu bewegen. Ich glaube, dass ich malen lernen kann. Deshalb habe ich mich wieder für zwei Wochen angemeldet und kehre im August hierher zurück.« Ich ließ mich im Sitz zurückfallen und schluchzte weiter. Wizard kletterte auf meinen Schoß, und mir wurde warm ums Herz. Ich war mehr als erschöpft, aber jetzt konnte mich nichts mehr aufhalten.

5. Bewegung im Raum

Keine Beherrschung ist geringer oder großartiger als die Selbstbeherrschung.

LEONARDO DA VINCI

Ich fand mich im Juni 1995 in Ruston, Louisiana, mit meiner Krankheit ab, und nicht etwa an dem Tag, an dem ich für »blind im gesetzlichen Sinne« erklärt wurde, oder nach der gescheiterten Operation, als alle Hoffnung auf Heilung zunichte war. »Ruston eins« – so bezeichne ich jene ersten beiden Wochen, in denen ich mich relativ wenig mit Kunst und sehr viel damit beschäftigte, im Dunkeln herumzutasten – war für mich die Phase in meinem Leben, in der ich aufhörte, darüber zu reden, was es bedeute, blind zu sein, und begann, mit meiner Blindheit zu leben. Mit dem im Hinterkopf, was Susan mir gesagt hatte, überlegte ich, was eine Blinde können musste, um an der Welt der Sehenden Anteil zu haben. Als Susan von einem Leben in der Welt der Sehenden sprach, meinte sie natürlich ein Leben, das konventioneller war als jenes, das ich mittlerweile führe. Inzwischen weiß ich, dass es Verhaltensregeln, Rollenmodelle und Erwartungen gibt, die Blindheit erträglicher machen. Es existiert so etwas wie ein Lehrbuch für das Leben als Blinder, und ich musste nichts weiter tun, als seinen Inhalt auswendig zu lernen.

Zu wissen, dass es erprobte Methoden gab, um von Punkt A nach Punkt B zu gelangen, half mir, unabhängiger zu werden, auch wenn ich schließlich alles auf meine Art tat. Ich hatte immer ein gutes visuelles Gedächtnis besessen und konnte wortwörtlich alles wiederholen, was ich gelesen hatte. Als Finanzexpertin hatte ich meine Kollegen mit meiner Fähigkeit verblüfft, schwankende Aktienwerte, Rohstoffpreise und Währungsunterschiede über Monate hinweg im Kopf zu behalten. Nun mussten mir mein gutes Gedächtnis, meine Konzentrationsfähigkeit, mein Talent für das Organisieren und Analysieren sowie meine Lebenserfahrung dabei helfen, das zu ersetzen, was ich verloren hatte.

Der unheimlichste Aspekt der Blindheit ist, dass einem die Welt wie eine Illusion vorkommt. Solange man sie nicht Stückchen für Stückchen zu einer konkreten Realität gemacht hat, bleibt man seinen Dämonen ausgeliefert. Wenn man nicht ständig für geistige Anregung sorgt und die Welt dort draußen auf ihre Beschaffenheit hin prüft, neigt man zum Fantasieren und Verzerren. Sobald man das Entsetzen nicht mehr bewusst aus seinem Denken verdrängt, überwältigt es einen. Deshalb halte ich an den Bildern fest, an die ich mich erinnern kann, und achte stets darauf, Wirklichkeit und Fantasie sorgfältig voneinander zu trennen. Die Realität jedes Objekts muss ständig wiederhergestellt werden, und das kostet sehr viel emotionale Energie.

Vom Verstand her ist mir klar, dass die Welt dreidimensional angelegt ist, und trotzdem lebe ich in einem flachen, eindimensionalen Universum. Ohne Augenlicht fällt es schwer, sich einen dreidimensionalen Raum vorzustellen. Wenn ich mich nicht besonders darum bemühe, ihnen Dimensionen zu verleihen, sehen die Menschen, Orte, Tiere und Dinge, an die ich mich erinnern kann, wie die Anziehpuppen aus, die ich als Kind aus Papier ausschnitt. Sie haben weder Tiefe noch Farbe. Durch ständiges konzentriertes Erinnern erhalte ich mir Einzelheiten ihrer Umrisse und Färbung lebendig, und mithilfe dieser Erinnerungen rekonstruiere ich die Welt. Ich kann mir eine virtuelle Realität in Echtzeit schaffen. Es ist, als würde ich mein eigenes dreidimensionales Videospiel programmieren. Mit Farben auf Papier kleine Welten entstehen zu lassen sollte mir helfen, mich in der dreidimensionalen Welt zurechtzufinden. Indem ich mein Gehör, meinen Tastsinn und meinen Geruchssinn schärfte, vergrößerte ich meine Reichweite.

In den sechs Wochen zwischen den beiden Kursen in Ruston war ich pausenlos aktiv. Endlich war ich motiviert, in die Welt der Lebenden zurückzukehren, oder besser: der Sehenden. Ich bedauerte, mehrere Monate im Bett vergeudet zu haben. Diesen Zeitverlust musste ich unbedingt wieder wettmachen. Jede neue Aufgabe sah ich als willkommene Herausforderung. Ich übte so lange, meine Sachen in die Waschmaschine zu stecken und diese einzuschalten, bis ich es wirklich konnte und weder Kleidungsstücke am Boden liegen ließ noch Waschpulver verstreute. Zum ersten Mal ging ich allein in unserem Garten spazieren, umrundete immer wieder die Lebenseiche und verließ mich dabei ganz allein auf meinen Stock. Es machte mir nichts mehr aus, zu stolpern oder gegen irgendetwas zu stoßen. Ich nahm das Risiko in Kauf, zu versagen oder hinzufallen, und wiederholte einfache Handgriffe so lange, bis sie saßen.

Ich machte mir eine Liste der Tätigkeiten, die ich wieder beherrschen wollte, und zerlegte sie in ihre Einzelheiten. Ich wollte wieder einen Salat zubereiten, bügeln und zur Reinigung gehen können. Ich stopfte die sechs Wochen mit Übungen und Ausflügen in unbekannte Territorien voll, ich wagte mich bis zur nächsten Straßenecke, zu einem anderen Stuhl oder in eine Drehtür. Ein Brot mit Erdnussbutter und Gelee zu bestreichen ist gar nicht so leicht, wie man immer denkt. Es ist eine lange Reise, die aus Tausenden von Schritten besteht. Probieren Sie es doch einmal mit verbundenen Augen aus! Ich hörte mir immer wieder meine Tonbandaufzeichnungen von Dougs Vorträgen an und ging meine Notizen durch, um mich auf den nächsten Kurs vorzubereiten.

Anfang August fuhren wir wieder nach Ruston. Ich hatte mich mit einem Berg von Malutensilien eingedeckt und war gespannt darauf, meine neuen Fertigkeiten auszuprobieren. Dieses Mal wollte ich ein Zimmer ganz für mich allein haben. Wieder räumte Al meine Sachen ein und klebte auf Tisch und Schubladen Etiketten. Er ging mit mir zur Cafeteria, führte mich im Zeichensaal herum und zu den Waschräumen. Er erklärte mir die Armaturen und trainierte mit mir das Duschen. Gemeinsam suchten wir nach dem Bankautomaten, dem Eiswürfelspender und den öffentlichen Telefonen. Bei unserem Gang über den Campus warnte er mich vor gefährlichen Stellen und Treppen. Dieses Mal wollte ich den anderen Kursteilnehmern nicht zur Last fallen. Mein Ziel war es, mehr über die Kunst und über mich zu erfahren und meine Möglichkeiten auszuloten. Ich war hierher gekommen, um eine Künstlerin zu sein und mich mit nichts anderem als der Herstellung von Kunstwerken zu befassen.

Ich sah in der Kunst meine Rettung. Wenn ich es lernen konnte, nach den Prinzipien der Kunst zu malen, würde ich wieder »sehen« lernen; und die Welt würde wieder so werden wie früher. Wenn es mir gelang, auf künstlerische Weise mit Farben und Leinwand umzugehen, würde ich meine Welt wiederherstellen. Ich stellte mir bereits die Statue »dort draußen« in allen Einzelheiten vor. Man hatte mir gesagt, ich würde bestenfalls abstrakt malen können, aber das war nicht mein Ziel. Ich wollte lernen, Formen zu malen. Ich wollte lernen, die Wirklichkeit abzubilden.

Ich hatte geglaubt, der Kurs, für den ich mich angemeldet hatte, sei eine Wiederholung des ersten. Doch ich hatte mich geirrt. »Nein«, ließ Doug mich wissen, »in diesem Kurs geht es nicht um Kreativität, sondern um Gestaltung und Farbtheorie.«

Auch gut. Vielleicht war es für mich wichtiger, die Konzepte visueller Wahrnehmung zu verstehen, als Kunstwerke zu schaffen. Ich war anpassungsfähiger geworden. Mein blaues Fiasko lag hinter mir. Vielleicht war es sogar besser, wenn ich nicht malte. Die Kunsttheorie sollte mir die Tür zur Welt öffnen. Die rationale Analyse von Kunst würde mir helfen, meinen Weg in einer Welt zu finden, in der ich bis jetzt noch herumtorkelte wie ein betrunkener Matrose.

Doug lachte über meine Arroganz. »Es gibt Wissenschaftler, die ihr Leben damit verbracht haben, zu erforschen, wie Menschen visuelle Objekte begreifen und dieses Wissen in ihrem Alltag umsetzen. Es ist, als würdest du versuchen, das Rad neu zu erfinden.« Doch er stimmte darin mit mir überein, dass es ein sinnvolles Ziel sei, die Grundlagen der Kunst verstehen zu wollen.

»Alles in allem«, meinte er beiläufig, »ist es nicht sehr wahrscheinlich, dass du jemals lernen wirst, Formen zu malen.«

Weil ich so oft über Möbel gefallen und in der falschen Toilette gelandet war, weil ich meine Freunde so häufig mit Eiswasser begossen und nicht zueinander passende Sachen angezogen hatte, reizte mich besonders die Beschäftigung mit räumlichen Beziehungen – das Thema einer von Dougs Vorlesungen. Ich hätte keine präzise Definition dieses Begriffs geben können, doch ich verstand darunter die Fähigkeit, physische Phänomene einzuordnen und zu deuten.

Das räumliche Bewusstsein ermöglicht dem Gehirn, gleichzeitig mehrere komplexe Elemente zu verarbeiten: Richtung, Tiefe, Form, die Position von Objekten in einem Raum und ihre visuelle Integration auf senkrechten, waagerechten und diagonalen Ebenen. Diese komplexe Wahrnehmungsfähigkeit tritt immer dann auf den Plan, wenn man durch eine Tür oder vom Gehsteig hinunter auf die Straße geht, sich einen Pullover über den Kopf zieht oder ein Buch in die Hand nimmt. Als ich Tätigkeiten analysierte, die ich jahrelang automatisch ausgeführt hatte, staunte ich über die Fähigkeit des Gehirns, unser Blickfeld fehlerfrei in eine detaillierte Aufstellung aller gesehenen Elemente und der Beziehungen zwischen ihnen umzusetzen. Würde mir die Wahrnehmung des Raums jemals wieder so gelingen, dass ich den Griff einer Autotür auf Anhieb finden oder Erbsen ohne fremde Hilfe mit der Gabel essen konnte?

Mein analytisch arbeitendes Gehirn versuchte, ein Flussdiagramm all jener Elemente anzufertigen, die notwendig sind, um zum Beispiel ein Glas Wasser einzugießen, und scheiterte an dieser Aufgabe. Mir wurde bewusst, dass ich kein Roboter bin, der mit einer Reihe von Befehlen dazu programmiert werden kann, bestimmte Aufgaben zu lösen. Meine Welt ist ebenso dynamisch wie ich. Ich würde das schnelle Verarbeiten von Daten, das für mich zum Überleben notwendig war, in kleinen Schritten erlernen müssen. Die reinen Fakten konnte ich in meinem Gehirn abspeichern, die mit den Sinnen erfassbaren Daten aber musste mein Körper erst einmal ansammeln.

Bevor man seinen Standort verändern kann, muss man erst einmal herausfinden, wo man sich befindet und wohin man möchte. Während man die Entfernung überwindet, achtet man darauf, Zusammenstöße zu vermeiden, mit der eigenen psychischen und physischen Energie hauszuhalten und sein Ziel unbeschädigt zu erreichen. Stellen Sie sich vor, dass Sie einen Liter Milch brauchen. Sie gehen zum Supermarkt und sehen sich nach Zeichen um, die angeben, wo die Milch zu finden ist. Nun wissen Sie, wo Sie sind und wohin Sie wollen. Sie gehen zum Milchregal und überprüfen und korrigieren dabei laufend Ihre Position; gleichzeitig schätzen Sie die zurückgelegte Entfernung und die verstrichene Zeit ein. Sie erreichen das Regal auf dem kürzesten Weg, nachdem Sie geschickt Kollisionen mit Menschen und Gegenständen vermieden haben. Sie strecken den Arm aus, nehmen sich eine Milchpackung und stellen sie in Ihren Einkaufswagen. Vollmilch oder Magermilch? Dank der reibungslosen Zusammenarbeit zwischen Ihren Augen und Ihrem Gehirn können Sie später zu Hause ein Schüsselchen Cornflakes mit der von Ihnen bevorzugten Milch genießen.

Bei mir ist alles ein bisschen anders. Ich kann nur ein Geschäft aufsuchen, dessen Grundriss und Innenausstattung ich ganz genau kenne. Ich habe mir zuerst den Grundriss eingeprägt und dann das gesamte Inventar Stück für Stück hinzugefügt, so als müsste ich ein Bühnenbild gestalten und dafür Kulissen und Requisiten aufstellen. Aber auch dann noch brauche ich viel Zeit, und es kann gut sein, dass ich anstatt zur Milch zum Orangensaft greife.

Wir alle, ob sehend oder blind, benötigen Orientierungspunkte, um unsere Position in einem Raum zu ermitteln. Von jedem Punkt aus und nach jeder Bewegung kann ein sehender Mensch augenblicklich alle räumlichen Beziehungen neu errechnen und sich an Veränderungen anpassen. Übersehen wir unterwegs etwas, so fühlen wir uns verwirrt und desorientiert, gleichgültig, wo wir selbst sind und wo die anderen Objekte stehen, ob wir uns bewegen, die Objekte sich bewegen oder ein Teil von ihnen steht und der andere sich bewegt. Sucht man einen Ort auf, den man nicht kennt, zum Beispiel ein Einkaufszentrum, und vergisst man, sich bestimmte Fakten zu merken, wie etwa: »Mein Auto steht vor Mervyn's, ungefähr auf der Parkplatzmitte in der Nähe vom linken Ausgang und in derselben Reihe wie das Auto vom Würstchenverkäufer«, so besitzt man nicht genügend räumliche Informationen, um sein Auto wiederzufinden. Sind die Informationen unvollständig, läuft man minutenlang herum, während sich das Gehirn bemüht, ein paar räumliche Hinweise heraufzubeschwören. Je länger das dauert, desto größer die Panik und der Verlust an Orientierung – und desto schwächer die Erinnerungen. In solchen Fällen tut man das, was Blinde tun: Man kehrt zurück zu Mervyn's und versucht, den gleichen Weg zu gehen wie nach dem Parken, in der Hoffnung, dass irgendeine sinnliche Wahrnehmung Erinnerungen wachruft. Jede Gedächtnislücke verstärkt das Gefühl der Verwirrung und beeinträchtigt das Orientierungsvermögen – bei einem Sehenden ebenso wie bei mir.

Schließen Sie die Augen und stellen Sie sich vor, Sie befinden sich in einem weitläufigen Raum ohne Wände, wie etwa in einer Ebene ohne Felder und Wiesen, über der sich kein Himmel wölbt. Es gibt kein *Oben* oder *Unten*, Sie wissen nicht, ob Sie sich *über* oder *unter* den Elementen der Landschaft befinden. Es gibt kein *Vorne*, kein *Entlang*, kein *Dazwischen*, kein *Ringsherum*, kein *Darunter* und kein *Daneben*, kein *Dazwischen* oder *Gegenüber*, kein *Außen*, kein*Innen*, kein *Durch*, kein *Hinzu*, kein *Darin* und auch kein *In-der-Nähe*. All diese Präpositionen sind abstrakte oder metaphysische Definitionen und für einen Blinden vollkommen bedeutungslos. Sie müssen eine eigene Methode entwickeln, um sich selbst und alle Objekte präzise und ohne allzu großen Zeitaufwand zu diesen Präpositionen in Beziehung zu setzen und Kollisionen nach Möglichkeit zu vermeiden.

Mit der für mich typischen Selbstüberschätzung glaubte ich, dass ich nach Ablauf des Kurses in der Lage sein würde, virtuos mit räumlichen Beziehungen umzugehen. Tatsächlich sollte es fünf Jahre dauern, bis ich mich selbstständig bewegen konnte.

Am ersten Kurstag wurde uns die Aufgabe gestellt, auf einem Blatt Papier ein Gitter anzulegen, das die Fläche in 36 Kästen unterteilte. Der nächste Schritt bestand darin, in jeden Kasten ein Objekt zu zeichnen und alle Objekte in unterschiedlichen Farbzusammenstellungen zu bemalen. Ich verbrachte die gesamte vorgegebene Zeit mit dem Versuch, mithilfe eines 30 Zentimeter langen Lineals eine gerade Linie über das 50 mal 75 Zentimeter große Blatt Papier zu ziehen. Ich verzweifelte schier an der Aufgabe, bis mir einfiel, dass ich sie vielleicht lösen könnte, wenn ich sie in viele einzelne Schritte zerlegte.

Bald merkte ich, wie schwierig es ist, eine Reihe von senkrechten und waagerechten parallelen Linien mit gleichem Abstand zueinander zu zeichnen, wenn man keinerlei Bezugspunkt hat. Als mir klar wurde, dass ich einen gedachten Anfangspunkt brauchte, wurde es etwas leichter.

In der Mittagspause ging ich mit einer anderen Teilnehmerin zu dem Laden und kaufte mir einen Meterstock. Ich fragte meine Bekannte, wie lange denn ein Zentimeter sei, und erhielt eine ungenaue Antwort. Deshalb bat ich jemanden, mir mit Klebeband einen Zentimeter sowie 30 Zentimeter zu markieren. Nach dem Mittagessen war ich endlich bereit, die mir gestellte Aufgabe auszuführen, musste aber feststellen, dass wir nun etwas anderes zu tun bekamen. Ich hatte so viele Berechnungen, Raumanalysen und Energie für eine Aufgabe verschwendet, die nur wenige Minuten hätte dauern sollen. Ich konnte mit den anderen einfach nicht Schritt halten.

In der Vorlesung gab ich mich meinen Tagträumen hin und stellte mir vor, ich sei Lara Croft in *Tomb Raider* und könne mich in dieser fremden Umgebung mit ihrer Gewandtheit bewegen. (Ich gehe sehr oft ins Kino und denke mir zum Ton meine eigenen Bilder aus.) Während Dougs Vortrag über die Prinzipien der Kunst kritzelte ich auf meinem Block herum und übte, mit meinem neuen Meterstock gerade Linien zu zeichnen. Um meine Lara-Croft-Fantasien ausleben zu können, musste ich in der Lage sein, die Größe eines Objekts im Verhältnis zu der eines anderen festzustellen und diese Formen auf dem Papier anzuordnen.

Im Zusammenhang mit dem Konzept räumlicher Beziehungen kam der Begriff der linearen Perspektive auf. Jemand meinte, lineare Perspektive, das sei wie die parallelen Seitenbegrenzungen einer Autobahn, die sich in der Entfernung näher aufeinander zuzubewegen scheinen. Auch Formen und Umrisse werden in der Entfernung scheinbar kleiner. Ich spitzte die Ohren. Vielleicht half mir das, in meinem eindimensionalen Universum Tiefe herzustellen. In der wirklichen Welt treffen Linien am Horizont zusammen, der sich stets in Augenhöhe befindet. In meinen virtuellen Konstrukten ist der Horizont stets da, wo ich ihn haben will, so, wie auch ein Maler den Horizont eines Bildes dort hinzeichnet, wo er ihn braucht. Einfach nur dadurch, dass ich in meine mentalen Bilder des mich umgebenden Raums einen Horizont einfügte, erhielt mein flaches Universum Dimensionen.

Von Wahrnehmung und Proportionen leiten sich Standardregeln ab, doch in der Welt räumlicher Beziehungen verändern sich die Regeln ständig. Die wahrgenommene Breite im Verhältnis zur Länge eines Tischs hängt immer davon ab, wo im Raum man sich befindet, auch wenn Maße und Form des Tischs konstante Größen sind. Als Blinde habe ich den Vorteil, dass sich die Proportionen des Tischs in meiner Welt niemals ändern. Er ist immer 90 Zentimeter auf 1,50 Meter groß. Aha! Auf einmal hatte ich etwas begriffen, das für das Greifen nach Objekten, das Umgehen von Hindernissen und das Gehen durch Türen wichtig war. Die Vorstellung, dass die grundlegenden Ideen der Malerei – wie die lineare Perspektive, die Umrisse, das Schattieren von Oberflächen und die Abstufungen von Hell und Dunkel – mir dabei helfen könnten, herauszufinden, wo ich mich in einem Raum oder beim Malen auf einer Leinwand oder einem Blatt Papier gerade befand, war so verlockend, dass ich einiges darum gegeben hätte, mehr darüber zu erfahren.

Ich hatte mir bereits angewöhnt, meine Pinsel, beginnend mit dem dicksten, von links nach rechts anzuordnen. Ich zählte ab, wie oft ich meinen Stock auf dem Weg von meinem Hocker zum Waschbecken oder zum Arbeitstisch hin- und herschwenkte. Wenn ich nun lernen konnte, eine gerade Linie, ein Quadrat, ein Rechteck, einen Kreis und einen Würfel zu zeichnen, konnte ich mit Acrylfarbe einen Grundriss des Zeichensaals anfertigen. Aus diesem Grundriss könnte ich vielleicht im Kopf einen dreidimensionalen Aufriss entwickeln, der Hinter- und Vordergrund, Entfernung und Tiefe berücksichtigte. Dieses Ziel zu erreichen dauerte über zwei Wochen. Durch Anwendung der Prinzipien der Malerei gelang es mir, einfache Formen in Beziehung zu einer Horizontlinie zu zeichnen, und ich radierte und verbesserte das Bild so lange, bis meine Linien und Objekte weder auf dem Papier noch im Raum miteinander kollidierten.

Jemandem wie mir, der früher sehen konnte, fällt das Wiedererlernen räumlicher Beziehungen in etwa so schwer wie das Auswendiglernen einer neuen kognitiven Karte oder das Reaktivieren von einst erworbenem Wissen. Anders als ein blind geborener Mensch kann sich ein spät Erblindeter einen Rest an physischem Gleichgewichtssinn und Koordinationsvermögen erhalten. Beides lernt man durch räumliche Orientierung; es bewirkt, dass man weniger Angst vor Stürzen hat, weil man sich an die Eigenschaften von Entfernung und Dimension erinnern kann. Dennoch bereitet es Probleme, die jeweilige Situation zu analysieren. Luftzug und Geräusche, wie sie für Flure typisch sind, weisen einem den Weg zur Tür, doch man weiß nicht, ob es sich um die richtige Tür handelt. Deshalb schlagen viele Blinde immer die gleichen Wege ein, verändern nie ihre Routen und wagen keine Abkürzungen, auch wenn sie dieselbe Strecke bereits seit Jahren gehen. Forscher stellten fest, dass zwei Drittel der spät Erblindeten ein hohes Niveau an sinnlicher und symbolischer räumlicher Wahrnehmung erreichen können, während dies nur einem Zehntel der Blindgeborenen gelingt.

Hinsichtlich der geistigen Vorstellung des Raums ist die Welt der Dunkelheit von der Welt des Lichts nicht sehr verschieden. Um Objekte und ihre Beziehungen zueinander innerhalb eines Raums zu erkennen, setzt man alle Sinne ein und bemüht sich, Daten rasch aufzunehmen und zu verarbeiten. Der grundlegende Unterschied zwischen Blinden und Sehenden ist, dass sie dieselben Informationen über räumliche Beziehungen mit verschiedenen Methoden verarbeiten. Im Umgang mit räumlichen Relationen ist die Sehfähigkeit weder notwendig noch allein ausreichend, obwohl sie natürlich effizienter ist. Wenn ich mit Al Höhlenexpeditionen unternehme, entsprechen unsere Wahrnehmungen und Situationsanalysen einander in etwa. In einem dunklen, umgrenzten Raum kann ich mich zielgerichteter, schneller und sicherer bewegen als Al. Hier sind wir wieder gleich. Unsere Erinnerungen an Höhlenexpeditionen sind in etwa gleich. Da ich allerdings Informationen nicht so schnell verarbeiten kann, brauche ich natürlich länger, um Entscheidungen zu fällen und zu handeln. Ohne Augenlicht dauert alles länger. Das eigene Zeitgefühl verändert sich stark, und es bleibt einem nichts anderes übrig, als seine Erwartungen und sein Pensum herunterzuschrauben. Man kann sich nur noch das vornehmen, was man innerhalb eines gegebenen Zeitraums und mit der vorhandenen Energie erledigen kann.

Mit der Zeit verblasst auch die Erinnerung, gleichgültig, wie intensiv sie vorher war. Ich besitze seit jeher ein ausgezeichnetes fotografisches Gedächtnis und bemühe mich, meine visuellen Erinnerungen aufzufrischen, indem ich sie regelmäßig in Gedanken durchgehe. Und dennoch verliert die Welt in meiner Erinnerung allmählich an Farbe. Ohne Sehvermögen ist man gezwungen, in jenem kleinen Abschnitt der Welt zu leben, der in Reichweite liegt, und in dem, was man sich im Kopf lebendig erhalten kann. Trotz aller Bemühungen werden einst sehr klar umrissene Objekte mit der Zeit zu formlosen Schatten und verlieren ihre Individualität und die Bedeutung, die sie für einen hatten. Wenn man sie nicht immer wieder berühren kann, werden Gegenstände wie ein Aschenbecher, eine Bratpfanne, eine Lampe oder irgendeine liebenswerte Kleinigkeit zu Konzepten mit verallgemeinerten Formen und Funktionen. Eines Tages kann man sich nicht mehr an den rosa Aschenbecher mit den Palmen und der Aufschrift »Souvenir aus Miami Beach« erinnern. Landschaften verflachen zu Skizzen, Bäume existieren nur noch als intellektuelles Konstrukt. Man hat nur noch eine verschwundene Vorstellung davon, wie ein Grundriss oder eine Landkarte aussehen. Die Wahrnehmung von Räumlichkeit wird durch Lärm verzerrt, sodass einem ein 16 mal 12 Meter großes Zimmer wie eine enge Abstellkammer vorkommen kann.

Ohne Sehvermögen vergisst man leicht, wo im Raum man sich befindet und in welche Richtung man schaut. Die folgende kurze Geschichte soll verdeutlichen, wie die Erinnerung an die Welt ohne ständige Auffrischung verblasst. Einige Jahre nach meinem Aufenthalt in Ruston setzte Al mich in ein Flugzeug nach Dallas, wo ich eine ehemalige Nachbarin besuchen wollte. Weil sie wusste, dass ich mich gut alleine zurechtfand, traf sie mich bei der

Gepäckabholung. Wir beschlossen, mit dem Trolleybus in ein Restaurant zu fahren. Ich war seit meiner Erblindung nicht mehr mit einem solchen Bus gefahren, und deshalb musste sie mich führen. Ich erreichte den Bus ohne ihre Hilfe, wusste aber nicht mehr, wie hoch die Stufen sind, die von der Straße in den Bus führen. Alle Einzelheiten des Busses, wie sein Name und seine Nummer, die Gestaltung des Innenraums und die Anordnung der Sitze, waren aus meinem Gedächtnis gelöscht; und meine Freundin fand nicht die richtigen Wörter, um die Lücken in meiner Erinnerung zu füllen. Sie erzählte mir, dass es Buchten für Rollstühle und akustische Stoppsignale gäbe. Wenn man an der nächsten Haltestelle aussteigen wollte, betätigte man eine Klingel. Ich merkte, dass ich zwar selbstständig gehen, mich aber nicht orientieren konnte. Und obgleich ich meinen Stock geschickt einsetzte, um Gefahren zu vermeiden, würde ich stets die Hilfe anderer benötigen, um mich in einer unbekannten Umgebung zurechtzufinden. Ich hatte für immer die Fähigkeit verloren, meine Umgebung als Ganzes zu begreifen. Ich musste mich mit dem begnügen, was ich erfühlen, riechen, hören und ertasten konnte.

Einmal sprach Doug über die Ecken eines Gemäldes. Er betonte, dass selbst sie von Bedeutung seien. Wenn sie durch ihre Ausgestaltung oder Farbe nicht das Interesse des Betrachters wecken, verliert das Bild etwas von seiner Ausdruckskraft. Nur wenige Kursteilnehmer begriffen, dass man bei einer Komposition drei Elemente berücksichtigen muss: den Rahmen (die Ränder des Papiers), den positiven Raum (wo sich das Gemalte befindet) und den negativen Raum (wo kein Bild ist). Damit eine Komposition den erwünschten Effekt erzielt, muss sie ein Gleichgewicht zwischen positivem und negativem Raum herstellen. Nach einer halben Stunde hatten die Leute immer noch nicht verstanden, was Doug ihnen sagen wollte. Ich denke, Sehende werden sich nicht ohne weiteres bewusst, dass Ecken und Ränder ebenso wichtig wie Vorder- und Hintergrund sind; weil sie Grenzen immer sehen können, brauchen sie nicht über sie nachzudenken. Als er merkte, dass er sich den anderen nicht verständlich machen konnte, wandte Doug sich mir zu und sagte: »Erklär das bitte.«

Ich versuchte es ihnen folgendermaßen zu veranschaulichen: Ich bin der positive Raum, und alles außerhalb von mir ist der negative Raum; der Rahmen ist die willkürlich gewählte Grenze für mein mentales Konstrukt einer Fläche oder einer Umgebung. Die Welt besteht aus Formen, aus positiven Formen, die Masse und Farbe besitzen. Der Raum, der die Formen umgibt, steht für das Negative, d.h. für die Abwesenheit von Phänomenen. Ein Sehender pflückt sich praktisch automatisch die Objekte vom Hintergrund. Für jemanden, der sehen kann, sind negative Formen nicht wahrnehmbare Formen, für mich dagegen besitzen die Räume zwischen Objekten Substanz und Form, genauso wie die positiven Räume.

Die Vorstellung vom negativen Raum ist sowohl in der Kunst als auch im Alltag sehr nützlich. In der Kunst hilft das Wissen um die Existenz negativer und positiver Räume, die Grenzen einer Komposition zu bestimmen und die Objekte innerhalb dieser Grenzen zu definieren. Bei der Betrachtung eines Bildes schenkt man dem Negativen ebenso viel Aufmerksamkeit wie dem Positiven. Wenn man die negativen Flächen, d. h. den Hintergrund, malt, stellt man das Positive dadurch in den Vordergrund. Indem man das Auge dazu erzieht, das Negative zu sehen, erzielt man eine stärkere kompositorische Wirkung.

Im Alltag kommt das Wissen um die Existenz negativen und positiven Raums unserer Körpersprache und unseren sozialen Fähigkeiten zugute. Es ist sehr wichtig, die physischen und emotionalen Grenzen der anderen zu kennen. Jeder von uns hat einen physischen Distanzraum, einen als optimal empfundenen Abstand zwischen uns selbst und den anderen. Die Erlaubnis, in diesen negativen Raum einzudringen, wird mit einem Blick oder einem Lächeln gewährt. Weil ich die Gesten und Mimik anderer Menschen nicht sehen kann, teile ich, wenn ich an die Positionen anderer denke, die Umgebung in positive und negative Räume ein. Dadurch kann ich mir jede soziale Situation, an der ich teilhabe, vorstellen, als wären die anderen und ich die Figuren eines Gemäldes. Bei der sozialen Interaktion verlasse ich mich auf mein rationales Wissen um diese imaginären Grenzen. Indem ich aufmerksam auf Betonung und verbale Hinweise eines anderen Menschen achte, versuche ich, am Rand seines negativen Raums zu bleiben. Schätze ich die Entfernung und räumlichen Beziehungen falsch ein, kann ich meinem Gesprächspartner zu nahe kommen und ihm das Gefühl geben, ich wäre in seinen Individualraum eingedrungen. Bleibe ich in allzu großer Entfernung zu ihm stehen, wirke ich womöglich hochnäsig und distanziert. Das Verstehen des Konzepts von negativem und positivem Raum hilft mir, meine Gesten abzustimmen und soziales Fehlverhalten zu vermeiden.

Der Umstand, dass ich die Idee vom positiven und negativen Raum verstanden habe, unterstützt mich auch dabei, meinen Weg zu finden. Um mich sicher vorwärts bewegen zu können, muss ich gleichermaßen auf Objekte und auf die Abstände zwischen ihnen achten. Die gemeinsamen Grenzen, an denen Positives und Negatives aufeinander treffen, stellen meine kompositorische Wirklichkeit dar. In dem Raum, durch den ich mich bewege, gibt es immer einen Rahmen, einen Rand, jenseits dessen meine Kenntnis dieses Raums aufhört. Innerhalb des Rahmens kann ich den Raum mit Objekten bestücken, genau so, wie ich es beim Malen gelernt habe. Ein weißer Ball (positiver Raum) vor einem schwarzen Hintergrund (negativer Raum) auf einem rechteckigen Blatt Papier (Rahmen) entspricht einem weißen Auto (positiver Raum) auf dem schwarzen Straßenbelag (negativer Raum) eines Parkplatzes (Rahmen). Ebenso wie auf dem Papier verhält es sich auch in einem Einkaufszentrum. *Heureka!*

Irgendwann im Laufe der zweiten Kurswoche machte ich die erstaunliche Entdeckung, dass man Informationen über den umgebenden Raum auch aus der Entfernung erhalten kann, und zwar nicht nur, indem man den tastenden Arm ausstreckt oder zu einer Wand geht und sich von dort aus neu orientiert. Die Fähigkeit, die Umwelt zu »scannen«, kam mir so weltbewegend vor, wie einem Kleinkind der Augenblick erscheinen muss, in dem es den Tisch loslässt und merkt, dass es gehen kann, ohne sich festzuhalten.

Das folgende Ereignis mag unbedeutend erscheinen, doch es öffnete mir eine Tür, die ich für immer verschlossen glaubte. Ich stand am Waschbecken, während mir jemand die Pinsel wusch, und plötzlich fiel mir ein, wie ich sie selbst reinigen könnte. Warum legte ich nicht einfach die Pinsel in den dafür vorgesehenen Behälter und wusch sie dann unter dem Wasser aus? Ich konnte hören, wie das Wasser mit einem gemächlichen *Plopp-Plopp-Plopp* in das Metallwaschbecken lief, und ich dachte: *Das ist ja genau vor mir!* Dann erst fiel mir auf, dass die Radiogeräusche aus dem Zimmer *nebenan* kamen, dem Zimmer *links* von mir, und dass sie deshalb gedämpft klangen, weil das Radio *hinter* der Wand stand. Der ohrenbetäubende Lärm gliederte sich in nützliche Informationen auf, die mein Leben für immer verändern sollten. Dank der neu entdeckten akustischen Orientierung konnte ich nun duschen, mir die Hände waschen und entspannt bleiben, wenn ich herannahende Schritte hörte.

Eines Tages merkte ich, dass meine Freundin Mae ein ganz besonderes Parfum benutzte und beim Gehen schlurfte. Sie hatte soeben den Raum betreten und ging nun *auf mich zu.* Ohne nachzudenken, drehte ich mich zum Geräusch hin und sagte: »Können wir jetzt schon gehen, Mae?« Die Frau, die gerade meine Pinsel auswusch, wunderte sich: »Woher wissen Sie, dass sie es ist?« Um die Richtigkeit meiner Wahrnehmung zu überprüfen, fragte ich sie, ob ich zweieinhalb Meter entfernt von dem Tisch stand, auf dem die Farben aufbewahrt wurden, und tatsächlich war das der

Fall. Jede weitere Vergrößerung der Reichweite meiner Sinneswahrnehmungen trug dazu bei, dass meine Anspannung nachließ.

Auf einmal schien mir alles zuzufliegen, so als wäre nun das Ergebnis stundenlanger Beschäftigung mit räumlichen Beziehungen in mich eingesickert und hätte meiner Wahrnehmung neue Kanäle erschlossen. Luftzug und Geräusche waren für mich nicht mehr nur ein gedämpftes Rauschen, sondern lieferten mir Informationen über meine Umgebung, auf die ich vermehrt zu achten begann. Den anderen Kursteilnehmern fiel auf, dass ich angefangen hatte, mich mit dem ganzen Körper dem zuzuwenden, der gerade sprach, und dass ich zu seinem Gesicht aufsah (ich meine das Prädikat »aufsah« wörtlich, denn ich bin nur knapp 1,50 Meter groß). Es war, als wäre mein Verstand aus tiefem Schlaf erwacht und als würde mein Körper wieder lernen, seinen Platz in der Welt einzunehmen.

Eine Zeit lang war ich wie eine Schlafwandlerin gewesen. Ich hatte mich nur mit mir selbst beschäftigt, die Informationen aus meiner Umwelt ignoriert und geglaubt, dass Blinde in einer neuen Umgebung ohne die Hilfe anderer nicht überleben könnten. An jenem ersten Kurstag im Juni hatte mich meine panische Angst förmlich an den Hocker genagelt. Und obwohl seitdem viele hilfsbereite Menschen mich an der Hand genommen, mich zu meinen Bestimmungsorten geführt und mir Pinsel in die Finger gedrückt hatten, saß ich im Geiste immer noch auf jenem Hocker fest. Doch plötzlich war ich frei, mich überall dorthin zu bewegen, wohin ich wollte.

In den folgenden Tagen merkte ich allmählich, dass ich nicht nur effektive Strategien lernte, um eine Beziehung zu meiner Umwelt herzustellen, sondern dass ich auch eine Begabung für das Malen besaß. *Jars* war Anfängerglück gewesen, das Produkt einer seltsamen Mischung aus Instinkt und Wut, und nicht wiederholbar. Jetzt aber erlernte ich neue Techniken, die mir sowohl das Malen als auch meine physische Bewegung im Raum erleichterten. Bevor ich irgendetwas Erkennbares zu Stande bringen würde, musste ich noch sehr viel lernen. Insgesamt aber war ich begeistert von diesem Kurs, begeistert von der Malerei und begeistert davon, dass durch das Malen in meiner grauen Innenwelt kurze Erinnerungen an Farbe und Form aufblitzten. Ich hatte begonnen zu verstehen, dass die Entfernung zwischen der Wasserflasche auf meinem Tisch und der Statue »dort draußen« der Entfernung zwischen meinem Zimmer und dem Badezimmer entsprach und diese wiederum der Entfernung zwischen zwei Objekten, die ich nach Gutdünken auf meinen Bildern platzierte. Ich war dabei, für mich selbst eine Verbindung herzustellen zwischen meiner Orientierung im Dunklen und der Beherrschung räumlicher Beziehungen auf dem endlichen Raum eines Blatt Papiers. Mir fielen Antworten ein für all jene, die mich fragten: »Wie machst du das?« Die Welt kehrte zu mir zurück.

6. Malen im Dunkeln

Von Zeit zu Zeit sollte man Dinge versuchen, die die eigenen Fähigkeiten übersteigen.

AUGUSTE RENOIR

Die Rückkehr aus Ruston nach dem zweiten Kurs war ein Schock. Ich war zu Hause und allein. Es gab keinen Kunstkurs, und niemand war da, der mich auf einen Spaziergang mitnahm. Ich wollte wieder in der Welt leben, eine Künstlerin sein und mein Leben auskosten. Aber nun musste ich entdecken, dass ich gar kein Leben hatte, denn vor Ruston hatte ich nur in meinem abgedunkelten Zimmer im Bett gelegen. Bis jetzt lebte ich noch nicht, ich existierte einfach nur.

Ich war wütend darüber, meine Freiheit verloren zu haben. Wenn ich in Ruston über den Campus ging, hatte ich das Gefühl, mit der Welt in Verbindung zu stehen. Zu Hause konnte ich mich tagein, tagaus nur mit Al unterhalten. Ich hatte in der Nachbarschaft keine guten Freunde – genaugenommen hatte ich sie nirgends. Jene Frau, die heute meine beste Freundin ist, hatte ihr Möglichstes getan, um mich aus meiner Isolation zu reißen, hätte aber beinahe aufgegeben. Ich lernte Claudia kurz vor meiner Erblindung kennen. Sie kümmerte sich um meine Maniküre, und aus den Unterhaltungen, die sich dabei zwischen uns entspannen, wurden im Laufe eines Jahres richtige Gespräche, wie ich sie nur mit wenigen Menschen führe. Irgendwann gewöhnten wir uns an, gemeinsam Flohmärkte zu besuchen oder spätabends zum Wal-Mart zum Einkaufen zu fahren.

Als meine Sehfähigkeit nachzulassen begann, war ich allein und konzentrierte mich wohl zu sehr auf meine gesundheitlichen

Probleme. Alle Hände, die sich mir entgegenstreckten, wies ich zurück und tat, als könne ich sie nicht sehen und als würde ich keine Hilfe brauchen. Ich konnte weder mich selbst noch meine Situation akzeptieren; Claudia jedoch konnte es. Sie ließ sich von meiner Verbitterung und meiner ablehnenden Haltung nicht abschrecken. Allmählich merkte ich, dass ich mich ihr anvertrauen konnte und sie mir zuhörte, ohne über mich zu urteilen. Jedes Mal, wenn ich irgendeine Kleinigkeit zu Stande brachte, wie zum Beispiel das Zähneputzen oder einen Gang zum Briefkasten, sagte sie, dass ich mich jetzt eigentlich besser fühlen müsse. Indem Claudia mich und mein Schicksal ohne weiteres akzeptierte, stellte sie mein Selbstbild als isolierte und von allen zurückgewiesene Frau infrage. Ich tat, was ich konnte, um Abstand zu ihr zu wahren.

Ich hatte einfach zu viel Muße. Viele Jahre lang hatte ich mich intensiv meiner Arbeit gewidmet und die restlichen Stunden des Tages mit Hausarbeit, Einkaufen, Kinobesuchen und gesellschaftlichen Anlässen verbracht. Nun konnte ich mich nur noch hinsetzen und warten: darauf, dass ich irgendwohin gefahren wurde, auf Anregung, auf Gesellschaft, aufs Essen. Ich versuchte zu erklären, dass ich mich hier zu Hause, nach meinem Aufenthalt in Ruston, wie eine Gefangene fühlte, aber niemand verstand, was ich meinte. Gut, ich war nun imstande, meine Strümpfe zu finden und zum Briefkasten zu gehen; und die alltäglichen Verrichtungen kosteten mich kaum noch Mühe. Aber essen, schlafen und mich anziehen zu können genügten mir nicht. Ich sehnte mich – und sehne mich noch immer – nach einem aufregenden, abenteuerlichen Leben, einem abwechslungsreichen Leben voller Herausforderungen, in dem ich mich immer wieder von Neuem beweisen kann. Ich dachte immer, es müsse mehr geben als nur das hier: Das Leben konnte doch nicht nur in Essen, Schlafen und Warten bestehen. Ich erschrak morgens beim Aufwachen immer noch darüber, dass ich nicht sehen konnte. *Hilfe, ich bin blind!* Ich versteckte mich in meinem Schlafzimmer und hörte auf, mit den anderen zu reden, auch mit Claudia.

Das Problem war, dass ich jetzt überhaupt nichts mehr sah. Der Kurs war anstrengend gewesen, und das machte sich nun bemerkbar. Die mir verbliebene Sehfähigkeit nahm immer weiter ab, und die Vaskulitis verschlimmerte sich. Meine Asthmaanfälle wurden häufiger, und es traten neue Lebensmittelallergien auf. Probleme mit dem Blutdruck und den Nieren schränkten mich ein. Meine Kräfte ließen nach. Wie sollte ich da noch die Welt im Sturm erobern?

Ich brauchte unbedingt ein neues Leben. Was sollte alles dazugehören? Ich machte mir eine Liste: Ich würde mich an einer Kunstschule einschreiben und mir eine Arbeit suchen. Ich wollte mich für einen Mal- und einen Töpferkurs anmelden. Ich träumte davon, Klavierstunden zu nehmen, die Brailleschrift zu beherrschen, die Bildhauerei zu erlernen und Yoga zu machen. Ich bewarb mich auf 30 Stellen: Buchhaltung, Finanzplanung, Verwaltung von Rentenfonds, Versicherungskontrolle, Auswertung medizinischer Daten. Meistens lief es darauf hinaus, dass man mir sagte, die betreffende Gesellschaft sei nicht in der Lage, mir einen blindengerechten Arbeitsplatz zur Verfügung zu stellen.

Meine Versuche, an Kunstkursen teilzunehmen, verliefen katastrophal. Die Dozenten meines ersten Malkurses bestanden darauf, dass ich Fotos oder anderes visuelles Material mitbrachte, aus dem sie ersehen konnten, was ich darstellen wollte. Ich nahm an Kursen der örtlichen Aquarellgruppe teil. Al packte meine Malutensilien ins Auto, fuhr mich nach Austin, half mir, die Farben bereitzulegen, und zeigte mir, wo die Toiletten waren. Nach dem Kurs nahm mich jemand nach Hause mit, und ich genoss die Möglichkeit, mich mit anderen Kunstinteressierten auszutauschen.

Ich gewann sogar einen neuen Freund. Bob nahm an Malkursen teil, um sich auf den bevorstehenden Ruhestand vorzubereiten. Marilyn, seine Frau, machte sich nichts aus Kunst, und so unterhielten

Bob und ich uns stundenlang über Ton, über berühmte Maler und über Selbstverwirklichung. Doch mit der Zeit stellte er fest, dass er Golf spannender fand als Kunst, nahm mich auf den Golfplatz mit und brachte mir bei, mit den verschiedenen Schlägern umzugehen. Von Marilyn lernte ich das Backen und Mah-Jongg zu spielen. Die Anteilnahme und Wärme, die die beiden mir entgegenbrachten, ließ in meinem dicken Panzer feine Haarrisse entstehen.

Ich beschloss, an einem Aquarellseminar teilzunehmen, das von der bekannten Malerin und Autorin Jan Kunz geleitet wurde. Die anderen Mitglieder des Kunstclubs meinten, ich könne nur dann zu einer richtigen Malerin werden, wenn ich ihre Methode meisterte, Blumen zu malen. Daraus wurde nichts. Jan Kunz händigte allen Seminarteilnehmern die Fotokopie eines ihrer Bilder aus, mit der Anweisung, das Motiv abzumalen. Wir sollten lernen, eine mit Blumen gefüllte Glasvase zu malen, indem wir ihre Linienführung, Farbgebung und Maltechnik nachahmten. Die anderen führten brav die Anweisungen aus und malten ihre Aquarelle in den Farben, die unsere Dozentin in ihren Büchern vorschlug. Vielleicht war dies eine gute Herangehensweise, für mich aber erwies sie sich als undurchführbar.

Auf dem Heimweg meinte eine der Frauen zu mir: »Es ist wirklich sehr anregend. Jetzt wissen Sie, warum wir fanden, dass Sie auch teilnehmen müssen.« Sie hatten keine Ahnung, aber ich auch nicht. Ich konnte auf diese Weise nicht Aquarellmalen lernen, aber was lernten eigentlich sie dabei? Ich fand, dass ich mein Geld verschwendet hatte, doch sie versuchten, mich zum Weitermachen zu überreden. »Lisa, Sie müssen offener sein für neue Erfahrungen. Sie werden vom nächsten Seminar begeistert sein.« Es stellte sich jedoch heraus, dass es im folgenden Seminar noch mehr darum ging, Fotos zu betrachten und der Dozentin genau bei der Arbeit zuzuschauen. Ich nehme an, dass die meisten Menschen auf diese Weise das Malen lernen, aber ich konnte meine eigene Nase nicht sehen, geschweige denn ein Foto. Ich wurde immer frustrierter.

Jemand meinte, ein klassischer Töpferkurs sei für einen Blinden möglicherweise geeigneter, und er hatte Recht. Beim ersten Mal erklärte uns die Kursleiterin, wir würden lernen, von Hand aufzubauen, auf der Scheibe zu drehen und den Ton mit Mustern zu verzieren. Vermutlich würden wir die gesamten zwölf Wochen des Kurses brauchen, um das Drehen auf der Scheibe zu erlernen, während das Verzieren und das Aufbauen leichter seien. Ich setzte mich an die Scheibe, drehte meinen ersten Becher, und er war gleich richtig zentriert, gleichmäßig hochgezogen und perfekt. Ich fand es furchtbar langweilig.

Ich beschloss, mich an der Universität einzuschreiben. Vielleicht konnten sie mir dort bessere Lernmethoden bieten. Für das Aufnahmeverfahren brauchte ich eine Mappe, und natürlich hatte ich keine. Ich versicherte, ich könne zeichnen und malen, und wurde aufgefordert, einen Zylinder, einen Würfel und eine Kugel zu zeichnen und korrekt zu schattieren. Wie überrascht war ich, als ich feststellen musste, dass ich nichts davon konnte. Seit Ruston glaubte ich, dass mir die Beherrschung der Prinzipien der Malerei einen Weg aus der Dunkelheit eröffnen würde. Offenbar aber war ich immer noch nicht in der Lage, etwas Wiedererkennbares aufs Papier zu bringen. Erneut geriet ich ins Trudeln und bekam Angst, niemals wirklich Zugang zu den Geheimnissen der Kunst zu finden. Wieder war ich bei dem Versuch gescheitert, in die Welt der Sehenden zurückzukehren. Meine Bemühungen, mir ein neues Leben zu schaffen, endeten mit einer Niederlage.

Ich täuschte mich nicht: Ich hatte von keiner Seite Hilfe zu erwarten. Ich würde meinen Weg alleine finden müssen. Erschöpft von meinen Versuchen, es draußen in der Welt zu etwas zu bringen, zog ich mich wieder in mein Zimmer zurück. Ich war wild entschlossen, erst dann wieder herauszukommen, wenn ich mich in der Lage befand, mir zu meinen Bedingungen Eintritt in die Welt zu verschaffen. Ich würde mir das Malen selbst beibringen und die dunkle Leere besiegen. *Ich werde es ihnen noch zeigen!* Nachdem es mir nicht gelungen war, die vortrefflichste Blinde aller Zeiten zu werden, wollte ich jetzt zumindest zur besten aller Malerinnen werden. Heute finde ich meine damaligen Ambitionen nur noch lächerlich. Mein zwanghafter Charakter war, wie ich inzwischen einsehe, sowohl mein Antriebsmotor als auch die Ursache meines Scheiterns.

Und so fing alles an. Ich baute mir meine Welt Objekt für Objekt neu auf. Ich verbrachte Stunden damit, ein Blatt Papier nach dem anderen mit Kreisen, Quadraten und Dreiecken zu füllen. Ich zeichnete sie in allen Größen, und jedes war immer besser als das vorherige. Es wurden Hunderte von Kreisen und Tausende von Dreiecken. Ich zeichnete mit der Farbe, mit der man T-Shirts bemalt und die erhöhte Linien hinterlässt, die ich mit dem Finger nachfahren konnte. Jeden Tag wurde ich ein bisschen besser und arbeitete ein bisschen länger.

Al war begeistert, dass ich mich wieder für etwas interessierte. Er räumte die Garage um und richtete mir darin einen kleinen Arbeitsraum ein. Wieder saß ich in einem fensterlosen Zimmer, aber ich hatte ein Zimmer für mich, und durch das offene Garagentor kam viel frische Luft herein.

Jeden Tag hatte ich schwer zu kämpfen, zum Beispiel, weil ich nach heruntergefallenen Pinseln suchen, das Shampoo von der Pflegespülung unterscheiden lernen oder einen neuen Sessel in mein sorgfältig aufgebautes mentales Navigationssystem einbauen musste. Inzwischen fand ich selbstständig in die Küche und konnte mir ein Glas Wasser eingießen, mit der Mikrowelle aber kam ich immer noch nicht zurecht. Ich begann, Würfel und dreidimensionale Schachteln zu zeichnen, Objekte also, die meiner Mikrowelle ähnelten. Eigentlich war es sehr einfach, aber es kam mir vor wie eine Offenbarung: Als es mir gelang, einen richtigen Würfel zu zeichnen, gelang es mir auch, eine gefüllte Schüssel in die Mikrowelle zu stellen, ohne den Inhalt zu verschütten. Dadurch, dass ich

1 (oben) Seekadettenball, 1974

Unser Debüt als frisch verheiratetes Paar. Al war Offizier der US-Marine und nahm zum ersten Mal in dieser Funktion an einem gesellschaftlichen Ereignis teil.

2 (unten) Siegesfeier nach dem Rennen, 1989

Al und ich arbeiteten als freiwillige Helfer bei Autorennen. Das Foto entstand in Detroit nach dem triumphalen Sieg unseres Lieblingsteams.

3 (oben) 25-jähriges Hochzeitsjubiläum, 1999

Überraschung! Unsere Freunde veranstalteten zur Feier unserer 25 gemeinsamen Ehejahre eine Party.

4 (unten) Im Atelier, 2004

Hier arbeite ich in meinem Atelier an An Eye for an Eye (Auge um Auge) und anderen Bildern. Ich male gern gleichzeitig an mehreren Bildern, die sich dann meist in unterschiedlichen Stadien der Vollendung befinden.

5 (oben) Lisa,
Al und Wizard, 2003

Auf der Terrasse unseres Hauses in San Antonio, Texas.

6 (unten) Beauregard House, 2004

Eine Ansicht von Beauregard House, unserem Hotel garni in San Antonio. Wann immer ich Zeit habe, backe ich Muffins oder unterhalte mich mit den Gästen.

7 (oben) Jars (Flaschen)
Wasserfarbe auf Papier, 1995, 75 x 27,5 cm,
Sammlung der Künstlerin

Die mit den Farben eines Schulmalkasten auf heißgepresstem Aquarellpapier gemalten Flaschen waren meine wütende Reaktion auf Als Forderung, nach meiner Erblindung endlich etwas konstruktives zu tun. »Jars« führte zu einem Wendepunkt in meinem Leben und war mein erster Schritt auf dem Weg zu einer Künstlerkarriere. Im Grunde stellt das Bild Farben so dar, wie sie vom inneren Auge gesehen werden.

8 (unten) Doug's Birthday
(Dougs Geburtstag) Aquarell auf Papier, 1995,
75 x 55 cm, Privatsammlung

Ich malte dieses Stillleben in Ruston, Louisiana, als Geburtstagsgeschenk für meinen Dozenten, Douglas Walton. Um eine Anzahl lebhafter Grautöne zu erzielen, verwendete ich Tertiärfarben. Diese Technik eignete ich mir an, als ich mir selbst das Zeichnen und Malen beibrachte. Bei der ersten bundesstaatweiten Kunstausstellung, bei der ich ausstellte, erhielt »Doug's Birthday« den ersten Preis in der Kategorie »Abstrakte Kunst«.

9 California Bantams (Kalifornische Kampfhähne) Aquarell auf Papier, 1995, 55 x 75 cm, Privatsammlung

Aus verschiedenen Gründen nimmt »California Bantams« einen besonderen Platz in meinem Herzen ein. Es war das erste Bild, das ich bei meiner ersten professionellen Ausstellung verkaufte und das erste einer Serie von etwas verrückten Bildern. Und außerdem die erste von vielen impressionistischen Aquarellarbeiten, die zwischen 1995 und 1998 entstanden.

10 (oben) Tropical Tiger (Tropischer Tiger)
Aquarell auf Papier, 1996, 75 x 55 cm, Sammlung der Künstlerin

Weil manche Leute behaupteten: »Du wirst nie eine richtige Künstlerin sein, weil du keine Tiere malen kannst«, begann ich, so viele Tiere wie nur möglich zu malen, angefangen von Kühen und Fischen bis hin zu Zebras und Tigern. Damit er mehr Würde ausstrahlte, umgab ich den zahnlosen alten Tiger mit Orchideen.

11 (unten) Best Bike Race Ever: The Winner (Das tollste Radrennen aller Zeiten: Der Sieger)
Aquarell auf Papier, 1997, 75 x 50 cm, Privatsammlung

Dies ist eine doppelseitige Illustration für ein Kinderbuch. In die freie Fläche oben links sollte der Text eingesetzt werden. Die Platten für das Projekt sind fertig, doch das Buch wurde nie veröffentlicht.

12 Sunshine Sisters (Sonnenschein-Schwestern) Aquarell auf Papier, 1997, 37,5 x 55 cm, Sammlung Nick Lees

Als ich meine Bilder bei einer Straßenausstellung in Florida zeigte, begegnete ich diesen beiden Frauen, die sich die »Sunshine Sisters« nannten. Als Clowns verkleidet, besuchten sie in ihrer Freizeit in den Krankenhäusern der Gegend Kinder und alte Leute. Ich war so fasziniert von ihrer Anteilnahme am Schicksal anderer und von ihrer Bereitschaft, ihre Lebensfreude mit anderen zu teilen, dass ich versuchte, ihre Vitalität in diesem Aquarellbild einzufangen.

13 (oben) Teller of Tales (Geschichtenerzähler) Aquarell auf Papier, 1999, 75 x 55 cm, Sammlung Jonathan Pikoff

Dieses Bild entstand nach der Rückkehr von meiner ersten Mexikoreise. Bei einem Spaziergang mit Freunden auf dem Friedhof von Taxco hörte ich die Stimmen dreier alter Männer, die einander Geschichten aus ihrer Jugend erzählten. Die Gesprächsfetzen, die ich auffing, regten mich zu diesem Aquarell an, das zweite in einer Serie von Parkbankszenen.

14 (unten) Just for Kicks (Aus Spaß an der Freude) Mischtechnik auf Leinwand, 2002, 120 x0 90 cm, Sammlung der Künstlerin

Ich malte dieses Trio von Tänzerinnen, um es bei der Golden Paint Company einzureichen. Die Gesichter der Tänzerinnen arbeitete ich in Öl und ihre Kostüme in Acrylfarben. »Just for Kicks« ist das erste einer Reihe von Werken in Mischtechnik auf Leinwand, die sich mit Tanz und Bewegung beschäftigen. Ich sehe Ballettszenen, Flamencotänzer, Bälle und Jazztanz als Herausforderungen an und führe sie meist als detaillierte Figuren vor einfarbigem Hintergrund aus.

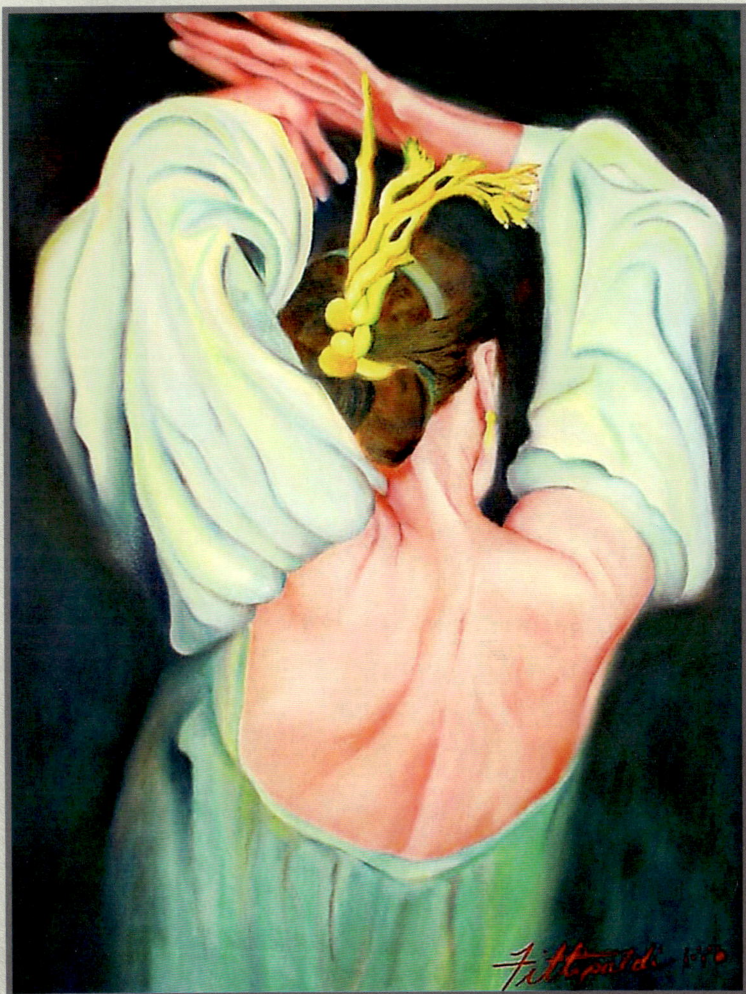

15 Olé auf Leinwand, 2002, 60 x 90 cm, Sammlung Marion Serelis

Das für die Zeitschrift People gemalte »Olé« erschien 2003 auf der Titelseite eines pahrmazeutischen Fachmagazins. Gefühle und Stimmungen lassen sich durch die Wiedergabe von Bewegung und Ausdruck des Körpers vermitteln. Hier fand ich, dass eine Rückenansicht der Büste ebenso viel Dynamik ausstrahlen kann wie die Vorderansicht.

16 Whitby - Öl auf Leinwand,
2003, 90 x 120 cm, Sammlung Johnette Venne

Auf einer Reise entlang der englischen Küste 2002 entdeckten Al und ich das idyllische Dörfchen Whitby. Um die Spiegelungen auf der regennassen Straße malen zu können, musste ich auf so ziemlich alles zurückgreifen, was ich mir in den vergangenen sieben Jahren beigebracht hatte. Dass ich die unterschiedlich gestalteten Gebäude, die Schilder, die Fähnchen, den Regen und die Menschen unter ihren Schirmen darstellen konnte, zeigte mir, dass ich hinsichtlich des Umgangs mit komplexen Kompositionen große Fortschritte gemacht hatte und nun in der Lage war, sie präzise, mit ausgewogener Farbgestaltung und korrekter linearer Perspektive zu malen.

17 After Midnight (Nach Mitternacht)
Öl auf Leinwand, 2003, 60 x 90 cm, Sammlung Jason und Christina Wagner

Das Fest, an dem die Frau auf diesem Bild teilgenommen hat, ist vorbei. Sie ist zwar müde, aber auch traurig darüber, dass es jetzt zu spät ist, um in ihrem Ballkleid noch irgendwo anders hinzugehen.

Das Gemälde ist in dem Film *Der Herr des Hauses (Man of the House,* 2005) der Revolution Studios mit Tommy Lee Jones zu sehen.

18 The Ballerina (Die Tänzerin)
Öl auf Leinwand, 2003, 75 x 100 cm, Sammlung Natalie Maines

Ich bin eine große Verehrerin von Degas und teile seine Begeisterung für Bewegung und Tanz. Dieses Bild vermittelt dem Betrachter einen Eindruck vom Alltag einer Berufstänzerin, der von Anstrengung und Hingabe geprägt ist. Bei der Arbeit an dem Gemälde lernte ich den Umgang mit weichem Licht und der Darstellung im Profil.

19 (oben) December in Paris (Dezember in Paris) Öl auf Leinwand, 2003, 100 x 75 cm, Sammlung Jim und Kelly Luedecke

Sowohl vor als auch nach meiner Erblindung schlenderten Al und ich häufig durch Paris und genossen den Duft der Blumen auf den Märkten des Quartier Latin. Ursprünglich malte ich das Bild in Aquarell. Jahre später entstand diese Version in Öl, weil ich wissen wollte, ob ich ein bereits verwendetes Motiv nochmals malen konnte.

20 (unten) L&M Café - Öl auf Leinwand, 2003, 100 x 75 cm, Sammlung Sandy und Jim Evans

Das L&M Café in Georgetown, Texas, war ein Lokal, in dem Farmer, Eisenbahningenieure und College-Professoren aus der Gegend gern frühstückten, um bei einer Tasse starkem Kaffee über aktuelle Ereignisse und Politik zu diskutieren.

21 Show Jumper (Springpferd) Öl auf Leinwand, 2003, 75 x 100 cm, mit freundlicher Genehmigung der Galerie Soco

Die Muskulatur des Pferdes herauszuarbeiten ist ebenso anspruchsvoll, wie die Haltung des menschlichen Körper wiederzugeben. Pferde vermögen es, sich trotz ihrer Größe und Kraft anmutig zu bewegen. Dieses Bild bewies mir, dass ich die Perspektive verändern konnte, ohne dass die Gesamtwirkung darunter litt.

22 (oben) Figs (Feigen) Öl auf Leinwand, 2003, 50 x 40 cm, Sammlung Mirtille Romegialli

Als ich an »Figs« arbeitete, wollte ich etwas Ton in Ton malen und mich gleichzeitig an der impressionistischen Formensprache orientieren. Dies ist mein bisher einziges Stillleben mit Früchten. Es entstand nach einem Besuch des Amsterdamer Rijksmuseums.

23 (unten) An Eye for an Eye (Auge um Auge) Öl auf Leinwand, 2003, 50 x 40 cm, mit freundlicher Genehmigung der Galerie Soco

Mehrere Kritiker wiesen darauf hin, dass es psychologische Gründe dafür geben muss, dass ich den Figuren auf meinen Bildern keine Augen male, obgleich das Auge als Fenster der Seele gilt. Deshalb malte ich dieses Bild.

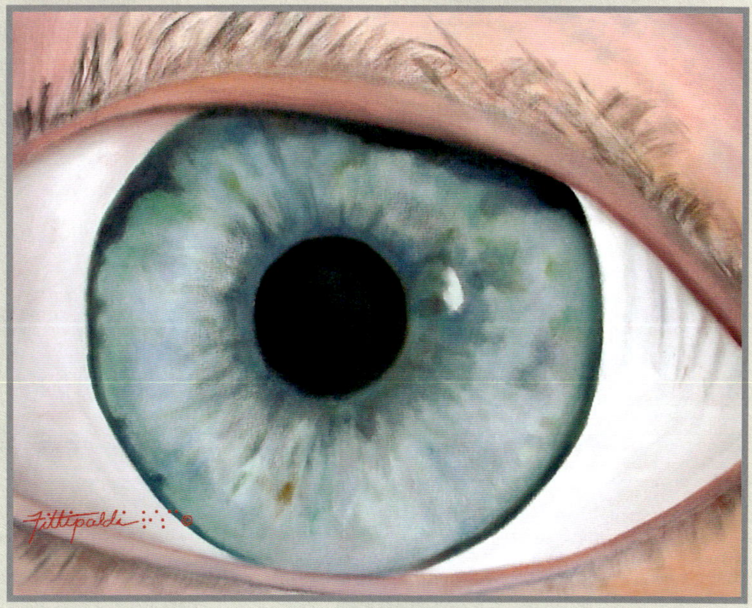

24 Portobello Road - Öl auf Leinwand, 2004, 90 x 120 cm, mit freundlicher Genehmigung der Galerie Soco

Als ich vor kurzem wieder einmal London besuchte, begeisterte ich mich für die Marktstände und Läden der Portobello Road. Ich gestaltete dieses Bild mit Absicht so, dass die verschiedenen Ebenen und Perspektiven verschoben wirken. Es soll immer so aussehen, als hinge das Gemälde schief. Zwar dominiert der Mann im Vordergrund die Szene, doch bildet die kleinere Gestalt im Hintergrund den eigentlichen Fokus.

die Form der Mikrowelle freihändig nachgezeichnet hatte, wurde etwas, das ich bisher nicht hatte verstehen können, für mich auf einmal fassbar und greifbar.

Als Nächstes zeichnete ich in den Würfel ein Objekt ein, um auszuprobieren, was hineinpasste. Ich zeichnete größere Würfel und füllte sie mit mehreren, komplex angeordneten Objekten. Daraus wurden Reihen von Formen, die ich von links nach rechts und von vorne nach hinten arrangierte. Sobald mir das gelang, bekam ich wieder Mut, mich an meinen Kleiderschrank zu wagen. Immer noch vermochte ich mir meine Kleidung nicht selbst zusammenzustellen und konnte auf die Frage »Wo ist mein lila T-Shirt?« allein keine Antwort finden. Wir hatten in alle meine Kleidungsstücke Brailleschrift-Etiketten genäht, aber das hatte nichts geholfen, da ich die Brailleschrift immer noch nicht richtig beherrschte. Vom Würfel leitete ich ein System ab, das ich verstand, und das Konzept eines Raums, den ich zu organisieren vermochte. Nun konnte ich auch meine Sachen organisieren und Stück für Stück nach einem konsequenten System anordnen.

Manche meiner Experimente mit räumlicher Organisation verliefen erfolgreich, andere nicht. Doch insgesamt war ich über meine Versuche, alternative Techniken für das Ordnen des Raums zu finden, selbst verblüfft. Die alten Griechen hatten geglaubt, das Sehen sei die erste und einzige Quelle des Wissens. Mein Wissen musste sich aus anderen Quellen speisen, und zwar aus der Logik und dem Verstand. Aber wie sollte ich mir das beibringen, was ich können musste? Ich wusste nur, dass ich weiterhin meinen Intellekt besaß und das, was Plato bezeichnet hatte als »ein Wissen in der Seele, das vorher nicht dort war, wie Augenlicht in einem blinden Auge«. Alles, was ich zu tun hatte, war, eine farblose, formlose und nicht zu ertastende Essenz zu nehmen und sie in Wirklichkeit zu verwandeln.

Als ich merkte, dass meine Sehfähigkeit schwand, nahm ich an, dass meine übrigen Sinne sich schärfen und mir helfen würden, mich an die veränderten Umstände anzupassen. Ich glaubte das, was die Leute sagten: Wenn man einen Sinn verliert, verfeinern sich die anderen und gleichen den Verlust aus. Doch dies ist nicht eigentlich das, was passiert. Vielleicht gibt es spät Erblindete, die diese Erfahrung gemacht haben, aber als ich nichts mehr sehen konnte, verbesserte sich meine Hörfähigkeit deshalb nicht. Es war nur so, dass ich aufmerksamer horchte und lernte, Geräuschen mehr Informationen zu entnehmen. Allerdings ist der Informationsgehalt eines Geräuschs sehr begrenzt. Das Bellen eines Hundes oder das Schreien eines Kindes verrät mir zwar eine Richtung, enthält aber keine weiteren Angaben über das Geschlecht des Kindes oder die Farbe des Hundes.

Nicht alle Sinne tragen gleichermaßen dazu bei, Formen zu erkennen oder sich im dreidimensionalen Raum zurechtzufinden. Geschmack und Geruchssinn bereichern unser Leben, helfen mir aber nicht, Größe, Entfernung oder Position der Duscharmaturen zu bestimmen. Geruchssinn und Geschmack erleichtern mir nicht, auf dem Papier eine gerade Linie zu ziehen. Dem Tastsinn fehlen die Referenzschemata des Sehens. Wenn ich ein Blatt Papier berühre, kann ich dessen Struktur, Gewicht und Gehalt an Lumpen erkennen, aber weder seine Farbe noch den darauf geschriebenen Text.

Ich habe die Erfahrung gemacht, dass unsere Sinne voneinander abhängiger sind, als wir im Allgemeinen annehmen. Um herauszubekommen, was in der Welt draußen los ist, muss sich unser Gehirn darauf verlassen können, dass alle Sinne Informationen aufnehmen und zusammenarbeiten. Als mein Augenlicht schwächer wurde, schienen auch meine anderen Sinne nachzulassen. Es kam mir vor, als höre ich nicht mehr so gut wie früher, und ich hatte das Gefühl, mein Gleichgewicht verloren zu haben. Als ich die Speisen nicht mehr sehen konnte, schmeckten sie anders. Es schien mir, als seien es meine übrigen Sinne gewohnt gewesen, zusammen mit meinen Augen zu funktionieren, und ich fühlte mich nun seltsam verwirrt. Es war, als könnte ich nicht mehr geradeaus denken. Seit mein Gehör vor einigen Jahren nachzulassen begann, kommt es mir wieder vor, als würden sich auch die restlichen Sinne zurückbilden. Ich muss mich an diesen Verlust meines Gehörs gewöhnen und lernen, ihn auf andere Weise zu kompensieren.

Durch Gehör, Tastsinn und Geruchssinn baute ich eine Brücke sinnlicher Wahrnehmung zur Welt. Sobald ich mich besser orientieren konnte, wuchs der Informationsgehalt dessen, was ich wahrnahm. An einem Tag mit bewölktem Himmel erfühlte ich den Luftdruck, ich roch den Ozongeruch herannahenden Regens und spürte selbst die leisesten Veränderungen der Windrichtung. Je nachdem, auf welche Oberfläche er fällt, erzeugt Regen unterschiedliche Geräusche: Ich lernte zu »hören«, wie eine Landschaft beschaffen ist. Ich begann, in meinem Raum die energetische Gegenwart von Menschen und Dingen wahrzunehmen.

Irgendwann fiel mir auf, dass ich nach einem Gegenstand »suchte«, bevor ich die Hand danach ausstreckte. Ich berührte Objekte häufiger und versuchte, mit den Fingern die Beschaffenheit ihrer Oberfläche zu ertasten und ihre Umrisse nachzuziehen, um sie und meine verlorene Welt zu verstehen. Um sicherzugehen, dass ich die Essenz eines Objekts begriff, betastete ich es aus verschiedenen Positionen heraus, so wie man eine Statue aus unterschiedlichen Blickwinkeln betrachtet. Wenn ein Sehender lange, und ohne zu blinzeln, eine Farbe anschaut, scheint sie zu verblassen; ebenso verschwindet ein Gegenstand, den man längere Zeit bewegungslos auf der Handfläche hält. Ich weiß nun, dass Bewegungen meiner Hände oder meines ganzen Körpers sehr wichtig sind. Wenn ich nicht mit eigenen Bewegungen die dreidimensionale Realität eines Objekts bestätige, bekomme ich kein Gefühl für das Ganze.

Ich lernte die Welt so kennen, wie ein kleines Kind sie kennen lernt – das Gegenstände in die Hand nimmt, mit ihnen spielt und sie dann malt oder mit Knetmasse nachformt. Eines Tages ging mir buchstäblich ein Licht auf, und ein instinktives Begreifen von Formen schaltete sich ein. Immer öfter machte der Satz »Ich sehe ein Objekt; ich sehe die Welt um mich herum« wieder Sinn. Ähnlich wie ein Detektiv wurde ich ein Meister des induktiven Denkens: Ich erwarb die Fähigkeit, auch aus einer geringen Anzahl von Anhaltspunkten zahlreiche Schlüsse über eine Umgebung oder eine Verkettung von Umständen zu ziehen. Ich weiß zum Beispiel, dass der verschwommene weiße Fleck, den ich beim Betreten eines Schlafzimmers erkenne, ein Kissen ist. Wenn ich auf dem Gehsteig stehe und dort keine Formen wahrnehme, so schließe ich daraus, dass es da keine Hindernisse gibt, über die ich fallen könnte. Ich weiß, dass die lauten, dunklen, beweglichen Flecken auf der Straße Autos und Busse sind. Ein schwacher heller Kreis in Augenhöhe bedeutet, dass sich mir ein anderer Menschen nähert. Wenn ich die Zusammenhänge kenne – Büro, Terrasse, Esszimmer –, dann brauche ich nur noch die besonderen Kennzeichen und ein Minimum an Form, um zu begreifen, in welcher Umgebung ich mich befinde. An dem einen Ort ist das große dunkle Objekt mit Sicherheit ein Sessel, an dem anderen kann es nur eine Tür oder ein Tisch sein. Selbst in einer Welt, in der die Dinge nur noch Schatten sind, regt der Reiz eine Reaktion an.

Natürlich funktioniert dieses System nur, wenn die Objekte wirklich groß sind. Es hilft mir nicht, zwischen einer Wassermelone und einer Honigmelone gleicher Größe, einem blauen und einem schwarzen Stift, zwischen Schuhen aus dem gleichen Material, aber unterschiedlicher Farbe und Ähnlichem zu unterscheiden. Wenn man stets nur einen allgemeinen Eindruck hat, kann einen das in Schwierigkeiten bringen, wie ich neulich feststellen musste, als ich in einem großen Kaufhaus aus Versehen Al verlor. Oder, aus Als Sicht, als ich einfach losging, um mir meine Unabhängigkeit zu beweisen. Ich lief genau dieselbe Strecke zurück, um wieder mit ihm zusammenzutreffen. Aus Freude darüber, ihn ohne fremde Hilfe wiedergefunden zu haben, schlang ich meine Arme um seine Taille, gab ihm einen dicken Kuss – und musste entdecken, dass das große Objekt in Jeans und T-Shirt gar nicht Al war.

Indem ich meine mir verbliebenen Sinne nutzte, um Wahrnehmungen zu sammeln und zu verarbeiten, entwickelte ich eine funktionelle Alternative zum Sehen. Ich projizierte gleichsam Sinneswahrnehmungen und verstandesmäßig erworbene Informationen auf eine innere Leinwand, auf der sie zu Bildern wurden. Die Chinesen glauben, dass wahre Künstler nicht das erschaffene Ding malen, sondern die Kräfte, die es erschufen. Es kam mir vor, als hätte ich angefangen, nicht nur Formen, sondern auch Energie zu malen. Es war, als würde ich mit dem ganzen Körper sehen.

Sobald ich mir die Grundlagen des Zeichnens erarbeitet hatte, versuchte ich, verschiedene Formen zu Bildern zusammenzustellen, und setzte dabei mein neu erworbenes Verständnis der räumlichen Ordnung ein. Ich verwendete viel Sorgfalt auf die Planung von Komposition und Farbgebung, bekam dann aber zu hören, auf dem Bild sei nur einfarbiger Schlamm zu sehen. Ich verbrachte Tage und Nächte in meinem Atelier, das ich nur zum Essen und zum Schlafen verließ. Während ich arbeitete, sagte ich mir ununterbrochen leise mein Mantra vor: *Ich hasse euch alle, ich werde es euch zeigen.* Mein Freund Bob langweilte sich nun auch beim Golfspiel und nahm eine Stelle an, für die er nach Tennessee umziehen musste. Claudia war durch ihre Familie ausgelastet, was mir recht war, weil ich immer noch versuchte, sie auf Distanz zu halten. Also war ich wieder allein.

Aber eigentlich brauchte ich ja auch keine Freunde. Ich verschrieb mich ganz meinem Ziel, die perfekte Malerin zu werden. In meiner Welt bestand kein Unterschied mehr zwischen Tag und Nacht. Ich liebte diese Welt. Ich beherrschte sie, und es gab in ihr niemanden, der mich an meine Unzulänglichkeiten erinnerte. Ich versenkte mich in die Malerei, lehnte alles ab, was jenseits meiner Tür stattfand, und hoffte insgeheim auf irgendeinen Hinweis, der mir offenbarte, welche Richtung mein Leben nehmen würde.

Und so machte ich immer weiter. Ich war früher viel gereist, ohne auf die Kunstschätze in den Museen und Galerien, Kathedralen und Schlössern zu achten, an denen ich vorbeikam. Ich hatte weder den Prado noch den Louvre, weder Notre-Dame noch Giverny besucht und stattdessen lieber Einkaufsbummel unternommen oder auf den großen Prachtstraßen die Menschen beobachtet. Nun aber wollte ich mehr über Kunst wissen. Ich brachte Al dazu, mir jedes Kunstbuch vorzulesen, das wir in die Finger bekamen. Stundenlang las er mir von Künstlerleben, Schulen und Stilen vor. Wir arbeiteten uns durch ausführliche Analysen der Mal- und Farbtheorie, komplizierte Abhandlungen über Komposition, esoterische Zeichentheorien und eine unendliche Zahl unverständlicher Kunstkritiken. Ich bildete mir meine eigenen Ideen über Technik und Stil und suchte mir meine Vorbilder: Degas, Delacroix, Homer, Sargent und Reynolds. Seither führt Al mich durch Hochburgen der Kunst, die ich nicht länger bewundern kann. Ich bedauere sehr, dass ich mich vor dem Verlust meines Augenlichts nicht für Kunst interessierte. Von Degas' *Tänzerinnen* konstruiere ich mir sozusagen ein inneres Bild, das ausschließlich aus Informationen besteht, die ich von anderen erhalten habe und nicht überprüfen kann.

Ich übte, Aquarellfarben an ihrer Beschaffenheit zu unterscheiden. Stundenlang zerrieb ich Farbtropfen zwischen meinen Fingern, und dann musste Al mich abfragen, welche Farbe ich gerade erfühlte: War es Blau, Rot oder Gelb? Nach ungefähr drei Monaten konnte ich die Primärfarben identifizieren. Ich probierte auf meiner Palette unterschiedliche Farbanordnungen aus, solche, die dem Farbtonkreis entsprachen, und andere, bei denen die Farben in Quadrate und Rechtecke gruppiert waren. Ich wollte in der Lage sein, eine Primärfarbe mit einer Komplementärfarbe wie Orange, Violett oder Grün zu mischen. Ich ging allen Leuten, die mir zu nahe kamen, mit meinen Farbentheorien auf die Nerven und konnte erklären, wie man ein perfektes Orange, Grau, Grün oder Violett erzielte. Al las mir noch mehr über Farben und besonders über Aquarellfarben vor. Stundenlang beschäftigte ich mich in Gedanken mit den technischen Eigenschaften von Farbe. Dann beschloss ich, dass ich nun alles über die verschiedenen Sorten von Aquarellpapier wissen müsse: ihren Gehalt an Lumpen, ihre Saugfähigkeit und Körnung, ihre technischen Eigenschaften und die optimalen Einsatzmöglichkeiten aller Typen und Fabrikate. Als Nächstes kamen Aquarellpinsel, Hilfsmittel und Bleistifte an die Reihe – mit anderen Worten alles, was man brauchte, um Aquarelle zu malen. Wenn ich trotz meiner Behinderung zur besten Malerin aller Zeiten werden wollte, musste ich schließlich alles über die Technik und das Material wissen.

Inzwischen machte Al sich ernsthaft Sorgen: Ich hockte nur noch in meinem dunklen Versteck und hatte den Kontakt zur Außenwelt praktisch aufgegeben. Ich achtete nicht länger darauf, ob es Tag oder Nacht war, und kümmerte mich weder darum, mich zu waschen, noch darum, genügend zu essen oder zu schlafen. Al tat alles in seiner Macht Stehende, um mich zur Rückkehr in den örtlichen Künstlerkreis zu bewegen, wo ich mit anderen zusammen malen und mich über Kunst unterhalten konnte. Doch viele Monate lang weigerte ich mich, weil ich glaubte, eines Tages würde mein großer Durchbruch kommen, wenn ich nur hart genug arbeitete.

Als es Al jedoch gelang, mich aus meinem Versteck zu zerren, genoss ich die Abwechslung und fühlte mich in dem Kreis willkommen. Sie veranstalteten regelmäßig eine offene Ausstellung, bei der jedes Mitglied der Gruppe gegen eine geringe Gebühr ein oder zwei Werke zeigen konnte. Ich hatte mich für ein Stillleben mit Zwiebeln entschieden, an dem ich drei Abende lang gearbeitet hatte. Der Juror hielt die Zwiebeln für Luftballons.

Nein, nicht schon wieder! Nach so vielen Monaten in meinem düsteren Atelier musste ich feststellen, dass ich immer noch nichts Erkennbares malen konnte. Spontan zerschnitt ich das Gemälde und flocht daraus einen Papierteppich. Am schlimmsten war, dass die anderen Kursteilnehmer meinten, mich bemitleiden und sich zu meinen Gefühlen äußern zu müssen. *Meine Gefühle? Nein, bloß nicht!* Manche fanden, dass mir die Ablehnung nicht gut täte. Andererseits hole sie mich in die Wirklichkeit zurück und zeige mir, dass ich nicht an Ausstellungen teilnehmen solle. Andere unterstellten, ich nutze meine Blindheit aus, um meine Bilder ausstellen zu können und Aufmerksamkeit auf mich zu ziehen. Eine Frau, mit der ich mich im Kurs noch nie unterhalten hatte, rief an und meinte, ich hätte kein Recht, Bilder für die Ausstellung einzureichen, da ich niemals so gut wie ein Sehender würde malen können. »Warum müssen Sie unbedingt malen?«, wollte sie wissen. »Warum beteiligen Sie sich nicht an Ausstellungen für Sehbehinderte?« Ich war wütend.

Gleichzeitig aber war mir die ganze Sache peinlich. Erst später sollte mir klar werden, dass ich andere Ziele hatte als ein sehender Maler. Für mich galten andere Regeln. Ich versuchte, malen und zeichnen zu lernen, um mir eine verloren gegangene Welt neu zu erschaffen. Mir ging es nicht wirklich darum, dass meine Bilder bei Ausstellungen ausgezeichnet wurden, sondern darum, dass unparteiische Beobachter meine inneren Bilder zur Kenntnis nahmen. Da ich immer noch nicht fähig war, die visuelle Welt darzustellen, war es nicht überraschend, dass andere mein Bestreben, diese visuell orientierte Fertigkeit zu erlernen, infrage stellten.

Meine Ausflüge in die Welt der Kunstausstellungen brachten neue Probleme mit sich. Manche Leute fragten mich, warum ich einen Stock benutzte. Andere ärgerten sich, wenn ich ihnen damit aus Versehen gegen die Fersen klopfte, und fuhren mich an: »Schauen Sie doch, wo Sie hinlaufen!« Es gab Leute, die die unglaublichsten Dinge zu mir sagten und mir schamlose Fragen stellten. Fremde äußerten die Vermutung, ich beherrsche die Körpersprache nicht oder hätte verdrehte Augen. Es gab Betrachter meiner Bilder, die Fehler feststellten und diese meiner Blindheit zuschrieben. Nicht selten kam es vor, dass Menschen in der dritten Person von mir sprachen, so als sei ich nicht mit ihnen im gleichen Raum oder aber geistig behindert. Oft schrien sie, wenn sie mit mir sprachen, als glaubten sie, ich würde auch schlecht hören; oder sie richteten ihre Fragen von vorneherein an Al. Mitunter wurde ich von Kunstliebhabern, die mir etwas zeigen wollten, am Arm gepackt, und wenn ich das nicht sehen konnte, was sie so bemerkenswert fanden, waren sie wütend auf mich. Es gab Menschen, die ihre Urlaubsfotos herausholten und von mir erwarteten, dass ich sie betrachtete.

Als ich mich Claudia gegenüber über dieses unsensible Verhalten beschwerte, erzählte sie mir, dass die taubblinde Schriftstellerin Helen Keller als Kuriosität gegolten habe und dass sie und ihre Lehrerin Annie Sullivan in Varietees aufgetreten seien, um sich ihren Lebensunterhalt zu verdienen. Claudia meinte, ich müsse lernen, mich an das mangelnde Einfühlungsvermögen der Leute zu gewöhnen, und dürfe nicht allzu empfindlich sein. Ungefähr ein Jahr später kam eine Frau in der Innenstadt von Georgetown auf Claudia und mich zu und sagte, es sei traurig, dass ich mich nicht anständig anziehen könne. Ich trug meine üblichen Mal-Klamotten: eine weite Baumwollhose, ein Grateful-Dead-T-Shirt, bunte Socken und pinkfarbene Hausschuhe mit Häschenköpfen. Ich wollte gerade eine unfreundliche Bemerkung machen, als Claudia begann, mir das Outfit der Dame zu beschreiben: ein perlenverzierter roter Pullover, eine Leggins mit Leopardenmuster und eine violette Plüschhandtasche, die sich mit ihrem rot gefärbten Haar biss. Claudia erzählte später, an diesem Tag hätte ich gelernt, humorvoll auf die Neugier anderer zu reagieren.

Immer wieder musste ich daran denken, dass diese Probleme nicht entstanden wären, wäre ich nicht erblindet. *Natürlich nicht, denn dann wäre ich in der Lage gewesen, eine Zwiebel zu malen, die als solche zu erkennen war.* Ich verstand nicht, warum die Leute das Zwiebelbild nicht einfach nur als schlechtes Bild akzeptierten, sondern zum Anlass dafür nahmen, darüber zu urteilen, dass eine Blinde malen wollte. Ich dachte, sie würden mit zweierlei Maß messen, aber natürlich war das nicht der Fall. Sie beurteilten mich auf die gleiche Weise, wie sie einen Sehenden beurteilt hätten. Ich wollte einfach nicht wahrhaben, dass die meisten Sehenden eine wiedererkennbare Zwiebel gemalt hätten.

Ich floh in mein Atelier zurück und spornte mich mit meinem Kriegsschrei an: *Ich hasse euch alle; ich werde es euch zeigen!* Entschlossener als jemals zuvor, malen lernen und ein normales Leben führen zu wollen, produzierte ich 20 weitere Zwiebelbilder. Ich hörte erst dann auf, als alle sofort die dargestellten Objekte als Zwiebeln identifizierten. Es sollte lange dauern, bis ich zuzugeben vermochte, dass man zwar erkennen konnte, was diese Bilder darstellten, dass sie aber wirklich keine Kunstwerke waren.

Eines Tages erwähnte jemand eine bevorstehende große Ausstellung mit Prämierungen in San Antonio. Die Jury würde über einhundert Bilder von Mitgliedern der Kunstzirkel des Bundesstaats bewerten. Da dies einen ersten Schritt darstellte, um Mitglied der American Watercolor Society zu werden, reichten die meisten der 200 Mitglieder meiner Gruppe Aquarelle ein. Inzwischen hatte ich mich von dem Zwiebeldebakel erholt, und so gab ich drei Arbeiten ab. Freunde warnten mich, dass die Stücke zurückgewiesen werden könnten; sie wollten mir weitere Enttäuschungen ersparen. Andere meinten, meine Weigerung, mich mit meiner Blindheit abzufinden, ginge ihnen allmählich auf die Nerven. Tatsächlich aber hatte ich meine Erblindung akzeptiert – und tat es mit jedem Tag mehr. Was ich dagegen nicht akzeptierte, war die Unfähigkeit der Menschen, mit meiner Blindheit selbstverständlich umzugehen. In den Kursen des Kunstkreises bemühte ich mich weiterhin, etwas Wiedererkennbares zu schaffen. Das Ergebnis waren drei Aquarelle: *Tropical Tiger*, *California Bantams* und *Doug's Birthday*. Ich reichte sie ein, und alle drei wurden angenommen. Da die Motive so unterschiedlich waren, ging die Jury sicher davon aus, dass sie von drei verschiedenen Künstlern stammten.

Sobald die Liste der auszustellenden Stücke herausgekommen war, klingelte bei uns ständig das Telefon. Al freute sich, dass ich wieder geselliger war und neue Bekannte hatte. Ich dagegen reagierte mit gemischten Gefühlen, da auch die Kommentare ziemlich gemischt waren. Nicht jeder freute sich darüber, dass ich ausstellte – und vor allem freuten sich jene nicht, die abgelehnt worden waren. Die Bandbreite der negativen Bemerkungen reichte von »Wenn ich nicht selbst gesehen hätte, wie du das Bild gemalt hast, würde ich nicht glauben, dass es von dir stammt« bis »Was willst du damit eigentlich beweisen?«. Im weiteren Verlauf der Woche gab ich es auf, mich zu rechtfertigen, und ging einfach nicht mehr ans Telefon. Ich war schon als Mensch unsicher und noch viel unsicherer in meinem Selbstbild als Künstlerin. Noch immer wusste ich nicht, welchen Platz ich nun eigentlich in der Welt einnahm.

Was ich tat, schien für eine Blinde »unmöglich« zu sein; und inzwischen begann ich, einige sehende Kursteilnehmer zu übertreffen. Als ich den zweiten Preis erhielt, rief niemand an, um mir zu gratulieren. Dieser Vorfall sollte einen Meilenstein in meiner von Hassliebe geprägten Beziehung zur Kunst darstellen. Bin ich wirklich eine Künstlerin? Mache ich einen Fehler, wenn ich beim Malen bleibe? Werde ich Freunde verlieren, wenn ich erfolgreich bin? Werde ich bevorzugt, weil ich blind bin? Sind meine Bilder überhaupt gut? Diese Fragen quälten mich jahrelang, und wenn ich ehrlich bin, muss ich zugeben, dass sie mich noch heute beschäftigen.

Ganz unabhängig davon, wie ich selbst darüber dachte, sah sich Al durch die Auszeichnung in seiner Überzeugung bestätigt, dass es meine Aufgabe sei, weiter zu malen. Er glaubte, ich besäße eine Gabe, die ich mit anderen teilen müsse, und wollte, dass ich weitermachte, was auch bedeutete, weiterhin auszustellen. Abgesehen davon war er soeben in den Ruhestand versetzt worden und hatte keine Lust, den Rest seines Lebens mit Rasenmähen zu verbringen. Er hatte erfahren, dass überall im Land Kunstfestivals und Ausstellungen im Freien stattfanden, und begann, sich mit Aufnahmebedingungen und der Logistik zu befassen. Um einen Testlauf zu wagen, schickte er Dias meiner Arbeiten an die Veranstalter des Main Street Fort Worth Arts Festival, eine der größten landesweiten Kunstveranstaltungen im Freien. Meine Bilder wurden angenommen. Al packte alles zusammen, was wir für die Ausstellung brauchen würden. Er trieb ein Zelt und Stellwände, Bildmappen, Planen, Tische und Klappstühle auf, eine Geldbombe und ein Kreditkartenlesegerät. Aus Plastikrohren und Sand bastelte er Gewichte, die unser Zelt stabilisieren sollten. Wir suchten die Rahmen für meine Bilder auf Flohmärkten und in Discountläden zusammen. Und dann fuhren wir für die viertägige Veranstaltung nach Fort Worth.

Die arbeitsintensiven Vorbereitungen gaben uns eine Vorstellung davon, welchen Aufwand diese Ausstellungen auf der Straße erforderten. Martha, meine Verbündete aus Krankenhaustagen, die jetzt in Dallas wohnte, kam und half uns beim Aufbauen. Kaum waren wir mit allem fertig und hatten uns erschöpft hingesetzt, als eine Frau aus der Jury schnurstracks auf *California Bantams* zurannte, das ihr bei der Vorauswahl aufgefallen war. »Gott sei Dank, es ist noch da!«, sagte sie atemlos. »Was kostet es?«

Von all den notwendigen Vorbereitungen abgelenkt, hatten wir uns keine Preise überlegt, obwohl der eigentliche Zweck all dieser Anstrengungen eigentlich darin bestand, Bilder zu verkaufen. Wir hatten noch keine Vorstellung davon, was wir verlangen konnten. *California Bantams* war eines von Als Lieblingsbildern, und es hatte in unserem Wohnzimmer gehangen. Weil er es eigentlich nicht weggeben wollte, nannte er einen übertrieben hohen Preis. »Es ist sehr teuer«, warnte er die Frau. »Tausend Dollar plus Steuern.«

»Für solche Gelegenheiten wurde die Plastikkarte erfunden.« Sie zog ihre Kreditkarte aus der Tasche und zahlte unseren unverschämten Preis, ohne mit der Wimper zu zucken. Wir waren verblüfft.

Am Eröffnungstag blieb das Wetter einige Stunden lang sehr mild. Dann fiel die Temperatur plötzlich auf -1° C, wie es für Fort Worth im März typisch ist. Am Abend kam Wind auf, und Betrunkene zogen durch die Straßen. Am folgenden Tag, einem Freitag, wurde die Ausstellung elfmal geöffnet und dann wieder geschlossen, weil ständig Tornadowarnungen erfolgten. Jedes Mal mussten wir die Bilder herunternehmen, Stühle, Tische und andere Ausrüstungsgegenstände verwahren und unser kleines Zelt abbauen, das unter einem größeren Zirkuszelt stand.

Nach dem Abbauen warteten wir zusammen mit den anderen Ausstellern in einer Bar, tranken Bier oder Kaffee, aßen Erbsensuppe und sangen irische Lieder. Die Atmosphäre erinnerte an Karneval, und wir waren die Narren. Vielleicht waren wir auch Zirkusleute, und alles, was uns noch fehlte, waren Elefanten und ein Hochseilakt. Wir waren sehr ausgelassen, und ich stellte fest, dass ich seit langem nicht mehr so viel Spaß gehabt hatte. Die Künstler, die bei den verschiedenen Festivals ihre Werke präsentierten, behandelten uns als ihresgleichen. Jeder, dem wir begegneten, erzählte uns etwas oder erteilte uns Ratschläge. Ich hatte das aufregende Gefühl, ein neues Leben begonnen zu haben.

Am Samstagmorgen raste ein Tornado durch die Ausstellung und riss das große Zelt mit sich fort, das uns Schutz geboten hatte. Als wir nach dem Entwarnungssignal zurückkehrten, lagen überall Glassplitter und Tonscherben. Papierblätter wirbelten wie Konfetti durch die Luft. Der Glasbläser links von uns hatte alles verloren, und die Hälfte der Ausstellungsstücke des Töpfers zu unserer Rechten war zerbrochen. Wir dagegen hatten kaum Verluste zu beklagen, mit Ausnahme einiger Bilder, die sich mit Wasser voll gesogen hatten, und einer Reihe verschmierter Aquarelle. Den

Rest des Tages verbrachten wir mit Aufräumarbeiten. Schließlich zeigte sich sogar die Sonne wieder, doch es kamen nicht mehr viele Besucher.

Nach drei windigen, kalten Tagen wäre ich am liebsten nach Hause gefahren, doch Al war zum Packen zu müde und bestand darauf, dass wir bis zum letzten Tag blieben. Wir stritten uns nicht sehr oft ernsthaft, aber dieses Mal passierte es, und das auch noch vor Martha. Ich steigerte mich in mein Selbstmitleid hinein und klagte, niemand würde mich oder meine Arbeit ernst nehmen. Ich hatte ein Bild verkauft, und das war genug. »Das schlechte Wetter ist ein Zeichen, dass ich eigentlich nicht hier sein sollte«, sagte ich.

»Dann bau doch das Zelt ab«, sagte Al. »Ich geh wieder ins Hotel.« Das brachte mich zur Vernunft. Wir kehrten gemeinsam ins Hotel zurück, das im Grunde ein ziemlich verwahrlostes Etablissement war, und schon bald überkam uns der Schlaf der Erschöpfung.

Der Sonntagmorgen war sonnig, warm und mild. Wir stellten fest, dass in unserem Zelt ein Penner übernachtet und auf einer Papiertüte eine Nachricht hinterlassen hatte: »Dies sind die schönsten Kunstwerke, die ich je gesehen habe. Es ist ein Vergnügen, in solch einer angenehmen Umgebung zu schlafen. Leider kann ich für das Bild, das ich mitgenommen habe, nicht bezahlen, doch ich habe dafür etwas zurückgelassen, das mir etwas bedeutet.« Er hatte sich ein kleines ungerahmtes Aquarell »gekauft« und dafür mit einer leeren Coladose »bezahlt«, in der eine Plastikblume steckte. Ich war gerührt.

Abgesehen davon war ich müde und wollte nur noch nach Hause. Ich quengelte gerade wieder Al etwas vor, als plötzlich sehr viele Leute auf der Straße waren – und wir begannen, meine Arbeiten zu verkaufen. In den folgenden sechs Stunden nahmen wir 13 000 Dollar ein. Trotzdem hatte ich schlechte Laune und verkündete, ich sei erschöpft, es wäre alles viel zu anstrengend und ich würde nie wieder an einer Ausstellung teilnehmen. Al erklärte mir immer wieder, dass ich eine Gabe besäße, die ich mit der Welt teilen müsse, und wurde dabei immer wütender.

Gerade als Al eine Reihe von Sachen mit einem Handkarren zum acht Blocks entfernt parkenden Wagen befördern wollte, kam unser Penner mit seinen Freunden. Innerhalb von zwei Stunden hatte das zerlumpte Grüppchen alles zusammengepackt. Al holte das Auto, und die Männer luden es voll. Wir kauften ihnen Pizza und Bier und schenkten jedem ein 25 mal 20 Zentimeter großes Aquarell.

Al war total aufgedreht. Heute Fort Worth und morgen die ganze Welt! »Geh in dein Atelier und male, Lisa«, befahl er. »Und dann werden wir wieder fahren.«

7. Unterwegs

Kunst ist nicht das, was man sieht,
sondern das, was man andere sehen lässt.

EDGAR DEGAS

Al nahm unsere neue Lebensgestaltung mit jenem Eifer in Angriff, der für ihn so typisch ist. Er steckte die frisch eingenommenen 14000 Dollar gleich wieder in unseren neuen Betrieb, indem er einen Chevrolet Van und einen achteinhalb Meter langen Wohnanhänger kaufte. Er suchte Zelte, Stellwände, Planen, Scheinwerfer, Etiketten und Umzugskartons zusammen. Er besorgte uns ein Kreditkartenlesegerät (Visa und Mastercard) und ein Abonnement von *Sunshine Artist*, der Fachzeitschrift für Kunstausstellungen im Freien. Er brütete über den Veranstaltungskalendern der einzelnen Bundesstaaten, um die vielversprechendsten Ausstellungen an Orten zu finden, die wir ohnehin gerne besuchen wollten. Er schickte Anmeldeformular und Dias meiner Arbeiten zu einem Dutzend Veranstaltern, und neun von ihnen luden mich ein. Jetzt verletzten Ablehnungen mich nicht mehr. Mir war klar, dass ich immer noch viel lernen musste und deshalb gelegentlich mit ihnen zu rechnen hatte.

Mir gefiel der Begriff »blinde Bewertung«, zumal Al unser neues Unternehmen »Blind Ambition Studio« (»Atelier Blinder Eifer«) genannt hatte. Zunächst hatte mir die Vorstellung, mein Leben in Zukunft auf der Straße zu verbringen, Angst eingejagt, mit der Zeit merkte ich aber, dass ich für dieses neue Leben bereit war. Ich suchte die Herausforderung, in der Kunst ebenso wie im Leben. In Fort Worth hatte ich mich in Gesellschaft der anderen Künstler sehr wohl gefühlt, und es war wirklich besser, unterwegs zu sein, als zu Hause Trübsal zu blasen. Wenn Al wild darauf war, von Ausstellung zu Ausstellung zu fahren und meine Arbeiten auf der Straße zu zeigen, dann sollte mir das recht sein. In Fort Worth hatten wir viel Geld eingenommen. Ich konnte nur hoffen, dass Al nicht glaubte, auf diese Weise regelmäßig seine Pension aufstocken zu können. Gut gelaunt malte ich eine Reihe neuer Bilder, überwiegend abstrakte Werke und Stillleben.

In den folgenden drei Jahren fuhren wir quer durch das Land, von einer Ausstellung zur nächsten, die in Städten wie Chicago, Albuquerque und Palm Springs veranstaltet wurden. Die jeweiligen Jurys hatten mich aufgrund der eingeschickten Dias von meinen Arbeiten eingeladen und wussten nicht, dass ich blind war. Wir hatten eine herrliche Zeit. Wir konnten ausgiebig unserer Leidenschaft, dem Reisen, frönen. Wir verdienten Geld, und auch das gefiel uns gut. Aus miteinander rivalisierenden Ehepartnern wurden Verschwörer, die Mitglieder eines echten Teams mit gemeinsamen Zielen. Es machte uns beiden Spaß, bei den Ausstellungen Menschen kennen zu lernen und uns mit den anderen Ausstellern anzufreunden; einige dieser Freundschaften sollten von Dauer sein. Oft unterbrachen wir unsere Fahrten von und zu Ausstellungen für ein paar Tage, um uns eine Gegend anzuschauen oder um uns auszuruhen. Neue Orte und neue Menschen wurden zu einer wichtigen Inspirationsquelle für meinen ausgehungerten Geist und für meine Arbeit.

Natürlich verkauften wir nicht auf jeder Ausstellung gleich gut. Nicht jede passte zu meinem Stil, und wir fühlten uns auch nicht bei jeder gleich wohl. Manchmal lagen zwischen einem Ausstellungsort und dem nächsten Hunderte von Kilometern. Das Auf- und Abbauen strengte uns sehr an, und das Parken war immer ein Problem. Meist mussten wir unsere Sachen mehrere Blocks weit mit einem Handkarren vom Auto bis zum Stand fahren. Und aus unerfindlichen Gründen regnete es am Tag des Auf- oder Abbauens nahezu immer. Das Aufstellen fand am Abend vor der Eröffnung statt und dauerte im Allgemeinen vier Stunden. Gegen Mitternacht fielen wir ins Bett. Am nächsten Morgen waren wir um sechs Uhr startklar. Nachdem er die Kunstwerke zu unserem Stand geschafft hatte, verbrachte Al ungefähr eine Stunde damit, die Bilder aufzuhängen und auszuzeichnen. Auch später, als er darin sehr routiniert war, schaffte er es immer so gerade eben, zur Eröffnung um neun Uhr fertig zu sein.

Dann setzten wir uns hin und warteten. Wir wussten vorher nie, wer uns am Stand besuchen würde, mit welchen Fragen wir rechnen mussten und wie sich die Bilder verkauften. Doch gleichgültig, ob viele kamen oder wenige, ob es regnete oder die Sonne schien, wir hielten die Stellung bis zur Schließungszeit gegen neun Uhr. Al nahm dann die Kunstwerke wieder herunter und brachte sie zum Auto zurück. Danach konnten wir mit anderen Ausstellern zum Abendessen gehen, um uns über die Ereignisse des Tages zu unterhalten und über die eine oder andere lustige Geschichte zu lachen.

In Denver nahmen wir teil an einer Ausstellung namens People's Art Fair. Wir fanden bald heraus, dass diese Veranstaltung nur sehr wenig mit Kunst und sehr viel mit dem zu tun hatte, was man heutzutage als Lifestyle bezeichnet. Die am häufigsten vertretenen Artikel waren Piercing-Schmuck, Kristalle, homöopathische Mittel, Lederwaren im Stil der 60er Jahre, Skateboards und Wasserpfeifen. Die Besucherschar gehörte den unterschiedlichsten Gruppen und Grüppchen an. Rentnerehepaare in Bermudas und ärmellosen Tops waren ebenso vertreten wie leicht bekleidete Neohippies mit Skateboards oder Inlineskatern sowie joggende junge Mütter mit sportlichem Kinderwagen und Walkman. Dauertelefonierende, von Sonnenöl glänzende Teenager mit den unterschiedlichsten Frisuren, von Rastalocken bis hin zu kahl geschorenen Köpfen, und Büroangestellte mit Aktenkoffern und dem Mittagssandwich in der braunen Papiertüte promenierten zwischen den Ständen. Es kam mir vor wie eine 90er-Version der 60er. Al stellte fest, dass er die

Ausstellungsbroschüre wohl nicht gründlich genug gelesen hatte, und versprach, das Informationsmaterial in Zukunft eingehender durchzusehen.

Da es nicht so aussah, als würden wir irgendetwas verkaufen können, lehnten wir uns entspannt zurück und genossen die Atmosphäre. Al erzählte mir, was er sah, schilderte die Leute, ihre Kleidung, ihre Gesten und ihre Erscheinung, während ich die Unterhaltungen belauschte. Dann versuchte ich, die Szene zu beschreiben, indem ich von dem, was ich hörte, auf Verhalten und Aussehen der Leute schloss. Al überprüfte oder korrigierte meine fantasievollen Schlüsse, und wir fingen an, uns Geschichten über die Leute auszudenken. Auf diese Weise verbrachten wir die beiden Tage in Denver und viele andere Phasen der Muße.

Wenn ich heute ein neues Bild beginne, wende ich eine ähnliche Technik des Geschichtenerzählens an. Ich stellte ziemlich früh fest, dass ich ohne akustische Anregung nicht malen kann. Ich brauche den ständigen Kontakt zu Menschen und zur Witterung und muss Musik und Umweltgeräusche hören können. Wenn ich male, läuft bei mir immer Musik oder ein Vortrag im Radio, oder ich spiele ein Hörbuch ab. Eine kurze Rundfunknachricht kann bei mir innere Bilder des Schauplatzes und der beteiligten Personen entstehen lassen. In meiner Fantasie spiele ich mit diesen ersten Eindrücken, verändere sie, passe sie an oder vereinfache sie. In meinem Kopf zeichne ich dieses Bild immer neu, bis es eine fassbare Form erreicht hat. Ich überlege mir Eigenschaften, wie Stimmung und innewohnende Kraft, und beginne, mir die Farbpalette auszudenken. Auf die eine oder andere Art füge ich dem, was ich im Gedächtnis habe, immer mehr hinzu. Ich nehme an, dass meine Erinnerung mit der Zeit meine Wahrnehmungen verzerren wird, aber das beunruhigt mich kaum noch. Das Bild ist meine persönliche Nacherzählung der Geschichte, und ich denke, dass meine besondere Art, Erfahrung zu interpretieren, meine Bilder auf einzigartige Weise beeinflusst.

Erst wenn ich mir alles ganz genau vorstellen kann, stelle ich mich an die Staffelei und male. Das Auftragen der Farbe auf Leinwand oder Papier ist der letzte Schritt eines Arbeitsprozesses, der zuvor monatelang in meinem Kopf stattfindet.

Da wir wussten, dass wir das in Denver investierte Geld abschreiben konnten, versuchten wir, die Kosten niedrig zu halten, und suchten in der Umgebung der Stadt nach einem Campingplatz. Leider fanden wir keinen und checkten deshalb in einem Hotel im Zentrum ein, dessen Preise unserem mageren Budget entsprachen. Bald jedoch dämmerte uns, dass dieses gegenüber von einem Obdachlosenheim gelegene Hotel von seinen Stammkunden stundenweise in Anspruch genommen wurde. Der Groschen fiel, als ich den Besitzer um Handtücher bat und er von mir dafür Pfand verlangte. Nach einem Tag unter der Sonne von Denver waren wir beide erschöpft und beschlossen, es für eine Nacht hier aushalten zu können. Schließlich lagen wir in einem breiten Doppelbett mit einer Tagesdecke aus Goldlamé, in einem 32°C heißen Zimmer mit defekter Klimaanlage, einer zaghaft tropfenden Dusche und einem Fernsehgerät, auf dem man nur Pornofilme gegen Bezahlung anschauen konnte. Wir drehten uns einander zu und lachten. Das also war die berühmte Romantik des Künstlerlebens!

Wir kicherten beim Gedanken daran immer noch vor uns hin, als im Raum nebenan die Belegung wechselte und die neuen Gäste den Rolling-Stones-Hit *Satisfaction* voll aufdrehten. Wir flüchteten uns auf den schmalen Flur, um dort nach den Getränkeautomaten und dem Eiswürfelspender zu suchen, und wurden dort aufgefordert, an einem flotten Dreier teilzunehmen. Al versuchte, nicht ständig auf die Tätowierung mit der Inschrift »Ich liebe Mutti« zu starren, die auf der Brust unseres Verehrers prangte, und erklärte ihm, dass wir das Angebot wohl eines Tages annehmen würden, wenn es uns nicht gelang, als Straßenkünstler Karriere zu machen. Ich verkaufte in Denver kein einziges Bild, doch die amüsanten Erinnerungen möchte ich nicht missen.

Als wir noch überlegten, ob wir von Ausstellung zu Ausstellung durchs Land ziehen wollten, unterhielten Al und ich uns öfters darüber, ob es gut oder schlecht wäre, anzugeben, dass ich blind war. Inzwischen hatte ich sehr viel bei Ausstellungen verkauft, bei denen die Mehrheit der Besucher von meiner Behinderung nichts ahnte. Die Vorstellung, zwar als Künstlerin zu gelten, gleichzeitig aber praktisch anonym zu bleiben, gefiel mir sehr gut. In den ersten Jahren meiner Erblindung hatte ich mich über die Vorurteile gegenüber Sehbehinderten und die falschen Vorstellungen, die die Leute von Blindheit hatten, so geärgert, dass ich es nach Möglichkeit vermied, meine Behinderung zu offenbaren. Al fand diese Haltung unvernünftig. Seiner Ansicht nach wäre es besser, ich würde auf dem Anmeldeformular auf meine Blindheit hinweisen, damit die Veranstalter meine Behinderung berücksichtigen und für meine Sicherheit und mein Wohlergehen sorgen könnten. Trotz meiner Vorbehalte schrieb Al auf die Anmeldung für eine größere Ausstellung in Indianapolis 1997 zum ersten Mal: »Die Künstlerin ist blind.«

Die Veranstalter ignorierten den Hinweis. Die Ausstellung fand auf dem Baseballplatz einer untergeordneten Liga statt, und das einzige Hindernis weit und breit war ein riesiger Baum mit vielen dicken, aus der Erde ragenden Wurzeln, der neben einem verbogenen Maschendrahtzaun an einem Hang am hinteren Ende des Geländes wuchs. Ausgerechnet in der Nähe dieser Ansammlung von Hindernissen lag die uns zugewiesene Parzelle. Um uns besuchen zu können, mussten sich die Leute am Stand des örtlichen Töpferzirkels vorbeischlängeln. Ich konnte mich weder frei bewegen noch den Stand alleine verlassen. Jedes Mal, wenn ich zur Toilette wollte, musste Al alles abschließen und mich begleiten. Er beschwerte sich bei den Organisatoren wegen der Sicherheitsrisiken und wies auf mehrere hindernisfreie Standorte hin, wo wir unser Zelt genauso gut hätten aufstellen können, aber sie ließen das nicht zu. Sie gingen so weit, ihm zu sagen, nächstes Jahr keine Zulassung zur Ausstellung zu beantragen, da es »zu aufwändig sei«, auf die Bedürfnisse einer Blinden einzugehen.

Al war wütend. Er nahm eines meiner Werke, ein leuchtend rotes abstraktes Bild mit dem Titel *Acapulco Fire*, das gut 30 Meter weit sichtbar war, und hängte es ganz vorne an unserem Stand auf. Was als eine Geste des Protestes gemeint war, wurde zu einer hervorragenden Werbung. Die Besucher strömten zum Zelt der Töpfer – und weiter zu unserem Stand. Das große rote Gemälde war der »Stern«, der die Leute zu der »blinden Malerin« führte.

Darüber ärgerten sich die Töpfer. Sie beschwerten sich bei den Veranstaltern, die Al wiederum aufforderten, das rote Bild herunterzunehmen. Dies war die einzige Straßenausstellung, bei der ich alles an einem einzigen Tag verkaufte. Wir waren mit 42 Originalen (von denen alle außer fünf abstrakt waren) und ungefähr 200 Reproduktionen gekommen. Abends waren alle Bilder weg, und Al begann, das Zelt abzubauen und die Stühle und leeren Kisten übereinander zu stapeln. Nun meinten die Veranstalter, wir müssten einen weiteren Tag bleiben oder wir dürften nie wieder mitmachen. Al lachte nur und packte weiter. Wir hätten in der folgenden Woche an einer Ausstellung in Michigan teilnehmen sollen, doch weil wir nichts mehr zu verkaufen hatten, verbrachten wir ein faules Wochenende im Sleeping Bear Dunes, bevor wir uns auf den Heimweg machten. Faul bedeutet, dass wir nichts anderes taten, als zu schlafen und uns zu lieben. Die Fähigkeit, Sex zu genießen, ist eine der wenigen, die man bei einer Erblindung nicht verliert. Allerdings verändern sich durch das Fehlen visueller Wahrnehmungen die Empfindungen. Die Unsicherheit verschwindet: Man vergisst die eigenen Falten und sonstigen Schönheitsfehler und tut nur noch das, worauf man wirklich Lust hat. Sex ist der eine Ort, an dem ich mich gehen lassen und meine Fantasien erkunden kann, ohne Angst zu haben, dass meine dunklen Dämonen über mich kommen und mich verschlingen.

Zwischen den einzelnen Ausstellungen kehrten wir meist nach Hause zurück. Al befasste sich mit dem Geschäftlichen, fahndete nach Ausstellungen, die in interessanten Städten stattfanden, verschickte Anmeldungen und kümmerte sich um Frachtprobleme und um die Betreuung unserer Kunden. Mit den Einnahmen aus meinen Bildern baute er mir ein neues Atelier, das genau meinen Bedürfnissen entsprach. Er dachte an alles: flache Schubladen für Aquarellpapier und fertige Arbeiten, in denen die Bilder nach Farben angeordnet werden konnten, Pinselbehälter, die nicht umkippten, ein leicht erreichbares Waschbecken, ein Radio-, CD- und Kassettengerät und drei Staffeleien auf Rollen, damit ich gleichzeitig an mehreren Bildern arbeiten konnte. All das war in meiner Reichweite: Es war ein ordentlicher, pflegeleichter Künstlerhimmel.

Hier arbeitete ich zwischen den Reisen, malte neue Bilder, die wir zu den Ausstellungen mitnehmen konnten, und verbesserte dabei laufend meine Beherrschung des Raums und meine Technik. Zwar malte ich weiterhin abstrakte Bilder, um mich im Umgang mit den Prinzipien der Malerei und in der Komposition zu vervollkommnen, doch ich wagte mich immer öfter an Stillleben. Ich stellte in meinem Atelier Gegenstände auf den Tisch und versuchte dann mittels einer relativ anstrengenden Kombination von Tastsinn und Vorstellungsvermögen, zum Beispiel eine Schere zu malen, die neben einer Vase voller Blumen oder einer Schale mit Obst lag. Als ich im Umgang mit dem Raum auf einem Blatt Papier sicherer wurde, entdeckte ich, dass Kunst über die Grundprinzipien der Linie, der Farbe und der Perspektive hinausgeht. Nun, da ich die Arbeit mit Grundformen sowie die Komposition beherrschte und Tiefe, Perspektive sowie den Umriss darstellen konnte, merkte ich, dass ich mich mehr für ästhetische Nuancen wie Gleichgewicht, Bewegung und Integration zu interessieren begann.

Meine Fortschritte in der Malerei wirkten sich auch auf meinen Alltag aus, in dem ich immer besser zurechtkam. Mein Vertrauen in mein Orientierungsvermögen war ebenso gewachsen wie meine Fähigkeit, mir meine Umgebung vorzustellen. Ich fühlte mich in der Welt mehr zu Hause und wohler im Umgang mit Menschen. Ich hielt zu vielen unserer neu gewonnenen Freunde Kontakt, und sie schätzten mich wegen meines Sinns für Humor und wegen der Ratschläge, die ich hin und wieder erteilte. Konnte es sein, dass ich endlich irgendwo dazugehörte? Allmählich dämmerte mir die Ahnung, dass das Malen mich von innen heraus veränderte.

Auch meine Freunde veränderten mich. Immer, wenn wir nach Hause fuhren, konnte ich es kaum erwarten, Claudia zu treffen. Früher hatte ich auf vielfache Weise versucht, sie loszuwerden, doch sie hatte darauf bestanden, Teil meines Lebens sein zu wollen. Ja, inzwischen hatte ich ein Leben. Es war mir nicht mehr peinlich, über irgendetwas zu stolpern oder mir Tee auf die Bluse zu schütten. Claudia erinnerte mich neulich daran, dass ich mein Selbstmitleid aufgab, als ich erfuhr, dass über hundert Millionen Amerikaner mit einer chronischen Krankheit leben müssen und die Hälfte von ihnen dadurch in irgendeiner Weise eingeschränkt ist. Meine Freundin Sylvia behauptet, meine mir angeborene Rastlosigkeit habe irgendwann über meine Angst vor dem Leben gesiegt. Sie wusste, dass ich auf dem Weg der Besserung war, als ich begann, sie anzurufen, um mit ihr einkaufen oder ins Kino zu gehen. Claudia sagt, ich hätte mich »ganz und gar« verändert und sei furchtlos wie ein neugieriges Kind geworden. Jetzt, wo ich gute Freunde habe, ist auch meine Einstellung zum Leben positiver geworden.

Im März 1998 fuhren wir nach Fairhope in Alabama, dem Veranstaltungsort einer alljährlich stattfindenden Ausstellung, an der viele bekannte Maler und andere bildende Künstler teilnehmen. Weil wir mit warmem, sonnigem Wetter rechneten, zogen Al und ich uns leichte Sommersachen an. So standen wir da, tranken Cola und beklagten uns über die Hitze. Unsere Standnachbarn, ein Sandalen tragender Goldschmied aus Florida und ein Fotograf aus Atlanta, wischten sich noch den Schweiß von der Stirn, als plötzlich ein frischer Wind aufkam und der Himmel sich bewölkte. Einen Augenblick später brach eiskalter Regen über uns herein. Auf einmal erfreute sich unser Hund Wizard großer Beliebtheit, und alle versuchten, ihn mit Käse und Erdnussbutter anzulocken, damit er sich auf ihren Schoß setzte und sie warm hielt.

Eine Frau, von deren Trenchcoat und Schirm das Wasser nur so heruntertropfte, kaufte zwei Bilder, während sie darauf wartete, dass der Regen aufhörte. Es stellte sich heraus, dass sie zusammen mit acht Freundinnen aus Atlanta Gärten und Sehenswürdigkeiten aus der Zeit vor dem Bürgerkrieg besichtigte. Eine Stunde später landete eine Frau aus ihrer Gruppe zufällig an unserem Stand und erwarb ein Bild. Eine dritte Frau folgte, dann noch eine und noch eine, bis jede der acht mindestens ein Gemälde erstanden hatte. Sie erzählten Al, dass keine von ihnen sich entschließen konnte, welches Bild ihr am besten gefiel, und dass sie sie auf diese Weise ständig untereinander würden austauschen können.

1998 war Al zu einem Spezialisten für Straßenausstellungen geworden und wählte nur noch diejenigen aus, die von hohem Niveau waren und interessante regionale Besonderheiten sowie gute Absatzmöglichkeiten boten. Da sich mittlerweile mein Können als Malerin deutlich verbessert hatte, nahmen mich 80 Prozent der von uns angeschriebenen Aussteller an. Doch allmählich empfanden wir das Reisen als anstrengend. Die langen Fahrten und das ständige Auf- und Abbauen ermüdeten Al ebenso wie die zahllosen Aufgaben, die er auf unseren Reisen übernahm. An unserem 25-jährigen Hochzeitsjubiläum im Juni 1999 beschlossen wir, nur noch zu einer einzigen, letzten Ausstellung zu fahren. Und los ging es nach Omaha, Nebraska, wo wir uns mit Nick und Terri Lees treffen wollten, einem Maler und seiner Frau, die wir vor zwei

Jahren in Fairhope kennen gelernt hatten. Nick war Goodwill-Botschafter der Ausstellung in Omaha, und er fand, dies sei eine gute Abschiedsvorstellung für uns. Er sorgte dafür, dass ich von einem lokalen Radiosender interviewt wurde. Die Zuhörer konnten während der Sendung anrufen, und die Vermittlung erhielt so viele Anrufe, dass das für eine Dauer von 15 Minuten geplante Feature schließlich anderthalb Stunden dauerte. Al war begeistert, dass sich nun auch die lokale Presse für mich interessierte.

Doch je mehr Presse ich erhielt, desto schlechter fühlte ich mich. Meine Unsicherheit gewann wieder die Oberhand. Die mir entgegengebrachte Aufmerksamkeit erinnerte mich daran, dass ich anders war. Die Reaktionen auf die Information, ich sei blind, reichten von Skepsis über Feindseligkeit und Gleichgültigkeit bis hin zu Verwirrung. Ich selbst war verwirrter als alle anderen. Natürlich wollte ich kein Mitleid, aber ich fand, man solle zur Kenntnis nehmen, dass ich ernst zu nehmende Hindernisse überwunden hatte. Das quengelige Kind in mir wollte dafür gelobt werden, dass ihm etwas gelang, an dem viele Sehende scheiterten. Andererseits verletzte es mich, immer wieder auf meine Beeinträchtigung hingewiesen zu werden; ich wollte so behandelt werden wie jeder andere, sehende Künstler. Ich wünschte mir gleichzeitig, einfach nur dazuzugehören *und* von den Leuten wegen meiner besonderen Begabung in höchsten Tönen gelobt zu werden. Ich sehnte mich nach Anerkennung, hatte aber keine Lust, meine Behinderung oder aber meinen Drang, malen zu wollen, zu erklären. Meine zwiespältige Haltung verstärkte meine Unsicherheit nur. Den Kern meiner Weigerung, in Betracht zu ziehen, dass meine Blindheit aus mir einen Außenseiter machte, bildete ein unlösbarer Konflikt: Ich hatte keine Möglichkeit zu überprüfen, ob meine Bilder gut waren; diese Art der Selbstkontrolle blieb mir verwehrt.

In meinem verzweifelten Bemühen, zur »Normalität« zurückzukehren, erkannte ich nicht, dass die defensiven Strategien aus meiner Kindheit mir hier nicht weiterhalfen. Ich wertete jede

Frage eines Fremden als Angriff und sah keinen Nutzen darin, gegenüber anderen zuzugeben, dass sich mein Leben auf unwiderrufliche Weise verändert hatte. Ich brauchte Menschen, ihren Zuspruch, die Bestätigung, die sie mir gaben, doch ich befremdete sie mit allem, was ich sagte und tat.

Ich verließ unseren Stand und ging alleine spazieren, um nicht mit irgendjemandem über den Verlust meiner Sehfähigkeit sprechen zu müssen. Wenn ich physisch nicht entkommen konnte, hörte ich einfach auf zu reden. Ich beantwortete nicht gerne Fragen, die Vorurteile über Blindheit zu bestätigen schienen, zumal aus diesen Fragen stets Unwissenheit und Sensationslust sprachen. Die Vorstellung, die Leute sähen meine Blindheit als Behinderung an, war mir unerträglich, denn ich hasste das Etikett »blind«. War ich denn nicht wie alle anderen? Ich bestand darauf, dass blind zu sein im Grunde nichts anderes war, als blond zu sein. Man war es eben einfach.

Nach den Erlebnissen in Indianapolis beharrte ich darauf, nicht anzugeben, dass ich blind war. Ich fürchtete, dass unsere Verkäufe zurückgehen könnten und man mich mit gedankenlosen und unfreundlichen Bemerkungen überschütten würde. Selbstverständlich war diese Sicht der Dinge nach unserem Verkaufserfolg in Indianapolis alles andere als berechtigt, aber ich war viel zu verwirrt, um das einzusehen. Leider passierte es nur allzu oft, dass jemand beim Anblick meines Blindenstocks »Was für eine Gottesgabe!« ausrief und für mich beten wollte, anstatt ein Gemälde zu kaufen. »Ich gratuliere!«, meinten andere jovial oder fragten: »Wer hat es denn in Wirklichkeit gemalt?« Manche berührten mich ohne Vorwarnung, stellten mir persönliche Fragen und versuchten, etwas über mein Leben in Erfahrung zu bringen. Soweit ich es beurteilen konnte, war es für einen Maler von Nachteil, blind zu sein. Es kam mir vor, als müsse ich mich für meine Existenz rechtfertigen. Ich konnte ihnen nicht sagen, warum ich zu malen beschlossen und inwiefern dies mein Leben verändert hatte. Mit Erstaunen stellte ich fest, dass man von mir erwartete, ich solle mich als Vorbild präsentieren. Es war nicht meine Art, diesen Wünschen nachzugeben und die unerfreulichen Einzelheiten meiner Annäherung an die Kunst offen zu legen. Ich fand, dass ich mich an die veränderte Situation angepasst hatte, und versuchte nun, eine reife Persönlichkeit zu entwickeln. Unglücklicherweise aber würde ich für viele Menschen in erster Linie immer nur eine Blinde sein.

Ich konnte Kritik akzeptieren, die sich auf die Farben, die Themen oder den Stil meiner Bilder bezog. Was ich dagegen nicht hinnehmen konnte, waren Kommentare wie »Das muss Betrug sein« oder »Sie sieht überhaupt nicht blind aus«. Noch viel schlimmer waren diejenigen, die es um jeden Preis wissen wollten und mir Hindernisse in den Weg stellten oder mir mit irgendetwas vor den Augen herumwedelten, um zu sehen, wie ich darauf reagierte. »Jetzt mal unter uns«, fragten mich überraschend viele, »wie blind sind Sie denn wirklich?« Wenn ich meine Sehbehinderung genau beschrieb, erwachten nur neue Zweifel. »Ach so, Sie können Licht sehen. Das erklärt es ja. Sie sind nicht wirklich blind.« Oder: »Da Sie nicht von Geburt an blind sind, erinnern Sie sich, wie man malt.«

»Sicher. Probieren Sie es einmal 15 Minuten lang aus und kommen Sie dann wieder her«, hätte ich am liebsten erwidert. Al riet mir, Sarkasmus zu vermeiden, gegen die zynischen Bemerkungen anzulächeln und die Fragen einfach zu beantworten. Wenn ich mich selbst als eine Botschafterin der Blinden sähe, könnte ich mit der Zeit die Einstellung der Leute beeinflussen. Er sollte am Ende Recht behalten, doch zunächst war ich durch meine negative Einstellung blockiert. Je souveräner ich aber malte, je selbstsicherer ich wurde, desto nachsichtiger wurde ich auch. 2001 dann war ich so weit, die Anliegen der Blinden formulieren zu können. Inzwischen erhalte ich regelmäßig E-Mails, deren Verfasser mich um Informationen über Kunst, Blindheit und das Leben mit einer chronischen Krankheit bitten.

Forscher und Studenten aus aller Welt fragen mich heute nach meiner Meinung zu Problemen des Sehens und der Wahrnehmung. Außerdem wollen sie wissen, wie ich etwas mache beziehungsweise ausführe. Natürlich ist ihr Beweggrund nicht persönliche Neugier. Meine Fähigkeit, meine Erfahrungen zu beschreiben, hilft ihnen, Hilfsmittel für Blinde zu entwickeln. Ob ich schon jemals etwas über meine Navigationstechniken und meine Wahrnehmung des Raums geschrieben habe, fragt mich ein dänischer Ingenieur. Ein japanischer Grafiker ruft an, um zu erfahren, ob ich ein Buch über Farben oder Gestaltung besitze, das einem Programmierer helfen könne, ein Videospiel zu verbessern. Ein australischer Softwaredesigner interviewt mich, um einen Lehrplan auszuarbeiten, mit dem Blinden oder Sehbehinderten Kunst nahe gebracht werden soll.

Doktoranden aus Dutzenden von Universitäten, von Mailand über Düsseldorf, Delhi und Princeton bis Stanford, nehmen Kontakt zu mir auf in der Hoffnung, dass meine persönliche Erfahrung ihre Forschungsergebnisse bestätigt. »Ich habe schon alles über Sie gelesen«, meinen sie anfangs meist, »und ich möchte gerne nur diese eine Sache für meine Dissertation überprüfen.« Sie wünschen sich konkrete Fakten von jemandem, der die Erfahrung der Blindheit beschreiben kann. Sie wissen, dass ich angeben kann, wie ich mit einem Sinnesorgan den Verlust eines anderen wettmache. Wir hoffen, dass meine Erkenntnisse über räumliche Beziehungen ihnen helfen können, ein Computeranimationsprogramm zu verbessern oder dem Arm eines Roboters mehr Kraft zu verleihen. Ich soll ihnen den Denkprozess beschreiben, der es mir ermöglicht, visuelle Eindrücke im Gedächtnis zu bewahren. Sie überlegen, ob die Bilder in meiner Erinnerung den Sehbereich des Kortexes auf die gleiche Weise beeinflussen wie das echte Sehen. Auf diese Weise forschen sie nach neuen Einsichten in das Orientierungsvermögen des Astronauten oder in die Störungen eines Dyslexie-Patienten.

Manche versuchen, eine Beziehung zwischen meiner Vaskulitis einerseits und meinen Asthma- und Migräneanfällen andererseits herzustellen. Sie suchen nach einer Verbindung zwischen meinen Kinderkrankheiten und meiner derzeitigen Situation, um herauszubekommen, wie lange mein Zustand nicht erkannt wurde und wie er sich im Laufe der Zeit entwickelte.

Neulich nahm der Direktor des Instituts für die Rehabilitation von Sehbehinderten der Universität Harvard mit mir Kontakt auf, weil er Bilder von mir kaufen wollte. »Wir sind große Bewunderer Ihrer Kunst«, schrieb er, »und denken, dass der Anblick Ihrer Arbeiten unsere Patienten und Angestellten sehr motivieren würde.«

Es gibt Millionen blinder und sehbehinderter Menschen, und die technischen Errungenschaften, zu deren Entwicklung ich mit meinen Erfahrungen und Beobachtungen vielleicht beitrage, könnten ihnen zugute kommen. Ich bin sehr dankbar dafür, dass ich an dieser Entwicklung beteiligt bin.

Obgleich ich mich immer noch über die Art und Weise ärgerte, mit der viele Menschen mich behandelten und mich weiterhin fragten, ob ich wirklich eine gute Malerin war, machte ich in der Kunst Karriere. Natürlich erfuhren viele Käufer meiner Arbeiten früher oder später, dass ich blind war. Dennoch war ich zu jeder Ausstellung ausschließlich aufgrund der Qualität meiner Bilder eingeladen worden, die besonders durch ihre Farbenpracht die Menschen anzusprechen schienen. Ich habe Freude daran, anderen Freude zu schenken, mit ihnen meine Vorliebe für leuchtende Farben zu teilen und ihren visuellen Appetit anzuregen. Mir gefällt die Vorstellung, Sehenden meine inneren Bilder vor Augen führen zu können. Al versicherte immer wieder, dass die Leute deshalb meine Werke kauften, weil sie sich von ihnen angesprochen fühlten. Ich war dankbar und erleichtert, aus meinem Gefängnis aus Dunkelheit und Depression entkommen zu sein. Die Beziehung zwischen Al und mir hatte sich gefestigt und vertieft. Das Leben hatte uns einige harte Schläge verpasst, und das hatte uns weicher werden lassen. Wenn ich mich auch zerbrechlich und verletzlich fühlte, so gelang es mir doch, mir ein neues Leben aufzubauen. Und es war in vielerlei Hinsicht besser als jenes, das ich vor meiner Erblindung geführt hatte.

Um mich auf die Zeit ohne Straßenausstellungen vorzubereiten, nahm ich mit mehreren Kunstbuchverlagen Kontakt auf und schlug ihnen vor, meine Arbeiten auf Grußkarten, Plakaten und Drucken in limitierten Serien zu vermarkten. Mehrere Verlage boten mir Verträge an. Jason Siegel, ein in Austin lebender Künstleragent, rief noch während meiner letzten Ausstellung in Omaha an. Bei einem Abendessen bald nach unserer Rückkehr erklärte uns Jason seine Stellung innerhalb des Kunstmarkts und erzählte von seinem Plan, neue Talente zu fördern. Er beabsichtigte, in Austin eine Galerie zu eröffnen.

Zuerst hatte ich so meine Zweifel. Jason kam mir zu jung vor und vielleicht auch zu unerfahren, um sich auf dem vielschichtigen Kunstmarkt zu behaupten. Ich wollte nicht einen Fehler machen, der mich in die Welt der Ausstellungen lokaler Künstlerzirkel zurückwarf. Stundenlang ließen Al und ich uns das Gespräch mit Jason durch den Kopf gehen. Al fand, dass wir uns im Laufe der letzten Jahre auf viele Veränderungen eingelassen hatten und deshalb auch diese Gelegenheit wahrnehmen sollten. Ich fragte meine Freunde nach ihrer Meinung. Mein Bruder Larry erinnerte mich daran, dass meine großen Vorbilder Degas und Renoir während ihrer gesamten Künstlerkarriere ein und demselben Agenten treu geblieben waren. Claudia meinte, es sei besser, einen begeisterten Agenten zu haben als einen, der zwar etablierter, aber vielleicht weniger motiviert war. Immer wieder riet man uns, die Entscheidung spontan aus dem Bauch heraus zu treffen.

Sobald wir die Entscheidung getroffen hatten, übernahm Jason zwei meiner Gemälde, verdoppelte die Preise und verkaufte sie noch am gleichen Tag an seine Kunden. Wir schlossen mit ihm nie einen schriftlichen Vertrag, doch unsere Freundschaft und unser gegenseitiges Vertrauen wuchsen über die Jahre. Während Jason seine Galerie in Gang brachte, schlug er Al vor, dass ich etwas Galerieerfahrung sammeln sollte. Al, der nichts lieber tat, als der Welt von mir zu erzählen, begann sofort, nach einer geeigneten Galerie zu suchen. Mein Leben steuerte wieder einmal auf eine Veränderung zu.

8. Die blinde Künstlerin

Das Malen ist ein Beruf für einen Blinden.
Er malt nicht, was er sieht, sondern was er fühlt und
was er sich selbst glauben macht, gesehen zu haben.

PABLO PICASSO

Zur Feier unseres 25-jährigen Hochzeitsjubiläums veranstalteten unsere Freunde im Juni 1999 für Al und mich ein Fest. Die Überraschung bestand für uns nicht nur in der Party selbst, von der wir nichts geahnt hatten und bei der es fantastische Cajun-Spezialitäten, Kuchen und Musik, Glückwunschkarten und witzige Geschenke gab. Noch mehr überraschte uns die Erkenntnis, dass so viele liebe Menschen Anteil an unserem Leben nahmen. Beinahe ohne dass es uns bewusst geworden war, hatten wir enge Freundschaften geschlossen und waren Teil einer Gemeinschaft geworden – eine herrliche Nebenerscheinung der Entwicklung, die unsere Situation uns aufgezwungen hatte, und das beste Geschenk von allen.

Das Einzige, vor dem ich im Leben jetzt noch Angst habe, ist, dass Al etwas Schreckliches zustoßen könnte. Doch er verspricht mir immer, dass ich als Erste sterben werde, und er hat noch nie ein Versprechen gebrochen. Mit Al zusammen zu sein ist für mich, als würde ich in einem warmen Wasserfall baden, als wäre ich in einen Zobelmantel gehüllt. Ich könnte es nicht ertragen, Al zu verlieren, denn mit ihm verlöre ich vermutlich die Kontrolle über die Dämonen, die stets an den Grenzen meines Bewusstseins lauern.

Ich denke oft, dass das wirkliche Wunder in meinem Leben meine Ehe mit Al ist. Dabei sah es anfangs gar nicht so aus, als wäre sie im Himmel geschlossen worden. Wir lernten uns 1973 in einem Rhetorikseminar der Universität von South Carolina kennen, als wir in einer Debatte, deren Thema ich inzwischen vergessen habe, unterschiedliche Seiten vertraten. Al war als Kadett dem Reserve Officer's Training Corps (ROTC) der Universität zugewiesen worden und studierte Psychologie. Um meinem ersten Ehemann zu entkommen und einen Beruf zu erlernen, der mich ernähren konnte, erlernte ich die Krankenpflege. Weil ich mir ständig meine Unabhängigkeit beweisen musste, hatte ich zehn verschiedene Freunde, obwohl ich noch nicht einmal die Scheidung eingereicht hatte, und teilte mir mit vier anderen Frauen eine heruntergekommene Mietwohnung.

Al besaß ein eigenes Haus und einen funkelnagelneuen 1972er Chevrolet Monte Carlo. Er lebte mit einer meiner Freundinnen zusammen, aber sie stritten sich die ganze Zeit, denn er war sehr ordentlich und sie das genaue Gegenteil davon. Sie wollte mit einem meiner Freunde ausgehen und Al mit mir. Ich kann eigentlich gar nicht sagen, ab wann wir offiziell miteinander gingen, weil Al mich hartnäckig verfolgte und ich immer versuchte, Abstand zu wahren. Wenn ich von einer Verabredung nach Hause zurückkehrte, wartete er an der Haustür. Also gingen wir zusammen in ein Schnellrestaurant und aßen Erdbeerkuchen oder eine Kleinigkeit zum Abendessen. Al meint, dass man ihn heute wohl als Stalker bezeichnen würde. Er behauptet, vom ersten Moment an in mich verliebt gewesen zu sein. Ich hingegen sah ihn damals einfach als einen Mann an, der in der Lage war, mich zu ernähren. Einige Monate später, als mir das Geld für Miete und Ausbildungskosten ausgegangen war, machte er mir ein Angebot, das ich nicht ablehnen konnte. »Warum ziehst du nicht bei mir ein? Dort, wo du wohnst, gibt es mehr Ratten als Menschen.«

So zog ich also bei Al ein, und er bezahlte für meine Ausbildung und kaufte mir ein Auto. Ich bekam von ihm nie Süßigkeiten oder Blumen, denn er wusste, dass ich für Romantik nichts übrig hatte. Ein Jahr verging, und ich war immer noch mit meinem ersten Ehemann verheiratet und lernte. Ich sah mein Leben mit

Al als einen vorübergehenden Zustand an, den ich nach meiner Scheidung beenden würde. Als Al 1974 seinen Abschluss machte und nach Newport, Rhode Island, versetzt wurde, bat er mich, ihn zu heiraten. Inzwischen war meine Scheidung durch, doch ich hatte noch ein Ausbildungsjahr vor mir und wollte nie wieder heiraten. Al ließ nicht locker und argumentierte, dass ich, wenn er verheiratet war, von der Marine unterstützt würde, selbst wenn sie ihn wieder nach Vietnam schickten.

Aufgrund eines kurz zuvor erlittenen Autounfalls konnte Als Mutter nicht nach South Carolina kommen, und deshalb heirateten wir in New York. Bei unserer Ankunft in Queens entdeckten wir, dass Als Mutter die Hochzeit bereits geplant hatte, und zwar noch für den gleichen Tag. Kuchen, Blumen, Essen, Heiratsgenehmigung, ein Richter, Familie und Freunde warteten bereits auf uns. Irgendwie war es seiner Mutter gelungen, meinen Vater und seine Freundin ausfindig zu machen. Der Anblick meines Vaters verunsicherte mich und erinnerte mich daran, dass schon die erste Ehe ein Fehler gewesen war. Eine Stunde vor der für den Mittag geplanten Zeremonie sagte ich die Hochzeit ab. Al fuhr mit mir zum Strand von Oyster Bay auf Long Island und flehte mich an, mir alles noch einmal zu überlegen. Schließlich bekam er meine Einwilligung, und am späten Nachmittag des 29. Juni, um sechs Uhr, wurden wir Mann und Frau. Die anderen hatten so lange gewartet und sich die Zeit mit dem großzügig bestückten Buffet vertrieben. Um zwei Uhr morgens fuhren wir mit einem großen Gefolge von Partygästen nach Manhattan. Eines der Hochzeitsgeschenke war eine Nacht im Americana Hotel, wo ich prompt meinen Ehering verlor. So also fing alles an.

Unser erstes Ehejahr verbrachte ich in South Carolina, während Al in Newport war. Aus dem einen oder anderen Grund lebten wir auch die folgenden 14 Jahre meistens getrennt. Wir zogen stets an den neuen Ort, an den Al versetzt worden war, mussten uns dann aber wegen meiner Arbeit, wegen einer Ausbildung oder aufgrund anderer Umstände wieder trennen. Erst Als Versetzung nach Huston beendete diesen Zustand.

In den ersten Jahren blieben wir wohl nur dank Als Hartnäckigkeit zusammen. Ich konnte mir nicht vorstellen, dass mich irgendjemand wirklich lieben könne, und musste diese Liebe daher ständig auf die Probe stellen. Ich hasste es, mich verletzlich zu fühlen, und wusste nicht, wie ich darauf reagieren sollte, dass jemand freiwillig Wert darauf legte, mit mir zusammenzuleben. Weil ich mich gegen meine eigenen Gefühle abschottete, erwartete ich von Al, dafür zu sorgen, dass ich glücklich war. Einmal endete ein Streit damit, dass ich aus dem Haus stürmte und mich in der Garage einschloss. Al rannte mir nach und brach das Garagentor auf. Es ist nicht eigentlich nachvollziehbar, aber ich wollte etwas empfinden und provozierte Al in der Hoffnung, dadurch Gefühlsausbrüche auszulösen. Ich kann mich noch erinnern, wie ich hinterher in der Küche stand und still vor mich hin grinste, weil ich glaubte, seine heftige Reaktion auf mein Verhalten sei der Beweis für die Echtheit seiner Gefühle. Seit ich mich nicht länger gegen meine eigenen Gefühle verschließe und sie zulasse, kann ich auf derartige Exzesse verzichten.

Unsere ersten 15 Ehejahre waren eine stürmische Zeit, die unter einem schlechten Stern stand. Immer wieder floh ich aus der gemeinsamen Wohnung, und fast jedes Jahr wurde Al versetzt. Dazwischen gab es auch ruhige Phasen, in denen wir gut miteinander auskamen. Ich lebte mein Leben und Al seins. Wir hatten beide einen eigenen Freundeskreis, unsere eigenen Interessen und Hobbys. Doch wir unternahmen gemeinsame Reisen. Wegen unserer häufigen Umzüge erlebten wir immer neue Abenteuer und Umgebungen, und wir begegneten so stets neuen Leuten. Es wurde uns nicht langweilig. Wir waren Doppelverdiener und wohlhabend genug, um uns ein angenehmes Leben zu gönnen, regelmäßig in Urlaub zu fahren und uns alle Spielzeuge zu kaufen, die wir uns wünschten. Al war sehr häuslich, liebte Bequemlichkeit, seine Autos und seine Sammlungen. Er baute uns immer ein kuscheliges Nest. Ich allerdings liebte meine Freiheit über alles.

Als meine Sehkraft nachzulassen begann, fühlte Al sich, als habe er einen Arm verloren. Plötzlich konnten wir nicht mehr reisen und das unternehmen, was uns Spaß machte. Wir waren früher beide sehr unabhängig gewesen, und nun konnten wir nicht mehr getrennte Wege gehen. Unser bequemes, vorhersehbares Leben war vorbei. Früher hatten wir nie füreinander sorgen müssen. Nun stand plötzlich die Sorge um den anderen im Mittelpunkt der Beziehung: zuerst meine Erblindung, dann Als Herzinfarkt und seine Schlaganfälle. Oft dachte jeder von uns, eine Scheidung sei die beste Lösung. Monatelang schwebten wir am Rande einer Trennung und hofften, auf diese Weise ein für alle Mal den aufgestauten Groll loszuwerden.

In Wirklichkeit aber wird man sein emotionales Gepäck niemals los. Um mit den Veränderungen unseres Gesundheitszustands, unserer individuellen Freiheit und unseres Selbstbilds klarzukommen, mussten wir Ballast abwerfen und reinen Tisch machen. Es konnte tatsächlich passieren, dass einer von uns starb. Geduld, Entsagung, Einfühlungsvermögen und Toleranz waren nicht gerade unsere Stärken. Jähzorn, Gleichgültigkeit und Ichbezogenheit lagen uns mehr. Wir sahen uns gezwungen, diese Charaktereigenschaften aufzugeben und nicht nur unser Verhalten zu ändern, sondern auch die Erwartungen, die wir an das Leben stellten.

Das daraus entstehende Chaos der Gefühle überlebten wir nur mit knapper Not. Doch die scheinbar schier unüberwindliche Krise zeigte uns, wie wichtig wir einander waren. Aus unserer zwar vorhandenen, am Anfang aber nicht gerade großen Bereitschaft, füreinander da zu sein, wurde tief empfundene, unvergängliche Liebe. Wir entdeckten, dass jeder von uns nur dann glücklich sein konnte, wenn der andere es war, und dass das Ausmaß unseres Glücks davon abhing, wie viel wir emotional in unsere Liebe investierten.

Häufig muss ich daran denken, dass ich ohne Als Erkrankung niemals etwas unternommen hätte, um mit dem Verlust meiner Sehfähigkeit zurechtzukommen. Dass ich mich damals dazu durchrang, mich ins Flugzeug nach Kalifornien zu setzen, rettete unser beider Leben. In 20 Jahren Ehe hatte ich nie wirklich darüber nachgedacht, dass ich Al liebte und ihn eines Tages verlieren könnte. Heute mag ich ihn wirklich. Al sagt, wir seien früher zwei unglückliche Einzelgänger gewesen, die gemeinsam alleine lebten und die ausgelöscht werden mussten, damit wir zu den Menschen werden konnten, die wir heute sind. Mittlerweile sind wir beide davon überzeugt, dass die Krisen, denen wir uns stellen mussten, ein Segen für uns waren. Wenn nicht etwas gekommen wäre, um uns aufzurütteln, wären wir meiner Meinung nach schon lange nicht mehr zusammen.

Auf Jasons Vorschlag hin machte Al sich 1999 für mich auf die Suche nach einer Galerie. Er brauchte hierfür nicht lange: Am Wochenende des 4. Juli nahmen wir an dem Fest von Garland Star-Spangled Fourth teil, weil mich die Veranstalter eingeladen hatten, als Gastkünstlerin meine Bilder auszustellen. Jeff Crilley, ein Reporter des dortigen Tochtersenders von *Fox*, »entdeckte« die erstaunliche blinde Malerin, die ihre Arbeiten im ganzen Land zeigte und verkaufte. Zum ersten Mal machte es mir Spaß, interviewt zu werden. Vielleicht lag es daran, dass mein Bedürfnis, auf der Hut zu sein, dieses Mal weniger stark ausgeprägt war. Doch ich fand, dass Jeff echtes Interesse an meiner Arbeit zeigte und nicht nur an meiner Blindheit. Er wollte wirklich wissen, wie ich eine neue Komposition entwickelte und meine Sujets auswählte. Wir unterhielten uns ausführlich über die Methoden, mit denen ich die Bilder aus meinem Inneren auf Leinwand oder Papier bannte. Ich fand Jeffs fertiges Feature sehr gelungen und ganz anders als die üblichen Berichte, zu denen wohl am besten die Überschrift »Oh mein Gott, sie ist blind!« gepasst hätte.

Kaum war die Geschichte in Dallas ausgestrahlt worden, erhielten wir Anrufe und E-Mails von Zuschauern. Am folgenden Tag wurde ich auf der Ausstellung von Menschen bestürmt, die sich in erster Linie für meine Werke interessierten. Sie beschränkten sich nicht darauf, mich zu fragen, warum ich malte, sondern wollten wissen, was mich inspirierte, wie ich die Farben auswählte und wie ich zeichnen und malen gelernt hatte. Die Sendung erhielt ein derart positives Echo, dass der Reporter sie an alle *Fox*-Sender vermitteln und sogar an *CNN* verkaufen konnte. In den Jahren, in denen wir von Ausstellung zu Ausstellung gefahren waren, hatten viele Lokalreporter die Geschichte der blinden Malerin interessant gefunden, und ich war oft interviewt worden. Diese Sendung aber brachte den Durchbruch. Ich wurde von anderen Reportern und Kunstsammlern belagert, die mehr über mich erfahren wollten.

Es ging alles sehr schnell. Es war noch kein Monat vergangen, da bot man mir eine Ausstellung im Austin Museum of Art an. Ich erhielt das Angebot unter anderem auch deshalb, weil eine andere Ausstellung kurzfristig abgesagt worden war, konnte aber bereits innerhalb der ersten Wochen mehrere kleine Arbeiten zu Stückpreisen von bis zu 2000 Dollar verkaufen. Ich war im siebten Himmel. Dann fand Al, was er gesucht hatte, und vereinbarte einen Termin mit der Florence Art Gallery in Dallas. Als er der Galeriebesitzerin meine Bilder zeigte, kam zufällig der Kunstkritiker der *Dallas Morning News* dazu. Er war von den Bildern begeistert und wollte noch am gleichen Tag ein Interview mit mir machen. Al fragte die Galeriebesitzerin, ob das Interview in der Florence Art Gallery stattfinden könne. Das Ganze hatte zur Folge, dass mich die Galerie in den festen Kreis ihrer Künstler aufnahm. Nun wurde ich von einer der angesehensten Kunstgalerien von Texas vertreten, und meine Arbeiten hingen neben den Werken weltberühmter Maler.

Im November 1999 – und damit zu einem Zeitpunkt, zu dem die Medien zahlreiche Berichte über meine einzigartige Begabung brachten – eröffnete die Florence Art Gallery in Dallas »Wonders of the Mind's Eye« (»Wunder des inneren Auges«). Ich zog ein elegantes, schlichtes schwarzes Kleid an, das Al und ich am Vortag ausgesucht hatten. Zum ersten Mal seit zwei Jahren trug ich keine farbverschmierten Sachen, und zum ersten Mal sollte ich zu einer großen Gruppe von Menschen sprechen.

Die Eröffnung war ein einziger Medienrummel. In der höhlenartig wirkenden Galerie hatte man gerade noch Platz zum Stehen, während von draußen immer mehr Leute hereindrängelten, um die Werke der blinden Malerin zu sehen. Es kamen Filmteams und Reporter sowohl von lokalen als auch von nationalen Sendern, und alle wollten Interviews.

Die Ausstellung war bereits in der ersten Stunde ausverkauft. Kunstliebhaber, die sich sonst würdevoll und zurückhaltend gaben, rangen miteinander um die beschränkte Anzahl von Bildern und nahmen sie von den Wänden ab, um sie zu kaufen, bevor jemand anderer Anspruch darauf erhob. Verblüfft hörte ich Reporter über einen Sammler berichten, der soeben 6000 Dollar für eines meiner Aquarelle gezahlt hatte.

Ich war unglaublich aufgeregt. Dies war der triumphale Medienauftritt, von dem ich geträumt hatte. Ich hatte mir vorgestellt, wie ich die Welt mit meinem Pinsel besiegte und die öffentliche Meinung über Behinderte radikal veränderte, indem ich atemberaubende Wandbilder schuf und ohne Blindenstock durch die Straßen ging. Ich hatte von einem engelsgleichen Galeriebesitzer geträumt, der mir den Start in die Künstlerkarriere ermöglichte. Meine Fantasie überschlug sich. Ich würde Kinderbücher schreiben und illustrieren und mit den Einnahmen Kinderkrankenhäuser und andere Einrichtungen unterstützen. Ich würde den Mount Everest besteigen (später fand ich heraus, dass dies einfacher gewesen wäre, als es in der Welt der Kunst wirklich zu etwas zu bringen). Eines meiner Gemälde würde in der National Gallery hängen. Und nun wurden meine Träume Wirklichkeit! Als ich wieder auf die Erde zurückkehrte, ins wirkliche Leben und zu meiner wirklichen Vernissage, stellte ich fest, dass die Leute ehrlich an dem interessiert waren, was ich über Malerei zu sagen hatte. Sie waren fasziniert davon, wie verschieden meine Herangehensweise an das Leben und an die Kunst von der ihrigen war. Bis spät in die Nacht hinein beantwortete ich ihre Fragen.

Ich erklärte meinem Publikum, dass meine Motive und Ziele beim Malen ganz anders seien als die sehender Künstler. Ein sehender Künstler will interpretieren, was er sieht, um einen Stil zu entwickeln und im Laufe der Zeit zu verfeinern. Ich dagegen habe praktische Bedürfnisse. Was ich beim Malen lerne, übertrage ich auf meinen Alltag, um mit der Welt vor meiner Haustür umgehen zu können. Wenn ich imstande bin, die Linien und Formen auf einer Leinwand zu organisieren und davon abzuhalten, einander auf unnatürliche Weise zu überlappen oder zu überschneiden, dann bereitet es mir weniger Schwierigkeiten, alleine zur nächsten Ecke zu gehen oder die Damentoilette zu finden; es hilft mir, die Lampe auf Als Schreibtisch nicht umzustoßen. Das Malen macht die Welt für mich konkreter und erhält mich seelisch gesund. Ich male, um meine Erinnerung an die Welt wach zu halten und um der Welt, die ich mit meinen mir verbliebenen Sinnen wahrnehme, Substanz zu verleihen.

Ich male nicht zweimal das gleiche Bild, um zu versuchen, das Motiv noch besser zu treffen. Ich male auf jede Leinwand etwas Neues. Wiederholung hilft mir nicht, die Welt zu erfassen. Wenn ich erst einmal etwas gelernt habe, trägt eine Wiederholung nicht dazu bei, meine inneren Bilder lebendig zu erhalten. Immer häufiger verwandle ich das, was ich mit Gehör, Tastsinn und Geruchssinn aufnehme, beim Malen in Bilder. Ich male so etwas wie eine multisensorisch erfasste Atmosphäre.

Ja, ich male zu meinem Vergnügen, um mich selbst und die Betrachter meiner Bilder zu unterhalten. Außerdem ist mir wichtig, dass die Betrachter meine Welt verstehen – und am wichtigsten ist mir, mit der Wirklichkeit der Sehenden verbunden zu bleiben. Durch das Malen drücke ich aus, wer ich bin und was ich weiß. Es erleichtert mich, wenn mir die Betrachter bestätigen, dass es Entsprechungen zwischen meiner Innenwelt und der äußeren Welt der Sehenden gibt. Die Frage, die ich ihnen stelle, lautet: »Was sehen Sie, und ist Ihre Wirklichkeit die gleiche wie meine?«

An jenem Abend in der Galerie erzählte ich, dass ich an einer chronischen degenerativen Krankheit leide und meine Stunden gezählt sind. Ich weiß um meine Verletzlichkeit und um die Vergänglichkeit meiner Gegenwart auf Erden. Ähnlich wie ein Tagebuch halten meine Bilder mein Leben fest. Das Malen fixiert mich in der Gegenwart und auf dem Pfad des Lebens. Auf diesem Pfad habe ich die Freiheit, mein Schicksal anzunehmen, mich anzupassen und zu verändern. Meine Kunst ist ein Mikrokosmos dieser Augenblicke der Veränderung und Anpassung. In meinem Atelier bin ich geistig ununterbrochen beschäftigt mit Dingen, die anspruchsvoll und gleichzeitig lebensbejahend sind. Auf diese Weise halte ich meine Zweifel und meine Dämonen fern. Ich habe keine Angst. Wenn ich male, bin ich der glücklichste Mensch auf Erden, und nur wenn ich nicht male, bin ich tatsächlich blind. Die Notwendigkeit ist die Mutter meiner Erfindungen. Wenn ich sehen könnte, gestand ich meinem Publikum, würde ich nicht malen.

Für die Sendung *Today* wurde am Tag der Vernissage acht Stunden lang in der Galerie gefilmt. Die Produzentin vertraute mir an, dass sie seit jenem Tag vor einigen Jahren, an dem Andrew Wyeth seine Werke der Öffentlichkeit vorstellte, keine derart interessante Ausstellungseröffnung mehr erlebt habe. Sie bezeichnete es als »eine mystische Erfahrung«. Das Team von *Today* kam in der folgenden Woche zu mir nach Georgetown, um mich zu Hause und in meinem Atelier zu filmen und zu interviewen. Meine Geschichte sollte im Verlauf einer Woche täglich in fünfminütigen Sendungen ausgestrahlt werden. Wieder schlug meine Fantasie Purzelbäume: Jetzt war ich ganz oben, jetzt lernte mich das ganze Land kennen. Vielleicht landeten meine Bilder eines Tages sogar in einer New Yorker Galerie.

Leider ließ die Bruchlandung meiner hochfliegenden Träume nicht lange auf sich warten. Bald hatte ich die dunkle Ahnung, dass irgendetwas nicht stimmte. Als sie mich dann baten, das Gesicht irgendeines der Anwesenden abzutasten und es dann vor der Kamera für sie zu zeichnen, merkte ich, was los war. Ich erklärte ihnen, dass ich so nicht arbeite. Daraufhin waren sie eingeschnappt. »Wer schneidet Ihnen das Fleisch?«, wollten sie wissen. »Wie finden Sie ohne fremde Hilfe ins Badezimmer?« »Warum folgen Ihre Augen den Bewegungen desjenigen, der mit Ihnen spricht?« Im Grunde wollten sie nur wissen, ob ich *wirklich* blind war. Die Reporter schienen darüber enttäuscht zu sein, dass ich in einem behaglichen Haus wohnte und weitgehend unabhängig war. Meine Freundin Sylvia meinte, ich hätte bei der Vernissage nicht meinen Diamantenschmuck tragen sollen. Sie vermutete, dem Team von *Today* wäre es lieber gewesen, eine Pennerin zu interviewen. Endgültig erwachte ich aus meinen Fantasien, als sich die Reporter von meinen Ärzten das Ausmaß meiner Sehbehinderung bestätigen ließen. Ein Produzent rief dann eine Sozialarbeiterin an, um herauszubekommen, warum jemand vorgeben könnte, blind zu sein. Sie wollten wissen, welche finanziellen Vorteile es Lisa brachte, vorzugeben, eine blinde Malerin zu sein. Warum beharrte sie auf dieser Lüge? Was versprach sie sich davon? Es gibt keine Geldsumme, die mich dafür entschädigen könnte, in der Welt leben zu müssen, in der ich lebe. Niemand hat einen Vorteil davon, blind, taub oder auf irgendeine andere Weise behindert zu sein.

Ich muss gestehen, dass ich die Befragung über mich ergehen ließ, weil ich unbedingt in der Sendung sein wollte, denn das war

Teil meines Traums. Doch als ich das nächste Mal von ihnen hörte, hieß es, sie würden die Aufnahmen von mir »erst einmal auf Eis legen«. So versuchte ich, »erst einmal« aufs Beste zu hoffen.

Am Tag nach der Ausstellungseröffnung zogen wir los und kauften alle Zeitungen, um die Kritiken zu lesen. Die meisten davon waren kurze, schmeichelhafte Notizen. Allerdings war die Galeriebesitzerin über einen Artikel entsetzt, in dem es hieß, die Galerie »beutet Behinderte und Kinder aus«. *Kinder? Bin ich so klein?* Der Kritiker war nicht bei der Vernissage anwesend gewesen und hatte die Ausstellung auch später nicht besucht. Sein Text erwähnte weder die Kunstwerke noch ihren raschen Verkauf und die positiven Reaktionen bei der Vernissage – er schrieb nur, die Galerie nutze meine Blindheit aus. Durch diesen Artikel verunsichert, war sich die Galeriebesitzerin nicht mehr sicher, ob »unsere Beziehung« fortbestehen sollte.

Als sie meine Bilder ausstellte, zeigte die Florence Art Gallery überwiegend abstrakte Kunst. Weil ich unbedingt zeigen wollte, dass ich auch die gegenständliche Darstellung beherrsche, malte ich eine Reihe zeitgenössischer Tanzszenen. Als Al diese Arbeiten in die Galerie brachte, meinte die Besitzerin, es wäre ihr peinlich, sie ihren Freunden und Kunden zu zeigen. »Alle Künstler wissen, dass sich gegenständliche Gemälde heutzutage nicht verkaufen«, fügte sie hinzu.

Weil ich am »seriösen« Kunstmarkt ein Neuling war, ahnte ich nicht, dass sich Galerien meist auf besondere Stile oder Perioden spezialisieren und dadurch immer eine ganz bestimmte Klientel bedienen. Vielleicht boten meine gegenständlichen Bilder der Galeriebesitzerin auch die Möglichkeit, einen Rückzieher zu machen, um nicht mehr in den Verdacht zu geraten, »Behinderte auszubeuten«. Auf jeden Fall endete meine Beziehung zur Florence Art Gallery an diesem Punkt. Es war kein schönes Ende, und doch wuchs durch den anfänglichen Erfolg mein Selbstvertrauen, und ich verdanke der Galerie ein herrliches Erlebnis: Nach der Vernissage machte ich zum ersten Mal, seit ich mein Augenlicht verloren hatte, ganz alleine einen Spaziergang um einen Häuserblock.

Ich lernte schnell, dass in der Welt der Kunst eigene Regeln gelten. Es ist ein Haifischbecken, denn die Galerie zieht ihren Künstlern von dem Erlös der verkauften Werke 50 bis 70 Prozent Kommission ab. Um das Rahmen muss man sich selbst kümmern und mitunter sogar die Kosten für die Werbung und die Vernissage tragen. Häufig hat die Galerie dann auch noch den Nerv, einen nicht pünktlich zu bezahlen. Und obwohl sie vorgeblich Kreativität fördern, sind Galeriebesitzer sehr konformistisch. Sie möchten immer nur Künstler ausstellen, deren Stil beliebt ist oder der dem eines anderen Malers ähnelt, der sich sehr gut verkauft. Wenn eine Galerie zum Beispiel weiß, dass Nachfrage nach Bildern mit Bäumen herrscht, raten sie einem eindringlich, Bäume zu malen. Al und ich bummelten neulich durch die Galerien von Santa Fé und bekamen dabei Bruchstücke von Unterhaltungen der Besucher mit. »Mark, erinnert dich diese Malerin nicht an die andere, die letztes Jahr in Scottsdale ausgestellt hat?«, hörten wir. »Ich weiß, es ist ein anderer Name, aber mir gefiel ihr Stil so gut, und die Bilder ähneln einander.« Damals dachte ich nicht weiter darüber nach, aber inzwischen bin ich froh, dass ich nicht immer das gleiche Café oder die gleiche Blumenvase male, um irgendeinen Galeriebesitzer zufrieden zu stellen.

Als Al meine neuen Bilder wieder nach Hause zurückbrachte, fühlte sich das für mich wie ein Schlag in den Magen an. Ich nahm es persönlich, denn ich war immer noch davon überzeugt, ich sei meine Kunst und meine Bilder seien ich. Die abstrakte Malerei langweilte mich inzwischen, und ich hatte festgestellt, dass ich die Flut der inneren Bilder nicht einzudämmen vermochte. Vor meinem geistigen Auge tanzten ständig Ballerinas, alte Männer beschworen auf Parkbänken ihre Erinnerungen herauf, Jazzmusiker groovten in verrauchten Clubs, und Kinder auf Schaukeln verlangten kreischend, gemalt zu werden. Vor meiner Erblindung hatte ich wenig Verständnis für Menschen gehabt, die auf das Leben anderer neugierig sind. Nun konnte ich von den Stimmen der Leute und von ihren Geschichten nicht mehr genug bekommen und versuchte mir ständig vorzustellen, wie sie aussahen und wie sie miteinander umgingen. Ich wollte ihre Gefühle kennen und ihre Empfindungen malen. Ich bin überwältigt vom Ausmaß menschlicher Erfahrung und von der Einzigartigkeit jedes Einzelnen. Diese Einzigartigkeit versuche ich wiederzugeben. Der menschliche Körper ist ein komplexes, geheimnisvolles Gebilde, zusammengesetzt aus unzähligen Ebenen. Die nuancierte Kombination dieser Ebenen, die kleinen Details der Symmetrie und der fließenden Bewegungen machen das Individuum aus. Dennoch ergibt sich aus einer bestimmten Kombination von Linien und Formen auf Papier oder Leinwand noch lange nicht etwas, das wir als Abbild eines bestimmten Menschen erkennen. Für mich besteht die eigentliche Kunst darin, jeder einzelnen Figur eine ihr eigene Lebensenergie zu verleihen.

Weil er sich ganz sicher war, für die von der Florence Art Gallery abgewiesenen Bilder Käufer finden zu können, beschloss Al, eine einfache Webseite zu erstellen und die Arbeiten über das Internet zu verkaufen. Zwei Monate lang lernte er, Webseiten zu gestalten. Als die Seite fertig und ins Netz gestellt worden war, meldeten sich tatsächlich Interessenten für die gegenständlichen Aquarelle. Im ersten Monat verkaufte ich über www.lisafittipaldi.com vier Tanzszenen und nahm das Doppelte von dem ein, was mir die Galerie gezahlt hätte. Das bemerkenswerteste Bild dieser Serie trägt den Titel *Impulse*: In leuchtenden Acryl- und Wasserfarben auf Leinwand ausgeführt, stellt es eine Reihe einander überlappender Tänzerinnen in verschiedenen Ballettposen dar. *Impulse* war meine erste Komposition mit mehreren Figuren in unterschiedlichen Haltungen und mit unterschiedlichen Gesichtsausdrücken und Stimmungen. Ich hatte solche Angst, das Bild vor meinem inneren Auge könne verblassen, dass ich *Impulse* in einer

56-Stunden-Marathonsitzung malte. Vermutlich aufgrund seiner Komplexität wurde *Impulse* zu einer meiner kontroversesten und begehrtesten Arbeiten und als Druck sehr erfolgreich. Noch im Jahr seines Entstehens wurde es in zahlreichen Zeitungen, Zeitschriften und Fernsehsendungen gezeigt und später von einem bekannten Kunstsammler erworben.

Beim Malen mit Wasserfarben unterscheidet man verschiedene Techniken. Man kann mit trockenem Pinsel und nasser Oberfläche arbeiten, oder aber die feuchte Farbe auf trockenes Papier aufbringen. Meine Methode besteht darin, dünne Farbschichten aufzutragen. Man darf beim Aquarellmalen nie vergessen, dass es eine unbarmherzige Kunst ist: Pinselführung, Gestaltung und Farbwahl müssen mit einer gewissen Entschlossenheit erfolgen. Sobald der Pinsel das Papier berührt hat, steht das Ergebnis fest und lässt sich nicht mehr so ohne weiteres korrigieren. Wenn man dem Papier zu viel zumutet, zu wenig oder aber zu viel Wasser verwendet, ist das Bild ruiniert. Ebenso wie das Leben erfordert auch das Aquarellmalen viel Engagement.

Ohne eine tragfähige Komposition wird ein Bild niemanden ansprechen. Bevor ich mit der Arbeit an einem Gemälde beginne, korrigiere ich wochenlang immer wieder mein inneres Bild. (Zu guter Letzt zeichne ich die Komposition auf Aquarellpapier. Dazu benutze ich einen Silberstift, damit ich die Linien ertasten kann. Früher setzte ich komplizierte Strategien ein, um mich auf dem Papier zu orientieren: Ich spannte in bestimmten Abständen längs und quer über das Papier Fäden, um bei der Arbeit immer zu wissen, wo ich gerade war. Als ich nach unserem Umzug nach San Antonio in Öl zu malen begann, orientierte ich mich an den Klammern auf dem Leinwandrahmen und markierte die Mitte der Fläche mit einem kleinen Acryltupfer. Mithilfe dieses Bezugspunkts arrangierte ich meine Komposition, indem ich die Kästen eines unsichtbaren Gitters zählte. Mittlerweile benötige ich derartige

Hilfsmittel nicht mehr. Wenn ich mein Bild auf Papier oder Leinwand zeichne, vergegenwärtige ich mir dabei nur das Bild vor meinem inneren Auge.

Der letzte Arbeitsschritt besteht darin, Farben aufzutragen. Weil ich mich dabei einzig auf mein Wissen über die Theorie der Farben und über deren Eigenschaften verlasse, wirken meine Farben klar und lebendig – »unberührt« von dem, was das Auge sehen würde. Mit der konventionellen runden Palette gelang es mir nicht, die Farben sauber zu halten. Ideal ist für mich eine rechteckige Metzgerplatte aus Porzellan. In die eine Ecke kommt Rot, in die andere Gelb und Blau in die dritte. So entsteht ein imaginäres Dreieck, in dessen Mitte ich die Farben mische. Selbst wenn ich sehr vorsichtig bin, muss ich eine Menge Farbe wegwerfen, damit die drei Grundfarben rein bleiben.

Als ich mit Wasserfarben arbeitete, verwendete ich nur die Primärfarben Rot, Gelb und Blau. Weil sie sich in ihrer Beschaffenheit, Körnigkeit und ihrem Gewicht voneinander unterscheiden, konnte ich sie mithilfe des Tastsinns auseinander halten und die gewünschten Farbmischungen erzielen. Beim Aquarellmalen erhält man weiße Flächen, indem man das Papier unbemalt lässt. Ich verwende nie Farbe, die direkt aus der Tube kommt, sondern je nachdem, was ich brauche, mische ich mir ein warmes oder kühles Schwarz oder aber einen blauschwarzen Ton. Ein warmes Schwarz zum Beispiel erhält man, indem man Alizarinkarmesin mit Windsorgrün mischt. Mir ist klar, wie das Licht, das auf die Leinwand fällt, die Wirkung von Farben verändern kann und wie durch Schattieren die Illusion von Dimension entsteht. Je versierter ich auf technischem Gebiet werde, desto besser gelingt es mir, mein Wissen über Farbtheorie einzusetzen. Ich will, dass die Leinwand in ihrer Farbenpracht funkelt und schimmert.

Sosehr ich Farben auch liebe – meine inneren Bilder sind farblos, mit sehr geringen Abstufungen zwischen Schwarz, Grau und Weiß. Mein Blickfeld ist stets ausgefüllt von einem weißen

Schneesturm oder aber von einem eisblauen Schneeregen. Als ich meine Fähigkeit verlor, Farbe wahrzunehmen, verlor ich offenbar auch meine Fähigkeit, mir bei geschlossenen Augen eine Farbe in Erinnerung zu rufen. Ich weiß, dass Zitronen gelb sind, aber ich kann sie mir nicht gelb vorstellen, ebenso wenig, wie ich die Farbe Blau beschreiben kann, obwohl mir bekannt ist, dass der Himmel blau ist. Aufgrund der strengen Anordnung meiner Arbeitsmaterialien weiß ich, dass in einer bestimmten Tube eine Farbe namens Cadmiumrot ist, doch kann ich Cadmiumrot von Alizarinkarmesin nur dank des erlernten Wissens voneinander unterscheiden.

Ich habe Monate damit verbracht, die Eigenschaften einzelner Pigmente auswendig zu lernen. Ich weiß zum Beispiel, dass ein helles Cadmiumgelb ein klares, kräftiges und mattes Gelb ist, während ein mittleres Cadmiumgelb und dunkles Cadmiumgelb einen leuchtenden gelborangen Unterton besitzen. Technisch gesehen unterscheiden sich diese Pigmente auf der Farbskala und in ihren chemischen Eigenschaften. Weil ich weiß, dass Diarylidegelbs eine leicht grünliche Nuance aufweisen und entweder durchsichtig oder halbmatt sind, kann ich mir vorstellen, welche Wirkung einer dieser Gelbtöne im Kontrast zu einem Naphtholrot erzielt, das einen rotvioletten Unterton hat. Ich werde nicht von der visuellen Wirkung einer Farbe beeinflusst, sondern kombiniere Pigmente nach erlernten Regeln. Während ein sehender Maler Farbe auf die Leinwand aufträgt, dann das Ergebnis beurteilt und es korrigiert, verwende ich Farben, um ein von vorneherein beabsichtigtes, vorhergesehenes Ziel zu erreichen.

Mit der Zeit führte meine technische und intellektuelle Beherrschung der Farbtheorie dazu, dass ich Farben auswähle, ohne darüber nachzudenken, so als täte ich es instinktiv. Wenn ich mit ihnen arbeite, befinde ich mich auf irgendeiner anderen Ebene. Ich trage eine Farbe über der anderen auf, verdecke dadurch mitunter die Umrisse, schaffe neue und verlasse mich dabei auf eine Kombination aus solidem erlerntem Wissen und einem tief in mir verankerten Gespür.

Zum Schluss signiere ich das Bild. Auch das zeigt mir immer wieder, wie weit ich es gebracht habe, denn ursprünglich konnte ich nicht einmal meinen Namen schreiben und versah meine Werke deshalb mit einem Daumenabdruck. Heute besteht meine Signatur aus einer Kombination von Hand- und Brailleschrift.

Die Ablehnung der Florence Art Gallery und meine Zurschaustellung in der Sendung *Today* hatten nicht zur Folge, dass die Medien das Interesse an der »erstaunlichen blinden Malerin« verloren, ganz im Gegenteil. Al und ich genossen die Aufmerksamkeit der Presse keineswegs. Wir begannen darüber zu diskutieren, ob wir Interviews geben sollten oder nicht und ob es überhaupt gut war, mit den wissbegierigen Journalisten zu sprechen. Während sich Al früher über die kostenlose Werbung gefreut hatte, begann er zu begreifen, dass nicht jede Erwähnung in den Medien für uns positiv war.

Das lebhafte öffentliche Interesse führte zu einer starken Nachfrage nach meinen Werken. Der Kreis der Sammler meiner Bilder hatte sich vergrößert, die Preise stiegen, und ich hatte immer sofort Abnehmer. Mir wurden Einzelausstellungen in Galerien und Museen angeboten. Die Rückseite der Medaille war, dass mich wieder einmal Unsicherheit und Zweifel befielen. Weil im Grunde die »blinde Malerin« im Mittelpunkt des Interesses stand, fragte ich mich einmal mehr, ob ich wirklich eine Künstlerin oder doch nur eine Kuriosität war. Kauften Sammler meine Bilder wegen ihrer Qualitäten, oder kauften sie, weil ich blind war? Waren meine Arbeiten Kunst? Waren sie, wie ich mir verzweifelt wünschte, das beachtenswerte Ergebnis meiner intellektuellen Fähigkeiten, meiner Hingabe, jahrelangen Studiums, meines Talents und harter Arbeit? Mir gingen sämtliche Zweifel durch den Kopf, die man an mir und an meiner Arbeit nur haben konnte. Das Interesse von

Medien und Sammlern rief eine mit jedem Tag wachsende Schar von Skeptikern auf den Plan. »Na schön«, sagten sie, »aber solange Sie keine Landschaften malen, sind Sie nicht wirklich eine Künstlerin.« Oder aber: »Warum beschäftigen Sie sich mit so vielen unterschiedlichen Sujets?«

Wann immer ein neuer Zweifel aufkam, rief ich mir mein altes Mantra in Erinnerung: *Ich werde es euch zeigen!* Ich trollte mich in mein Atelier, arbeitete an einem Bild weiter und murmelte dabei leise vor mich hin: »Natürlich kann ich Landschaften malen!« Dann kam der Nächste und meinte: »Ja, Sie können Landschaften malen, aber Ihre Figuren haben keine wiedererkennbaren Gesichter.« *Das stimmte.* Wirkliche Künstler können das. Ich kehrte wieder in mein Atelier zurück. Inzwischen weiß ich, dass auch viele sehende Künstler nicht in der Lage sind, ein menschliches Gesicht genau wiederzugeben.

Immer noch stand die Frage im Raum, ob ich nur so tat, als sei ich blind. Häufig hörte ich: »Na ja, sie wird schon noch etwas Sehkraft besitzen.« Die Menschen versuchen immer, Blindheit zu messen und meine Erfahrung zu reduzieren, um sie begreifen zu können. Ich bemühe mich stets zu erklären, dass Sehbehinderung und Blindheit dehnbare Begriffe sind. Die wenigsten Blinden leben in vollkommener Dunkelheit. Abhängig von seiner Erkrankung kann ein Blinder vielleicht eine bestimmte Aufgabe bewältigen, eine andere vergleichbare jedoch nicht. Ein Mensch mit Makuladegeneration kann Probleme haben, einen Gesichtsausdruck oder ein Gesicht zu erkennen, vermag aber vielleicht dank seines peripheren Sehens, mühelos seinen Weg zu finden. Übrigens verfügen die meisten Blinden nicht über übersinnliche Kräfte oder ein außergewöhnliches musikalisches Talent.

Was mich betrifft, so bin ich wirklich ziemlich blind, man könnte sagen: ganz und gar blind. Ich fühle mich wie in einer Schneekugel. Dennoch konnte ich die Skeptiker nicht überzeugen und spielte ihnen geradezu in die Hände. Wenn ich selbstbewusster wäre, hätten mich ihre Reaktionen nicht so tief verletzen können. Obwohl ich es niemals zugegeben hätte, malte ich immer noch hauptsächlich deshalb, um Beifall und Zustimmung zu erhalten. Gegen jede Logik versuchte ich der Welt zu beweisen, dass ich nicht anders als jeder andere Maler war. Ganz bestimmt. Durch das Malen lernte ich, mich in der Welt zurechtzufinden, meine eigentliche treibende Kraft aber war immer noch der Gedanke: *Ich werde beweisen, dass ich das kann, was ihr für unmöglich haltet. Ich werde es euch zeigen!* Für mein inneres Auge waren meine Bilder stimmig, doch es gab für mich keine Möglichkeit, mich selbst von ihren Qualitäten zu überzeugen. Ich benötigte das Urteil der Sehenden, traute jedoch selbst denen nicht, die mich überschwänglich lobten.

Das Tragische dabei ist, dass ich keine Landschaften mehr zu malen vermag. Selbst mein fotografisches Gedächtnis und die tägliche Beschäftigung mit der Malerei konnten die unaufhaltsame Erosion der sichtbaren Welt nicht verhindern. Als wir letztes Jahr nach Utah fuhren, beschrieb Al mir unterwegs ausführlich, was er sah: Präriehexen, Sanddünen, Felsen, den metallisch blauen Himmel. Die meisten Wörter, die er dabei aussprach, haben für mich ihre Bedeutung verloren, doch seine Begeisterung war ansteckend. Ich glaube, dass er aufgrund meiner Fragen auf Dinge achtete, die ihm sonst nicht aufgefallen wären. Mein Universum schrumpft zusammen auf das, was ich durch die mir verbliebenen Sinne lebendig erhalten kann. Was auf einem hohen Regal in meiner Küche steht, kann ich nicht berühren, ebenso wenig wie ich das weitläufige Panorama der Landschaft abtasten kann. Weil Bäume für mein Leben nicht unmittelbar relevant sind, wurden sie für mich zu abstrakten Konzepten. Ich kann den Menschen, denen ich nach meiner Erblindung begegnete, kein Gesicht geben. Ich kenne ihre Stimme, ihren Geruch und ihre Ausstrahlung, und das ist das, was ich male. Gesichter, die mir früher vertraut waren, hinterließen in meiner Erinnerung nur vage Spuren. Mein Bett und mein Sessel, meine Pinsel, meine Staffelei, der Körper meines

Mannes und die 22 Stockschwünge, die unsere Auffahrt lang ist, stellen für mich eine unerschütterliche Wirklichkeit dar. Die Welt jenseits der Grenzen unseres Grundstücks aber löst sich für mich allmählich auf.

Ausgerechnet in dieser Zeit, in der meine Zweifel an meiner Berechtigung, mich eine Malerin zu nennen, wieder einmal einen Höhepunkt erreicht hatten, rief die Produzentin der Sendung *Today* an. »Wir können das nicht senden«, sagte sie. »Es ist einfach nicht glaubwürdig.« Mit Herzklopfen hörte ich mir an, dass sie meine Arbeit fantastisch fände, die Leute vom Sender aber eher skeptisch blieben. Ich nehme an, dass ich einfach nicht ins Bild passte. Ich benahm mich nicht wie Stevie Wonder, ließ mich nicht von jemandem führen und klapperte nicht mit meinem Blindenstock in der Gegend herum. Die von ihnen erdachte Geschichte hatte mit meinem Leben nicht viel zu tun, während meine wirkliche Geschichte das Herz der Zuschauer nicht in der gewünschten Weise anrühren würde.

Die Streichung des *Today*-Beitrags empfand ich nach der Ablehnung der Florence Art Gallery als schweren Schlag. Meine erste Reaktion bestand darin, mich wieder in mein Bett zurückzuziehen. Mein Selbstwertgefühl war auf untrennbare Weise mit meiner Malerei verbunden, insbesondere mit der Bewertung meiner Bilder durch andere. Trotz all der vielen kleinen Schritte, mit denen ich versuchte, mir mein Selbstvertrauen zurückzuerobern und mich selbst zu motivieren, definierte ich mich immer noch über die Meinung anderer.

Mein ganzes Leben lang hatte ich meinen Selbstwert an meiner Produktivität gemessen. Wenn ich meinen Wert nicht an der Nachfrage nach meinen Bildern ablesen konnte, ohne dass meine Fähigkeiten und meine Ehrlichkeit ständig infrage gestellt wurden, was sollte dann das Ganze eigentlich? Warum sollte ich dann noch weitermalen? Zu diesem Zeitpunkt waren mir kaum noch zwei

Prozent verschwommenen zentralen Sehens verblieben. Die offizielle Bezeichnung lautete »nicht funktionales« Sehen, ein Sehvermögen von unter 20/1000. Ich habe meine gegenständlichen Bilder nie gesehen. In einem Anfall von Überdruss sagte ich mir, dass ich alles über Malerei gelernt hatte, was ich jemals brauchen würde. Wieder einmal ließ ich mich fallen, und ich fiel tief.

Ich quälte mich selbst, indem ich mir wieder und wieder die vor Selbstmitleid triefende Frage »Warum ich?« stellte. Im Fernsehen zeigten sie so viele verrückte und unglaubliche Geschichten – warum dann nicht auch meine? Was hatte ich nur getan, warum war ich es nicht wert, in der *Today*-Show vorgestellt zu werden? Ich hatte mich so sehr bemüht, alles richtig zu machen. Ich hatte gelernt, unabhängig zu sein. Ich konnte mich alleine anziehen. Ich hatte die Brailleschrift gelernt ... na ja, fast. Hatte ich eine kleine Aufmunterung nicht verdient? Wenn ich eine richtige Malerin war und nicht nur eine Kuriosität, warum war ich dann den Leuten von *Today* nicht gut genug? Und so grübelte ich immer weiter, weinte Krokodilstränen und versuchte, mein zerbrechliches Ego aufzurichten.

Die Absage der Sendung *Today* markierte den Tiefpunkt jener Phase, in der ich nach Kräften versuchte, mir Anerkennung zu erkämpfen, ohne dafür Selbstvertrauen einzubüßen. Dieser Konflikt beunruhigt mich noch heute. Da versuchte ich, die vortrefflichste Blinde aller Zeiten zu werden und eine große Malerin noch dazu, und dann missbrauchte man ausgerechnet die Geschicklichkeit, mit der ich mein Leben als Blinde meisterte, als Argument gegen mich! Ich hatte mich nach Kräften bemüht, meine Behinderung zu überwinden, um mich der Welt der Sehenden anzupassen, und lebte nun in einer Welt, die sich nicht mir anzupassen vermochte. Ich fand, dass ich denen, die in der Welt der Sehenden lebten, etwas zu sagen hatte und dass meine Einsichten für alle Kunstschaffenden wertvoll waren. Ich verstand nicht, warum die Medien Vorurteile gegenüber Blinden – die demzufolge nicht nur nicht sehen können, sondern auch sozial unangepasst und geistig behindert sein sollen – lebendig erhalten wollten. Ich hätte all diese Energie lieber dazu verwenden sollen, neue Bilder zu malen, aber es dauerte noch eine Weile, bis es mir gelang, eine erwachsenere Sichtweise zu entwickeln.

Nun hatte ich also mein Atelier, aber keine Ideen für weitere Bilder, keine Orte, die ich aufsuchen wollte, und nichts anderes zu tun, als über mein Schicksal zu klagen. In dieser Phase meines Lebens nahm eines Tages der Verlag Health Communications mit mir Kontakt auf und fragte an, ob ich ein Buch illustrieren wolle, und zwar das dritte in einer Reihe von Kinderbüchern mit dem Titel *Chicken Soup for Little Souls* (*Hühnersuppe für kleine Seelen*). In der Geschichte ginge es um das Zusammenleben von Behinderten und Nichtbehinderten. Die Helden waren ein blinder Junge und ein sehendes Mädchen, die gemeinsam an einem Radrennen teilnehmen wollten, obwohl das Mädchen ein gebrochenes Bein hatte. Auf der Suche nach neuen Ideen war der Verleger auf mich gekommen, weil ich keine Illustratorin, sondern eine Kunstmalerin war. Abgesehen davon fand er es traumhaft, ein Buch über einen Blinden von einer Blinden illustrieren zu lassen.

Ich unterschrieb den Vertrag. Ohne die leiseste Vorstellung davon, was ich eigentlich zu tun hatte, machte ich mich sogleich an die Arbeit. Ich ahnte nicht, welche Schwierigkeiten es mit sich brachte, ein Aquarell in einen Druck beziehungsweise in eine Buchseite zu verwandeln. Ich wusste auch nicht, dass ich für meine Bilder die Farben wählen sollte, die für die ersten beiden Bände der Reihe verwendet worden waren, und mich zumindest annäherungsweise an deren Stil anzupassen hatte. Niemand hielt es für notwendig, mir all das mitzuteilen, bis ich die ersten fertigen Platten einreichte.

Dann begannen die Probleme. Der Verlag faxte mir Beispiele für die Umschlaggestaltung zu, die ich mir ansehen sollte. Gleich darauf beklagten sie sich, dass ich nicht den gleichen Rot- oder Blauton verwendet hatte wie die anderen Illustratoren (die abgesehen davon in Acryl gemalt hatten). Frustriert fauchte ich den Verleger an: »Ich bin blind, kapieren Sie das nicht? Ich kann Ihr verdammtes Blau nicht sehen!« Al, der mir wie immer den Rücken stärkte, bestand darauf, dass mir der Verlag zumindest meinen Zeitaufwand und die ersten Platten zahlte. Das Buch erschien nie, aber wenigstens wurde meine Arbeit honoriert.

Eigentlich hätte ich mich nun wieder in meine Schmollecke zurückziehen und der Kunst abschwören können, doch ich hatte gelernt, dass ich in Gefahr geriet, sobald ich mit dem Malen aufhörte. Jeder Mensch, dem entsetzliche Dinge zugestoßen sind, ist heftigen Ängsten ausgeliefert. Wenn ich geistig nicht mit den Problemen des Malens beschäftigt bin, füllt sich mein Kopf mit Bildern ungesehener Dinge, und die Angst nimmt überhand. Ich weiß nicht, woher diese Bilder kommen, ich weiß nur, dass ich sie nicht sehen will. Die Vorstellung, ich könnte Bilder aus einer früheren Welt heraufbeschwören, ist schrecklicher als die, von Dunkelheit umgeben zu sein. Ein befreundeter Fotograf, der uns letztes Jahr besuchte, meinte beiläufig, dass mein neues Bild von einer Männergruppe an einer Theke genauso aussähe wie eine Fotografie, die er einmal gesehen hatte und die 1929 aufgenommen worden war. Diese Bemerkung erschreckte mich so sehr, dass ich zwei Monate lang nicht malen konnte.

Mit jedem Tag, an dem ich untätig bleibe, wächst meine Verzweiflung, und ich werde unruhiger und deprimierter. Da ich nicht trinke oder Drogen nehme, weder ein Auto lenken noch so ohne weiteres in ein Flugzeug steigen kann, gibt es kein Entkommen. Mir bleibt nichts anderes übrig, als mich durch Aktivitäten abzulenken. Inzwischen habe ich für mich eine Zehn-Minuten-Regel aufgestellt: Sobald ich merke, dass sich Angst und Unruhe verstärken, tue ich zehn Minuten lang *irgendetwas*: Ich wasche meine Pinsel aus, falte die Wäsche, tanze zu einer Melodie im Zimmer herum oder gehe zum Briefkasten und hole die Post. Zu jenem Zeitpunkt erkannte ich allmählich, dass ich keine Probleme löste, indem ich mit dem Malen aufhörte. Wie ich sie aber lösen sollte, das wusste ich damals noch nicht.

Mein Gesundheitszustand verschlechterte sich. Ich unternahm nicht viel dagegen, und von alleine hörten die Störungen leider nicht auf. Wenn man trotz einer chronischen Krankheit ein erfülltes Leben führen will, muss man sich anpassen – körperlich, geistig und psychisch. Ich lernte auf die harte Tour, mit meinen Gesundheitsproblemen bewusst umzugehen, und verbrachte viele Stunden damit, im Internet zu Vaskulitis zu recherchieren. Die Krankenhäuser Johns Hopkins und Cleveland erforschen in eigenen Zentren diese Krankheit, die auf so vielfältige Weise in Erscheinung treten kann, und ich verfolge ihre Untersuchungen. Da ich von jeher an verschiedenen Krankheiten gelitten habe, lasse ich mich von Ärzten nicht einschüchtern und weiß über Vaskulitis inzwischen ebenso viel wie sie. Auch weiß ich, wie unglücklich die Mediziner darüber sind, die Symptome dieser verwirrenden Krankheit weder lindern noch heilen zu können.

Die Vaskulitis hatte mir das Augenlicht genommen, hatte bewirkt, dass ich eine Vielzahl von Lebensmitteln nicht mehr vertrage, hatte unheilbares Asthma hervorgerufen, mein Herz geschädigt und sich in Form von Ekzemen, Nesselsucht und einem Nierenleiden niedergeschlagen. Sie rief bei mir anaphylaktische Reaktionen auf Antibiotika hervor. Und nun hatte sie sich daran gemacht, mein Gehör zu zerstören – eine weitere Warnung, dass es für mich langsam Zeit wurde, mich ernsthaft um meine Gesundheit und mein so genanntes Leben zu kümmern.

Teil III

Rückkehr

9. Kurskorrektur

Kunst ist nicht ein Spiegel, den man der Wirklichkeit vorhält, sondern ein Hammer, mit dem man sie gestaltet.

KARL MARX

Was aber sollte ich tun, wenn ich nicht malte? Ich hätte vielleicht schmollen können, doch meine Fähigkeit zu schmollen kam mir allmählich abhanden. Immer wieder versuchte ich, mein Schicksal zu beklagen, aber ich kam nicht mehr so recht in Stimmung. Tief in mir drin tobte ein Kampf um meine geistige Gesundheit und meinen Sinn für Humor – und jener Teil von mir, der immer nur klagen und schmollen wollte, verlor.

Meine negative Einstellung und mein Misstrauen hatten Konkurrenz bekommen. In mir hatte sich etwas Neues gebildet, ein hart erkämpftes Selbstvertrauen, ein wachsendes Bewusstsein meiner Fähigkeiten, ein umfassendes Wissen über die Möglichkeiten, die das Leben bot. Beinahe ohne es bewusst zu merken, ließ ich eine Phase hinter mir, die von Depressionen und Wut geprägt gewesen war. Das Feuer der Wut braucht ständig neuen Brennstoff, und ich war nicht mehr in der Lage nachzulegen. Ich konnte mir nicht länger einreden, dass ich allen egal sei, dass niemand mich verstünde und mein Leben sinnlos sei. Es gab einfach zu viele Gegenbeweise. Wenn ich jetzt versuchte, die Welt für mein Unglück verantwortlich zu machen, funktionierte das einfach nicht mehr so gut. Vier Jahre lang war ich destruktiv gewesen, hatte mich jeder Veränderung widersetzt und fühlte mich dabei ebenso schlecht wie jeder, der sich in dieser Zeit bemüht hatte, an mich heranzukommen. Ich würde in mich gehen müssen, um das Feuer meiner Wut einzudämmen. Mein Elend schmerzte mich mehr als jeden anderen, aber ich verschwendete keinen Gedanken an Selbstmord.

Menschen verändern sich nur, wenn sie dazu gezwungen sind. Angst bewirkt, dass wir unser Bündel weiterschleppen, wie schwer und widerwärtig es auch sein mag, anstatt es wegzuwerfen, um leichter voranzukommen. Man klammert sich an sein Unglück wie an ein sinkendes Floß und vermag dabei nichts anderes zu denken als: »Ich habe Angst. Ich vertraue mir selbst nicht.« Eine Freundin von mir hat Brustkrebs, und sie ist so wütend, dass sie diese Wut förmlich ausschwitzt. Ihr nahezu unverhohlener Zorn ist immer spürbar, sodass man eigentlich nicht gerne mit ihr im gleichen Raum sein möchte. Ihr Arzt behauptet, ihre Überlebenschancen stünden bei 95 Prozent, doch sie selbst sagt: »Hier drin tickt eine Zeitbombe.« Dieses Gefühl ist mir vertraut, und ich erkenne mich in ihrer Angst wieder.

Als ich nach und nach meine defensive Haltung aufgab, trat an die Stelle meiner Wut die lange Zeit verdrängte lähmende Trauer. Schließlich kamen die Tränen. Ich weinte bis zur völligen Erschöpfung, aber als ich mich davon erholt hatte, fühlte ich mich, als hätte ich die Austreibung meiner Dämonen hinter mir. Welche Veränderungen in mir stattgefunden hatten, bemerkte ich erst, als sie sich an die Oberfläche gearbeitet hatten und in meinem Verhalten zu Tage traten. Oh Wunder aller Wunder: Ich war eine bessere Freundin meiner Freunde, eine bessere Ehefrau, ein einfühlsamerer, vielschichtigerer und interessanterer Mensch geworden. Auf einmal war ich jemand, den die Mysterien des Lebens faszinierten, der sich nach menschlicher Gesellschaft und nach einem Platz in der Gemeinschaft sehnte.

Den Weg von Wut und Niedergeschlagenheit zu innerem Frieden und Zufriedenheit findet man auf keiner Karte. Wenn ich zurückblicke und überlege, wie es zu diesen Veränderungen kam, wird mir klar, dass es da eine kaum wahrnehmbare Verkettung von unspektakulären Ereignissen gab, die meine raue Oberfläche abschliffen, sodass ein freundlicheres, sanfteres Ich zum Vorschein kam. Ohne dass ich es bewusst beobachten konnte, begannen die Jahre, in denen ich unterstützt und getröstet worden war und mit großer Selbstdisziplin gelernt und gearbeitet hatte, Früchte zu tragen. Nur in kurzen, sehr ruhigen Momenten erkennt man, dass ein Übergang von einem Leben in ein anderes stattfindet. Obgleich ich mich eine Zeit lang entschlossen wehrte, musste ich schließlich doch zugeben, dass mir keine andere Wahl blieb, als mich den Umständen anzupassen. An die Stelle der Frage »Warum ich?« traten die Fragen »Was muss ich wissen?«, »Was kann mir nützen?« und »Wie erreiche ich das?«. Ich sah ein, dass ich all die Scherben meines Ichs wieder zu einem funktionstüchtigen Ganzen zusammenfügen musste, und dies würde keine leichte Aufgabe sein.

Ein paar Dinge auf meinem Weg halfen mir, vorwärts zu kommen. Eines davon war der Schulmalkasten, den Al vor so vielen Jahren auf mein Bett geworfen hatte. Ein anderes war die Musik; als Freunde mir Sibelius' Symphonie Nr. 1 schenkten, entdeckte ich, dass Musik mir Trost bot. Hörbücher und Lesedienste für Blinde entschädigten mich ein bisschen für den Verlust des geschriebenen Wortes. Ein Computerprogramm ermöglichte mir wieder Zugang zu Informationen, indem es mich mit dem Internet und der Welt dort draußen verband.

Ein Telefonanruf wurde zum Wendepunkt. Eines Nachts sehnte ich mich so sehr nach Trost und Nähe, dass ich mich dazu durchrang, mit einer Frau zu sprechen, zu der ich 25 Jahre lang keinen Kontakt mehr gehabt hatte, nachdem ich in einer schlimmen Zeit in meinem Leben mit ihr befreundet gewesen war – in einer Zeit, die ich hatte vergessen wollen. Ich rief sie an, um mich für die Distanz zu entschuldigen, die ich zwischen uns beiden aufgebaut hatte, und dafür, dass ich ihr während der schwierigen Zeit ihrer ersten Ehe nicht zur Seite gestanden hatte. Ich hoffte, durch diesen Anruf meine damalige Situation besser zu verstehen. Vor allem aber wollte ich mich bei einer Frau ausweinen, die inzwischen wirklich zu einer Fremden und dadurch zu einer Gesprächspartnerin geworden war, vor der ich mich nicht zu fürchten brauchte.

Nach ungefähr zehn Minuten unterbrach sie unsere Unterhaltung: »Nach all dem, was du durchgemacht hast«, schnitt sie mir das Wort ab, »ist es erstaunlich, dass du dich nicht verändert zu haben scheinst.« Ich war schockiert. Hatte der Kampf mit meiner Blindheit mich denn nicht einfühlsamer werden lassen?

»Ich merke nichts davon«, entgegnete sie. »Du hörst dich genau wie deine Mutter an. Verrückt, nicht wahr? Sie musste immer über alles ein wertendes Urteil abgeben, und du bist genauso.«

Ich hatte mich bei ihr über die absurden Fragen beklagt, die die Leute mir über meine Blindheit stellten, und über die wenig einfühlsame Art, mit der sie mich behandelten. Meine frühere Freundin war 50 geworden. Sie litt an Diabetes, lebte von einem geringen Einkommen, machte gerade eine weitere schreckliche Scheidung durch, und ich schimpfte, weil sich Menschen für mich interessierten und so viel Anteilnahme an meinem Schicksal zeigten, dass sie sich – wenn auch auf ungeschickte Art – nach meiner Blindheit erkundigten.

In Ordnung, ich habe verstanden. In jenem Augenblick erkannte ich, dass der Zwang, sich zu verändern, ein Geschenk ist und dass man das, was einem entgegengebracht wird, annehmen und nicht von vorneherein ablehnen sollte. Ich realisierte, dass man sich auf das Wesentliche konzentrieren und die innere Kraft aufbringen sollte, die zur Veränderung notwendigen Schritte zu unternehmen. Die Veränderung machte es für mich notwendig, die Sichtweisen anderer Menschen zur Kenntnis zu nehmen, sie zu verstehen zu versuchen und gleichzeitig weniger ichbezogen zu sein. Es dauerte Jahre, bevor ich meine Fehler zugeben und von meiner defensiven, negativen Haltung abrücken konnte. Doch das Telefonat markierte einen wichtigen Schritt in dieser Entwicklung. Jahre später unterhielten wir uns nochmals. Sie rief mich mitten in der Nacht an, schluchzte und klang sehr verängstigt. Dieses Mal war ich diejenige, die zuhörte, und ich unterbrach sie weder, noch mutmaßte ich über den Ausgang ihrer Geschichte. Mittendrin sagte sie auf einmal: »Fein, das war's!«, und hängte auf. Zwei Wochen später erhielt ich ein Paar Socken mit einem Tweety-Motiv. Dabei lag ein Zettel, der nicht unterschrieben war, aber auf dem stand: »Ich nehme es zurück. Du bist überhaupt nicht wie deine Mutter.«

Wenn man nicht sehen kann, bleibt einem keine andere Wahl, als anderen zu vertrauen und auf ihren guten Willen und ihre Menschlichkeit zu bauen – und das in jeder Minute jedes Tages. In Sachen Vertrauen war ich ein Anfänger. Ich hatte mein ganzes bisheriges Leben damit verbracht, selbstständig zu sein und mich selbst zu beschützen, so gut es ging, um nicht auf andere angewiesen zu sein. Misstrauisch, skeptisch, paranoid – mit jedem dieser Adjektive hätte man mein früheres Ich ganz gut beschreiben können. Weil ich mich entsetzlich vor Niederlagen und peinlichen Situationen fürchtete, strengte ich mich sehr an, alles perfekt zu machen. Ich war kompetent, ich war solvent, ich war nicht auf andere angewiesen. Ich gab nichts und erwartete nichts. Von klein auf hatte ich gelernt, meine Grenzen zu verteidigen, und es war mir immer gelungen. Als Sehbehinderte fiel mir um Hilfe zu bitten ebenso schwer, wie meinen Weg durch einen Flur oder zur Toilette zu finden. Das Verb »kapitulieren« kam in meinem Wortschatz nicht vor. Wenn ich der Ansicht wäre, dass alles nur aus einem bestimmten Grund heraus geschieht, dann würde ich sagen, dass Blindheit hervorragend zu jenen passt, denen es schwer fällt, anderen zu vertrauen.

Heute denke ich: Einer der positivsten Aspekte meiner Erblindung war, dass ich enge Freundschaften schloss und meine Freunde wahrscheinlich ein Barometer meiner Fortschritte darstellen. Wenn ich gemeinsam mit Nora lache oder mit Jennifer telefoniere, weiß ich, dass ich anderen etwas bedeute und im Gefolge meiner Erblindung viel Zuneigung in meinem Leben erfahre. Jeder meiner Freunde, jede meiner Freundinnen ist anders als die anderen, aber sie alle lieben das Leben, wollen mit der Welt kommunizieren, sich verändern und reifen. Meine Freunde machen mir keine Zugeständnisse, nur weil ich blind bin, und holen mich wieder auf den Boden der Tatsachen zurück, wenn ich aus dem Gleichgewicht gerate oder erwarte, dass für mich andere Maßstäbe gelten. Von Zeit zu Zeit stelle ich sie auf die Probe. Ich kann Claudia um zwei Uhr morgens anrufen, und dann sagt sie einfach nur: »Hallo, wie läuft's?«, weil sie weiß, dass ich nicht in der Lage bin, zwischen Tag und Nacht zu unterscheiden. Oder aber sie ruft an, um zu erfahren, wie es mir diese Woche geht, und ich antworte nur kurz: »Ja, alles in Ordnung. Tschüss.«

Nachdem ich mein Leben lang immer alles für mich behalten habe, erzähle ich nun Claudia alles. Das funktioniert natürlich nur, weil sie sich mir ebenfalls anvertraut, anstatt die Therapeutin zu spielen. Manchmal sehe ich meine Freundin Peg ein halbes Jahr lang nicht, aber dann telefonieren wir stundenlang, was deshalb bemerkenswert ist, weil ich das Telefon an sich hasse. Einmal rief Niki an, weil sie wissen wollte, was ich so mache. »Äh …«, sagte ich, und 20 Minuten später war sie bei mir. Erst spät im Leben habe ich gelernt, meine Freunde anzurufen, anstatt mich zu Hause zu verstecken und zu hoffen, dass irgendjemand von alleine auf die Idee kommt, es könne mir nicht gut gehen.

Ich habe schlechte Tage, an denen ich nicht zu malen wage, aus Furcht, die Dunkelheit könne auf die Leinwand übergreifen. Das sind die Tage, an denen ich Notrufe an meine Freunde aussende, damit sie kommen und mich ablenken. Vor einigen Monaten brach ich einfach zusammen. 24 Stunden lang konnte ich nicht mehr aufhören zu weinen, was für mich keineswegs typisch ist. Unsere Frühstückspension war voll ausgebucht. Jeder wollte etwas von mir, und ich war kaum in der Lage, das Bett zu verlassen. Einer seiner plötzlichen Gedächtnisverluste hatte bei Al Ferienstimmung ausgelöst, und er war einfach mal so »in die Mittagspause« gegangen. Über sechs Stunden lang konnte ich überhaupt nichts hören, und jede Minute der Stille verstärkte nur meine Angst. Ich hatte Bronchitis, und mein Asthma war so schlimm geworden, dass ich eigentlich ins Krankenhaus gehört hätte, aber ich wollte dort nicht hin. Meine Chemotherapie war intensiviert worden, und mir war schlecht.

In meiner Verzweiflung rief ich Sylvia an. Dann ließ ich mich von einem Taxi zum Hilton bringen und wartete dort in der Lobby auf sie. Ohne Fragen zu stellen, fuhr Sylvia knapp 200 Kilometer weit, lud mich ins Auto und fuhr mich zu sich nach Hause. Dort packte sie mich in ihr Bett und ließ mich einfach weinen. Das ist Freundschaft. Am nächsten Tag war Al wieder in die Wirklichkeit zurückgekehrt und holte mich ab. Er brachte mich zum Arzt, der meine Medikamente richtig einstellte, und dann nach Hause, wo ich eine Woche im Bett verbrachte.

Umgekehrt kommen meine Freunde zu mir, wenn sie Hilfe oder auch nur einen geduldigen Zuhörer brauchen. Claudia meint, dass ich aus dem Gesagten eine Bitte um Hilfe oder um Verständnis heraushöre und dass alle wissen, dass ich beim Zuhören ganz bei der Sache bin. Jennifer verriet mir, sie könne bei mir das loswerden, was sie betrübt, weil sie wisse, dass ich sie wirklich liebe. Die Leute wenden sich an mich, weil ich erzähle, was ich denke. »Du sagst es so, wie es ist.«

Neulich begleitete ich eine Freundin zu einer Wochenendeinkehr. Sie hoffte, das würde ihr helfen, mit dem Tod ihrer Mutter fertig zu werden. Sie hatte Angst, ihren Glauben verloren zu haben, und fühlte sich schuldig, weil sie vor allem Erleichterung verspürte, als alles vorbei war. Niemand konnte sie davon überzeugen, dass der Tod für ihre Mutter nach einem zwei Jahre langen Kampf gegen einen Gehirntumor vermutlich eine Erlösung gewesen war. Sie musste sich zurückziehen und brauchte Zeit, um nachzudenken, und weil sie sich angeschlagen fühlte, kam ich mit ihr mit. Nach drei Tagen war meine Freundin trotz Lesungen, Yoga und ländlicher Idylle immer noch verwirrt und hilflos und brach ständig in Tränen aus. Schließlich gab sie den Versuch auf, ihre verworrenen Gefühle zu ordnen, und wir gingen ins Kino. Ich hatte Angst, ihr gegenüber versagt zu haben. Doch als sie wieder zu Hause war, erzählte meine Freundin ihrem Mann: »Mitten im Film merkte ich, dass ich einfach nur eine Freundin gebraucht hatte.«

Ich habe mich in den letzten Jahren so stark verändert, dass es mir schwer fällt, mich heute mit der Frau zu identifizieren, über die ich hier schreibe. Die unkooperative, ichbezogene Lisa Fittipaldi, die ständig Bestätigung brauchte, jede Bemerkung auf die Goldwaage legte und gut gemeinte Anteilnahme zurückwies, ist mir nur noch peinlich. Doch ich habe ihr vergeben. Ich bemitleide sie wegen ihrer Selbstgerechtigkeit, ihrem Schmerz und wegen der vier Jahre, die sie mit Selbstmitleid und Verweigerung vergeudete. Um es mit Shakespeares Worten aus *Der Sturm* zu sagen, bin ich jetzt »nur noch der Nähe und der Veredelung meines Geistes geweiht«.

Ich verspürte das Bedürfnis, irgendetwas zu unternehmen, um die Lebensbedingungen Blinder zu verbessern und die verlorenen Jahre wieder wettzumachen. Ich besitze keine Erfahrung mit politischer Arbeit und hätte die Politik einiger Organisationen, die sich für Blinde einsetzen, mit Sicherheit frustrierend gefunden. Andererseits bin ich ein großer Fan des Präsidenten der Nationalen Blindenvereinigung, Kenneth Jernigan. Obwohl er von Geburt an blind ist, führt er ein erfülltes und abenteuerliches Leben und findet sich ohne Stock in der Welt zurecht. Ich beneide ihn sehr. Er tritt vehement dagegen ein, dass Blinde abgestempelt und wie Kinder behandelt werden. Sein Beispiel regte mich dazu an, Alternativen zum Sehen zu finden, die es mir ermöglichen, in der Welt zu leben.

Es störte mich, dass einige der gemeinnützigen Organisationen, die sich für Blinde einsetzen, Blinde als arme, hilflose Wesen darstellen, um auf diese Weise Sympathie zu erregen und die Leute zu Spenden zu bewegen. Natürlich verfügen viele Organisationen nur über geringe Mittel und wenig Mitarbeiter. Andere konzentrieren sich auf prätechnologische Rehabilitationsmaßnahmen, anstatt die für Blinde entwickelte Computertechnologie zu fördern, die unglaubliche Fortschritte macht. Ich denke, dass jede Organisation ihre Nische hat und auf ihre besondere Weise hilft.

Aufgrund meiner Erfahrungen interessiere ich mich vor allem für Organisationen, die Blinde dabei unterstützen, ein Maximum an Unabhängigkeit zu erreichen, besonders indem sie sich technologische Fortschritte zu Nutze machen. Dazu zählen mobile Kommunikationsgeräte, Instrumente, die die Orientierung und Mobilität erleichtern, audiodeskriptive Technologien, sprechende Taschenrechner und Uhren, Spracherkennungssoftware, Brailleschrift-Erkennungssoftware und verschiedene andere für Blinde entwickelte Computerprogramme und Zusatzgeräte. Ein JAWS genanntes Programm liest mir Webseiten und E-Mails vor und erlaubt mir, mich nach Lust und Laune im weltweiten Netz zu bewegen. Auch dieses Buch schreibe ich mithilfe von JAWS und kann den Text, wann immer ich will, vor- oder zurücklaufen lassen. Die Brailleschrift war mir zu langsam und mühselig, und ich befürchtete, dass es mir im Alltag nur wenig helfen würde. *Ist etwa der Text auf der Schachtel meiner Frühstücksflocken in Brailleschrift? Die Preisschilder der Geschäfte? Ist meine Post in Brailleschrift?* Allerdings zwingt mich nun ausgerechnet mein schwindendes Hörvermögen dazu, meine Beherrschung der Brailleschrift zu verbessern, weil die Blindenschrift für mich eines Tages das einzige Mittel darstellen könnte, um mit der Welt zu kommunizieren.

Mit vom Lions Club von Carrollton und von Georgetown, Texas, zur Verfügung gestellten Mitteln gründete ich 1999 die Mind's Eye Foundation, die sich allgemein für eine objektive Darstellung von Blinden sowie ihren Fähigkeiten und Bedürfnissen in der Öffentlichkeit einsetzt. Hauptsächlich beschäftigt sich diese gemeinnützige Stiftung damit, blinde, sehbehinderte und schwerhörige Schulkinder mit speziellen Computern, Scannern und Spracherkennungsprogrammen auszustatten, die es ihnen ermöglichen, am normalen Unterricht in öffentlichen Schulen teilzunehmen und gemeinsam mit sehenden und hörenden Mitschülern zu lernen. Die Webseite der Stiftung www.mindseyefoundation.org wird von mehreren unserer Geldgeber unterstützt.

Zurzeit versuche ich auf meinen Bildern mehrere Figuren in komplexe Hintergründe zu integrieren. Einzelne Figuren scheinen mich nicht mehr zu interessieren. Neulich zeigte Dora einer Bekannten ein Bild von mir, auf dem ein einsamer französischer Radfahrer zu sehen war. »Ist dir jemals aufgefallen, dass Lisa nur ganz selten einzelne Menschen malt?«, bemerkte ihre Bekannte. Ich war überrascht, musste aber zugeben, dass sie Recht hatte. Auf einmal verstand ich, warum ich so große Angst davor habe, taub zu werden. Es sind gerade die akustischen Reize, wie sie durch Bewegungen, Handlungen und das Zusammentreffen vieler Menschen entstehen, die bei mir dynamische innere Bilder heraufbeschwören. In dem gleichen Maße, in dem sich mein Gesundheitszustand verschlechtert, werden Szenen, Charaktere und Handlungsabläufe meiner inneren Bilder komplexer – vielleicht, weil das Gehirn auf diese Weise versucht, fehlende Sinneswahrnehmungen zu ergänzen. Je anspruchsvoller die Aufgabe ist, desto mehr Spaß habe ich daran. Ich träume davon, eines Tages eine tausendköpfige im Ganges badende Menschenmenge zu malen.

Eine Konsequenz meines neu erworbenen Ruhms – und auch meines Wunschs, Geld für die Mind's Eye Foundation zu sammeln – ist, dass ich häufig von verschiedenen Verbänden und Vereinigungen als Rednerin eingeladen werde. Meine Gastgeber legen das Thema fest und erzählen mir etwas von ihren Aktivitäten, damit ich meine Rede auf die Interessen ihrer Mitglieder zuschneiden kann. Häufig spreche ich über Blindheit, die Kunst und das Leben und die Verbindungen, die zwischen ihnen bestehen. Wenn ich eine Rede halte oder ein Interview gebe, verhalte ich mich anders als die meisten Sehenden, denn da ich weder mein Publikum noch Fernsehkameras sehen kann, bin ich überhaupt nicht befangen. Ich setze mich bei diesen Gelegenheiten gerne mit verschränkten Beinen auf irgendein Podium oder einen Tisch, erfühle die im Publikum vorherrschende Stimmung und ahne die Fragen des Interviewers voraus.

Ich merke immer wieder, dass die Zuschauer oder Zuhörer eine Geschichte erwarten, die Mut macht oder Anregungen gibt. Aber es fällt mir schwer, ermutigende Worte zu finden. Blindheit ist ein furchtbares Schicksal. Das Leben mit einer chronischen Krankheit erfordert ein hohes Maß an Durchhaltevermögen, und es gibt keine Worte oder Redewendungen, die dies beschönigen könnten. Ich versuche, das zu vermitteln, was ich selbst lernen musste, nämlich dass man keine andere Alternative hat als die, aus jeder Situation das Beste zu machen. Wenn man mit einer chronischen Krankheit leben muss, ist es am allerwichtigsten, tatsächlich zu leben. Man muss sich vom Ballast aus der eigenen Vergangenheit befreien und in der Gegenwart jede sinnlose Energieverschwendung vermeiden. Man muss sich ständig bewusst machen, dass man der Eigentümer seines Körpers ist. Eine gesunde emotionale Beziehung zum eigenen Körper lässt sich selbst dann entwickeln, wenn man nicht mehr jung, gesund und makellos ist. Die Zauberwörter lauten *Anpassung* und *Veränderung*. Ich bin immer noch dabei, diese Lektion zu lernen. Gewöhnlich bringe ich mein Publikum mit Anekdoten aus der Zeit, in der ich nur herumjammerte, zum Lachen. Doch ich erzähle auch von all dem, was ich unter großen Mühen lernte und worauf ich besonders stolz bin.

Nachdem ich die ganze Skala von emotionalen Reaktionen

durchlaufen hatte, entwickelte ich im Umgang mit meiner chronischen Krankheit bestimmte Strategien, deren Kern Aufmerksamkeit und Ausdauer bilden. Die Energie, die ich früher für Wut und Verweigerung verschwendete, investiere ich jetzt in das Bestreben, jeden einzelnen Aspekt meines Lebens positiver und produktiver zu gestalten.

Jeder, der versucht hat, von Alkohol oder Drogen loszukommen, weiß, dass jeder Tag eine Herausforderung darstellt, die bewusst angenommen werden muss. Jeder, der einer Beziehung entronnen ist, in der er von seinem Partner misshandelt wurde, weiß, dass es Überwindung kostet, sich vom gewalttätigen Partner fern zu halten. Die ersten drei Tage einer Diät sind leicht; schlimm ist die dritte Woche, wenn man seine Hose wieder nicht zubekommt. Dennoch darf man nicht aufgeben. Man muss akzeptieren, dass es kein Hintertürchen gibt und keine Möglichkeit, die Probleme dazu zu bringen, sich von allein in Wohlgefallen aufzulösen. Veränderungen passieren einfach – gleichgültig, ob man sie gezielt herbeiführt oder nicht. Man erspart sich jedoch viel seelisches Leid, wenn man bewusst auf sie hinarbeitet und ihren Verlauf so weit wie möglich lenkt.

Um als blinder und chronisch kranker Mensch ein erfülltes Leben zu führen, benötigt man Unmengen von Energie, Organisationstalent, Aufmerksamkeit und Konzentration. Ich mache ständig mehrere Dinge gleichzeitig, denn im Dunkeln werden selbst einfache Handlungsabläufe zu komplizierten Prozessen. Allein schon um von einem Ende des Raums zum anderen zu gelangen, muss ich unzählige Informationen analysieren und zusammenfassen. Je unabhängiger ich sein will, desto mehr muss ich dafür tun, und das kostet viel Kraft.

Die Müdigkeit stellt eine Konstante in meinem Leben dar. Ich muss aufpassen, mich nicht allzu stark zu verausgaben, weil sich sonst die Symptome meiner Vaskulitis verstärken. Ich rede mit mir selbst wie eine Krankenschwester mit ihrem Patienten. »Brauchst du jetzt ein Nickerchen?« »Hast du deine Medizin genommen?« »Was könnte dich wieder zu Kräften bringen?« »Muss das jetzt wirklich sein?« Ich spare Energie, indem ich alles Nebensächliche weglasse. An manchen Tagen sitze ich einfach nur in meinem Atelier und denke darüber nach, was ich als Nächstes tun werde. Vielleicht spitze ich Bleistifte oder höre mir ein Tonband mit einer Kunstvorlesung an. Es gibt Tage, an denen ich mein Bett überhaupt nicht verlasse. An anderen bin ich ein wahrer Wirbelwind. Es kann auch mal vorkommen, dass ich 18 Stunden lang am Stück male, genügend Muffins für eine ganze Woche backe oder mit Freundinnen ins Kino gehe und mir ein paar Filme hintereinander anschaue.

Es gab eine Zeit, da verschlang ich ein Selbsthilfebuch nach dem anderen, in der Hoffnung, in ihnen Lösungen für meine Probleme zu finden. Doch die meisten von ihnen wurden von Leuten geschrieben, die das behandelte Problem nur von außen kennen, weil sie Therapeuten oder andere Profis des Gesundheitswesens sind. Selbst in der ersten Person geschriebene Berichte sprachen mich nur selten an. Zwar verdanke ich diesen Büchern ein paar großartige Tipps, doch insgesamt gelangte ich zu dem Schluss, dass es für individuelle Probleme nur individuelle Lösungen geben kann. Manche von uns genießen es, ein großes Publikum zu haben, andere ziehen sich lieber mit einem Buch an einen ruhigen Strand zurück. Ich bin mit jemandem verheiratet, der mir zuhört. Ich verwandle meinen Kummer auf Papier oder Leinwand in heitere Stimmungen. Ich lade mir eine Freundin zum Kaffeetrinken ein oder lenke mich mit Musik ab. Ich weiß inzwischen, was mir gut tut, zögere aber nie, Freunde um Hilfe zu bitten, wenn ich sie brauche. Manchmal hilft es, das, was einem Sorgen bereitet, auf ein Blatt Papier zu schreiben und es anschließend zusammenzuknüllen und wegzuwerfen. Das ist eine der Strategien, die ich aus einem Selbsthilfebuch lernte.

Ich mache mir gerne Listen. Al findet meine Begeisterung für Listen zwanghaft, aber mir helfen sie sehr. Ich schreibe mir laufend auf, was noch zu tun ist. Meist handelt es sich um kleine Dinge, wie zum Beispiel darum, jemanden zurückzurufen, sich mal wieder bei Freunden zu melden, die man seit Monaten nicht mehr gesprochen hat, E-Mails der Stiftungswebseite zu beantworten oder Rechnungen zu bezahlen. Ich lasse mir die Liste täglich von Al vorlesen, gehe sie dann durch und streiche nur das aus, was wirklich erledigt ist. Weil ich es mir nicht mehr erlauben kann, Dinge aufzuschieben, sodass sie sich dann auftürmen und mein Leben in Unordnung bringen, habe ich mein früheres Zögern und Zaudern endgültig aufgegeben.

In meinem Umgang mit anderen stelle ich an mich hohe Erwartungen. Nun, da ich mir Toleranz erarbeitet habe, setzt sich mein Freundeskreis aus den unterschiedlichsten Menschen zusammen. Niki meint, dass ich keinen Wert auf Äußerlichkeiten lege, weil ich die Menschen nicht mehr sehen kann. Es ist gut, nichts mehr darauf zu geben, wie Leute aussehen und was sie tragen. Wenn die visuelle Erinnerung verblasst, passiert etwas Seltsames. Man ist so sehr daran gewöhnt, auf Stimmen, Gerüche und Ausstrahlung zu achten, dass man ganz vergisst, dass die Menschen, mit denen man zu tun hat, auch ein bestimmtes Aussehen haben oder bestimmte Kleidung tragen.

Das Selbstbild beeinflusst sehr stark das eigene Verhalten. Um sein Verhalten zu ändern, muss man meiner Meinung nach sein eigenes Selbstbild hinterfragen. Man muss entscheiden, wer man ist, und dementsprechend handeln. Ich lächle und versuche, auch meine Stimme lächeln zu lassen. Wenn ich mich anderen gegenüber beschreibe, verwende ich positive Adjektive. Ich bezeichne mich als geduldig und heiter, und das entspricht auch tatsächlich der Art und Weise, in der ich mit mir selbst und anderen umgehe. Ich brauchte lange, um das Misstrauen gegenüber anderen und ihren Motiven zu überwinden, das für mich so lange charakteristisch war, und um großzügiger zu werden und dankbar für all die Hilfe und Unterstützung, die ich erhalte.

Jeden Sonntag setze ich eine Liste schlechter Angewohnheiten und Fehler auf, die ich in der vergangenen Woche an mir beobachtet habe. Vielleicht habe ich öfters gedacht, das Glas sei halb leer, statt halb voll, oder etwas gegessen, von dem ich Nesselsucht oder Asthma bekomme; vielleicht habe ich mich nicht genügend bewegt, meinen Bruder nicht angerufen, bin nicht mit Wizard spazieren gegangen, habe jemanden vernachlässigt, der meine Hilfe brauchte, oder bin Leuten ins Wort gefallen. Jedes Mal, wenn ich etwas Negatives tue oder sage, lasse ich sofort einen positiven Gedanken oder eine positive Tat folgen. Wenn es mir schwer fällt, etwas zu lernen, wie etwa den neuen Herd zu benutzen, dann zwinge ich mich, den Handlungsablauf so lange zu wiederholen, bis ich ihn bewältigen kann, anstatt mich über mich selbst zu ärgern, weil ich es nicht gleich richtig mache.

Nie kommen mehr als zehn Punkte auf meine »negative« Liste, und ich bemühe mich, jede Woche eine dieser schlechten Gewohnheiten abzulegen. Als ich mich zum Beispiel auf meinen Tick konzentrierte, andere beim Reden zu unterbrechen, konnte ich ihn mir nach wenigen Wochen abgewöhnen. Die Neigung, ein halb volles Glas als halb leer anzusehen, begleitete mich jahrelang, aber irgendwann konnte ich auch diesen Punkt abhaken.

Ich beziehe Selbstvertrauen aus der Tatsache, dass ich stets zu meinem Wort stehe. Ich verspreche nichts, was ich nicht halten will oder halten kann. Ich habe mich dazu erzogen, klar und deutlich zu sagen, was ich will, ohne dass sich andere dadurch beleidigt fühlen könnten. Ich weiß nun, wie ich mir in einem Geschäft Aufmerksamkeit verschaffen, beim Heruntergehen einer Treppe helfen oder mich von jemandem im Kino zu einem Sitz führen lassen kann. Ich lächle viel und freue mich über meine kleinen Siege.

Ich finde, dass es mir rundherum gut tut, die schlechten Angewohnheiten abzulegen. Ich fühle mich als besserer Mensch und als bessere Freundin. Ich ärgere mich nicht mehr über Kleinigkeiten. Es macht mir nichts mehr aus, wenn die Person ganz vorne in der

Schlange an der Kasse ihr Scheckbuch oder ihr Kleingeld nicht gleich findet, sondern ich genieße die Komik dieser Situation. Ich bin optimistischer geworden und habe Vertrauen in mich selbst.

Immer, wenn mir etwas gelingt, klopfe ich mir selbst auf die Schulter. »Gut gemacht, Lisa!«, sage ich zu mir, »du hast deine Pinsel weggeräumt.« »Brav, Lisa, du hast niemanden unterbrochen«, oder: »Es ist gut, dass du die Leinwand heute vorbehandelt hast.« Die meisten Menschen versagen sich selbst die Anerkennung dafür, die Anforderungen des Tages gut bewältigt zu haben.

Bei allen meinen öffentlichen Auftritten kommt die Rede früher oder später auf meine Bilder. Die Leute wollen immer wissen, wie man zu malen vermag, ohne zu sehen. Wie können Sie Menschen darstellen, die Sie nicht vor Augen haben? Warum sind so viele Schauplätze Ihrer Bilder im Ausland? Woher wissen Sie, wo auf dem Bild die Linien sind? Wie erzielen Sie Tiefenwirkung und den Eindruck von Entfernungen? Ich mache gewöhnlich einen Exkurs über etwas, das mich zu dem Zeitpunkt besonders interessiert, wie etwa Perspektive, Ausgewogenheit der Farben, Fokus oder Umgang mit dem Raum. Ich erinnere mich, dass ich einmal vor sehr aufmerksam zuhörenden Rotariern in Cleveland eine halbe Stunde lang über mentale Karten sprach.

Jeder Mensch archiviert nach irgendeinem System Erinnerungen an Orte und Räume: das Elternhaus, der gegenwärtige Arbeitsplatz, die wichtigsten Straßen seines Wohnorts, aber auch die Positionen der Dinge in seinen Schreibtischschubladen. Eine mentale Karte ist eine selektive Darstellung der Wirklichkeit und abhängig vom Denken des Betreffenden. »Würde man Sie auffordern, einen Lageplan der Umgebung dieses Versammlungsorts zu zeichnen«, erklärte ich meinen Zuhörern, »dann würde jeder von Ihnen eine andere Karte zeichnen. Die einen würden ein dreidimensionales, detailgenaues Bild anfertigen. Andere könnten sich kaum an das erinnern, was sie draußen gesehen haben, und müssten ständig wieder aus dem Fenster schauen. Wieder andere würden nur Skizzen mit verzerrten Proportionen abliefern. Jeder von Ihnen beachtet andere Einzelheiten, wie zum Beispiel Bäume, eine Kneipe oder Hausnummern. Für einige von Ihnen sind Farben am wichtigsten, für andere die Proportionen oder Entfernungen. Wenn Sie anschließend aber Ihre Karten überprüfen wollten, müssten Sie nur kurz nach draußen gehen.«

Für einen Blinden ist es sehr wichtig, eine Strategie für das Zeichnen mentaler Karten zu besitzen, und das ist der Grund, weshalb ich male. Das Malen konserviert meinen Vorrat an Erinnerungen. Soweit ich weiß, verfügt jeder blinde Mensch über eine andere Art und Weise, sich Karten seiner Umgebung anzulegen. Manche haben so große Schwierigkeiten mit räumlichen Dimensionen, dass sie nicht gerne aus dem Haus gehen. Ich habe von anderen gelesen, die außergewöhnlich befähigt sind, sich Dinge visuell vorzustellen. In einem am 24. Juli 2003 im *New Yorker* erschienenen Artikel erwähnte Oliver Sacks einige solche Fälle. Er schrieb von einem früheren Zimmermann, der eigenhändig die Regenrinnen seines mehrgiebligen Hauses ersetzte, und von einem Biologen, der neue Arten von Muscheln bestimmte, indem er mittels seines geschärften Tastsinns winzige Unterschiede in der Form der Schalen feststellte.

Mein Ass im Ärmel ist mein fotografisches Gedächtnis. Ich kodiere, archiviere und dekodiere Informationen, nachdem ich meine Umgebung nach geometrischer Logik definiert habe. In gewissem Sinne projiziere ich Informationen aus verschiedenen Quellen auf eine innere Leinwand und rekonstruiere so für mich einen Bruchteil der Welt. Meine verblassenden visuellen Erinnerungen werden durch neue ergänzt, die ich meinem Gehör und meinem Tastsinn verdanke. Aufgrund der miteinander geführten Gespräche kann ich mich noch Jahre später an einen Menschen erinnern. Ereignisse behalte ich wegen der mit ihnen verbundenen Geräusche im Gedächtnis. Erinnerung besitzt auch einen kinetischen Aspekt. Ich vergesse Ereignisse deshalb nicht, weil sie mit bestimmten Bewegungsmustern verbunden sind, sowohl mit meinen eigenen als auch mit denen meiner Umgebung.

Ich baue mir im Geist Bilder von virtuellen oder realen Umgebungen auf und kann mich deshalb in ihnen bewegen. Das hilft mir in einem Zimmer ebenso wie beim Malen oder beim Ausfüllen eines Schecks. Da ich ständig weitere Informationen aufnehme, verändere ich dieses Bild laufend, um mit meinen Bewegungen Schritt zu halten. Zwischen der Umgebung und dem Bild in meinem Kopf besteht ein ständiger Datentransfer.

Einladungen, Reden zu halten, machen Reisen erforderlich, und zwar meist Flugreisen. Eigentlich reise ich gerne, denn Fluchten jeder Art sagen mir sehr zu. Doch beinahe jedes Mal, wenn ich alleine reise, finde ich es furchtbar und schwöre, es nie wieder zu tun. Ich halte meinen Schwur bis zur nächsten Einladung. Obwohl fast alles dagegen spricht, mache ich mir selbst immer noch vor, ich sei in der Lage, Situationen jeder Art zu meistern, und würde von den Fluggesellschaften jede erdenkliche Hilfe erhalten. Dieses Mal, sage ich mir immer, geht bestimmt alles gut. Vielleicht sehne ich mich insgeheim immer noch nach Abenteuern und vergesse, dass sie nur allzu oft auf Kosten meines seelischen Gleichgewichts und meiner Gesundheit gehen. Mitunter denke ich, dass der einzige Vorteil der notwendigen Anreisen zu den Vortragsorten darin liegt, dass ich anschließend das Publikum mit einer haarsträubenden Reisegeschichte unterhalten kann.

Auf Flughäfen habe ich viel über mich selbst gelernt – Gutes, Schlechtes und Urkomisches. Hier ein paar Geschichten zu Ihrer Erbauung. Einmal sollte ich in Atlanta einen Vortrag halten, und Al brachte mich zum internationalen Flughafen von San Antonio. Die Vorfreude auf ein Abenteuer schlug, sobald er mich allein gelassen hatte, in Entsetzen um. Alles wirkte dunkler als sonst, und die Ströme von Reisenden erschwerten es mir zusätzlich, bewegungslose Formen zu erkennen. Ich bat um Hilfe, aber weil ich keinen Blindenhund hatte, der meine Behinderung kenntlich gemacht hätte, ignorierte man mich. Flughafenlektion Nr. 1: Ich bin nicht nur blind, ich bin zudem auch unsichtbar.

Endlich führte mich eine freundliche Seele zum Schalter der Fluggesellschaft, aber anscheinend zum falschen, denn die Angestellte meinte, ich solle weitergehen. Aber wohin? Ich blieb einfach stehen, wie festgefroren. Weil ich nicht in Erfahrung bringen konnte, wohin ich gehen sollte, brach ich in Tränen aus, musste aber gleichzeitig innerlich beinahe über mich selbst lachen: Ich war nur deshalb in diese Situation geraten, weil ich vor dem Young Presidents Club von Atlanta eine Rede darüber halten sollte, wie man in schwierigen Situationen stark bleibt – und nun stand ich schluchzend vor dem Schalter, hielt eine ganze Schlange ungeduldiger Reisender auf und konnte mich ganz und gar nicht der Situation anpassen. Der gestresste Angestellte ließ jemanden kommen, um das Problem mit der Verrückten zu regeln. Papiertaschentücher wurden angeboten, Tränen wurden getrocknet, man entschuldigte sich und brachte mich zum Flugzeug.

Bald darauf setzte das ein, was ich als Phänomen des fliegenden Therapeuten bezeichne. Ich saß auf meinem Platz und schniefte noch ein bisschen, als sich mein Sitznachbar zu mir herüberwandte und meinte, dass es furchtbar sein müsse, blind zu sein. Auch das ist etwas, was ich zwischen einem Flug und dem nächsten verdränge. Die Leute haben keine Hemmungen, anderen ihre Gefühle mitzuteilen. Sie beginnen mit einfühlsamen Bemerkungen, gehen rasch zu neugierigen Fragen über und schließen mit der Feststellung, dass man mir nicht erlauben solle, alleine zu fliegen. Ich versuche, an Als Ermahnung zu denken, mich selbst als eine »Botschafterin« der Blinden zu sehen, deren Aufgabe es ist, die Menschen über die Folgen einer Erblindung aufzuklären und ihnen vorzuleben, dass sie kein Todesurteil ist. Ihre Fragen verletzen mich nicht mehr so wie einst, und anders als früher beantworte ich sie auch, aber häufig finde ich das Reisen so anstrengend, dass ich am liebsten die Augen schließen und während des ganzen Fluges schlafen würde. Ich habe jedoch auch begriffen, dass die meisten Menschen wirklich an dem interessiert sind, was ich zu sagen habe, und dass ihre Sympathie echt ist. Ich muss sogar zugeben, dass ich der Konfrontation mit anderen Sichtweisen auch unerwartete Einsichten verdanke. Und insgesamt werden mir ja tatsächlich ständig Hilfe und Anteilnahme zuteil.

Weniger gerne halte ich als Beichtvater für meine Mitreisenden her. Mit schöner Regelmäßigkeit folgen auf die Fragen über Blindheit ehrliche Geständnisse: das hoffnungslos überzogene Kreditkartenkonto, der alkoholabhängige Ehepartner, der schon lange zurückliegende Griff in die Portokasse, die Essstörungen. Ich glaube nicht, dass es daran liegt, dass ich eine so verständnisvolle Zuhörerin bin. Vermutlich vertrauen sie mir, weil ich, ähnlich wie der Pfarrer im Beichtstuhl, sie nicht sehen kann. Bei mir ist ihr Geheimnis sicher. Außerdem kann ich nicht einfach aufstehen und gehen.

Ich versuche nach Kräften, Reisepannen zu vermeiden, und rufe die Fluggesellschaften rechtzeitig an, um sie zu informieren, dass ich Hilfe brauchen werde. In einigen seltenen Fällen geht alles gut: Am Ende des Ganges wartet ein Angestellter, ein Elektroauto steht bereit, um mich zum nächsten Terminal zu fahren, jemand hilft mir, zu meinem Platz zu finden, und sorgt dafür, dass ich am Zielflughafen von einem Helfer in Empfang genommen werde. Es ist immer eine große Erleichterung, so etwas zu erleben. Meistens aber sind meine Vorbereitungen umsonst. Wenn ich irgendwo strande, fragen mich meine Retter unweigerlich, warum ich den Angestellten am Ticketschalter nicht mitgeteilt hätte, dass ich Hilfe brauche. So viel zu meiner entschlossenen Vorgehensweise.

Als ich beschloss, alleine nach Toronto zu fliegen, um dort eine Rede zu halten, musste ich zweimal das Flugzeug wechseln, einmal in Dallas und einmal in O'Hare. Kein Problem. Zu diesem Zeitpunkt war ich schon seit mehreren Jahren blind und deshalb sozusagen ein Profi. Eigentlich hatte ich mich an den Flughäfen angemeldet und hätte erwartet werden sollen, aber niemand sprach mich an. Schließlich kam eine Dame, zeigte irgendwohin und sagte mir, dass sie mich gleich »dort« treffen werde. Wütend hielt ich meinen Blindenstock hoch und verlangte von ihr eine genaue Beschreibung des Treffpunkts, da ich nicht sehen konnte, wohin sie zeigte. Sie ärgerte sich darüber und ging fort.

Da stand ich also alleine im Terminal und versuchte, jemanden auf mich aufmerksam zu machen. Spät dran war ich ohnehin. Ich musste eine Entscheidung treffen. Sollte ich mich wie eine höfliche Erwachsene benehmen oder wie ein verwöhntes Kind? Welches Verhalten würde mich eher ans Ziel bringen? Ich versuchte es erst als Erwachsene. Immer, wenn ich in der Nähe ein Geräusch hörte, rief ich: »Können Sie mir helfen?« Anscheinend konnte es niemand. Kostbare Minuten verstrichen, und die Anspannung wuchs. Ich rief lauter, erhielt aber immer noch keine Hilfe. Erst als ich aufgeregt meinen Stock schwenkte, begriffen die Leute, warum ich mich so seltsam aufführte. Endlich begleitete mich jemand zu der angegebenen Stelle, doch die Angestellten der Fluggesellschaft waren nun wütend auf mich, weil ich so spät kam.

Aufgrund meiner Erfahrungen in Dallas versuchte ich in O'Hare selbstständig vom Inlandterminal zum internationalen Terminal zu gelangen. Der Marsch durch das Labyrinth gelang mir nicht besonders gut, und ich verlor rasch die Orientierung. Also versuchte ich wieder, Unterstützung zu erhalten. Als ich einen motorisierten Wagen herannahen hörte, stellte ich mich ihm in den Weg. Ein Mann, dessen Namen ich bis heute nicht weiß, zog mich aus der Gefahrenzone. Er war so empört darüber, dass ich auf mich alleine gestellt durch den Flughafen irren musste, dass er die Fluggesellschaft anrief, um einen Begleiter für mich anzufordern. Er wurde mehrfach verbunden, kam aber immer nur auf die Warteschleife und versuchte es dann mit den Schaltern am Gate und anschließend mit dem Informationsschalter der Fluglinie. Zum Schluss gab er es auf, führte mich höchstpersönlich zum Check-in und verlangte, dass mir geholfen werde. Als die Angestellten nicht schnell genug reagierten, nahm er mich beim Arm, ging mit mir zum internationalen Terminal und übergab mich an eine Dame vom Bodenpersonal. Ich fühlte mich gedemütigt und war gleichzeitig sehr dankbar. Es war irgendwie tröstlich zu wissen, dass ein Mensch eine Zeit lang die ständigen Frustrationen, denen ich ausgesetzt war, mit mir geteilt hatte.

Letztes Jahr flog ich wegen einer Rede von San Antonio nach Wichita, Kansas. Es ließ sich alles sehr gut an. Ein freundlicher Angestellter holte mich wie verabredet in Dallas ab, um mich zum nächsten Flugzeug zu begleiten. Er fragte mich nach meinem Ziel und der Abflugszeit. Ich sagte ihm beides und zeigte ihm meine Bordkarte. Wir fuhren erst mit einem Elektrowagen, dann im Aufzug und weiter mit einer Bahn zum Terminal A. Die Zeit war knapp, aber ich erreichte die kleine Turbo-Prop-Maschine gerade noch rechtzeitig, stieg die Stufen hinauf und wurde auf meinen Platz geführt. Beiläufig fragte ich, wann wir denn Kansas erreichen würden. Schockiert erwiderte die Stewardess, dass diese Maschine nach Wichita Falls in Texas fliege und ich offenbar etwas verwechselt haben müsse. Als ich ihr versicherte, dass ich ganz bestimmt nach Kansas wolle, tätschelte sie mir den Kopf und meinte: »Schätzchen, machen Sie sich mal keine Sorgen, es geht schon alles in Ordnung.«

Es war nicht das erste Mal, dass ich wie eine Schwachsinnige behandelt wurde, nur weil ich einen Blindenstock dabeihatte. Ich versuchte geräuschvoll die Aufmerksamkeit der anderen Stewardessen, die mit dem Platzieren der Fluggäste und dem Verstauen des Gepäcks beschäftigt waren, auf mich zu lenken. Zum Glück wurde ich ihnen so lästig, dass sie sich schließlich herbeiließen, sich meine Bordkarte und mein Ticket anzusehen. Die verrückte Dame sollte tatsächlich nach Wichita in Kansas fliegen! Ich wurde im Eiltempo aus dem Flugzeug befördert und vor dem Gate-Eingang abgestellt. Es war Mittag, und in weniger als einer Stunde hätte ich bei einem Essen in Wichita eine Rede zum Leitgedanken der Veranstaltung halten sollen. Stattdessen saß ich am falschen Gate und wartete darauf, dass sich die irritierten Angestellten der Fluglinie endlich darüber einig wurden, wie sie mit mir verfahren sollten. Sie fragten mich immer wieder, warum ich denn nicht gesagt hätte, dass ich nach Wichita wollte. Jetzt mussten sie einen anderen Begleiter für mich finden, mich wieder auf den Weg bringen und meinen Flug umbuchen. Sie waren überzeugt, ich sei schuld daran, dass ich im falschen Flugzeug gelandet war, und deshalb nicht gut auf mich zu sprechen. Ich musste auf eine andere Fluggesellschaft ausweichen, denn mein Flieger war ohne mich gestartet. Wunderbarerweise erreichte ich die Veranstaltung mit nur einer Stunde Verspätung.

Wie immer begann ich mit einer lustigen Geschichte und überging die Wut und die Angst, die ich bei meinem Erlebnis empfunden hatte. Ich war müde, ausgehungert und musste eigentlich dringend zur Toilette, wurde aber sofort in den Saal und vor 200 gespannt wartende Mitglieder einer Studentinnenvereinigung geführt. Ich fühlte mich schlecht vorbereitet und insgesamt etwas verwirrt. Sie hatten mir kein Thema angegeben, und deshalb schwamm ich buchstäblich. Ich ziehe es vor, wenigstens eine ungefähre Ahnung davon zu haben, was das jeweilige Publikum besonders interessiert. Ich bemühte mich, eine zusammenhängende, durchdachte Rede zu halten, doch ich stellte fest, dass ich von einem Thema zum nächsten sprang, bis die Dessertteller abgeräumt wurden. Mir war hinterher nicht ganz wohl in meiner Haut, und ich fürchtete, meine Sache schlecht gemacht zu haben, doch einige Wochen später flatterte mir ein Scheck über 2.500 Dollar für die Mind's Eye Foundation ins Haus. Ich aber habe meine Lektion über Flugreisen gelernt und nehme inzwischen Einladungen als Rednerin nur noch an, wenn Al Zeit hat, mitzufliegen.

Im November 1999 erwachte ich mitten in der Nacht mit einer Panikattacke und der Gewissheit, dass ich nie wieder ein Bild würde verkaufen können und mein Leben als Malerin *vorbei* war. Ich ging in mein Atelier, um Pinsel und Farben wegzupacken und rief Claudia an. »Ich kann mir meinen Weg in die Welt der Kunst nicht erzwingen«, jammerte ich. (Und das im Pyjama, den Arm dramatisch gegen die fiebernde Stirn gepresst.) »Ich muss mir eine Stelle suchen.«

»Mach nicht so ein Theater«, meinte sie lachend. »Es ist vier Uhr morgens. Geh wieder ins Bett.« Eine schöne Freundin! Ich tastete mich die Treppe hinunter ins Büro und begann, im Internet zu surfen. *Veränderungen. Ich brauche Veränderungen.* Ich fand eine Unzahl von Webseiten, die schnelles Geld für wenig Mühe versprachen, und stieß schließlich auf eine Seite, auf der zum Verkauf stehende Frühstückspensionen angeboten wurden. *Perfekt.* Die ideale Beschäftigung für ein Ehepaar und gleichzeitig die optimale Lösung, um mehr soziale Kontakte zu haben und der Isolation in der Vorstadt zu entkommen. Ich flitzte ins Schlafzimmer zurück und rüttelte Al wach, um ihm zu verkünden, dass ich unser neues Leben gefunden hatte.

Al wollte kein neues Leben. Er ist sehr häuslich, und unser schönes Anwesen in Georgetown war sein Nest. Er war rundherum zufrieden. An dem Viertel hing er ebenso wie an unserem Haus. Er traf sich mit seinen Freunden im Café und genoss seine Rolle als Chauffeur, Gärtner und Koch. Al hasst Städte und den städtischen Lebensstil. Nachdem er in seinen Jahren bei der Marine so viel herumgekommen war, wollte er nur noch an einem Ort bleiben, den Rasen mähen und Golf spielen.

Ich hasste das Leben in der Vorstadt, weil ich mich dort wie eine Gefangene im eigenen Haus fühlte. Ich war so unendlich gelangweilt. Bereits seit meiner Rückkehr aus Ruston fing ich immer wieder davon an, dass wir von Georgetown wegziehen sollten. Ich wollte alles verkaufen und reisen, ich wünschte mir eine Stelle und wollte an einem Ort wohnen, an dem ich öffentliche Verkehrsmittel benutzen konnte. *Ich möchte einfach mal Bus fahren können.* In dieser Nacht brachte ich die lange Liste meiner Beschwerden und Wünsche auf den neuesten Stand und begann mit meinen Vorbereitungen für den Umzug.

Meinem verlorenen Augenlicht trauerte ich zu diesem Zeitpunkt schon nicht mehr nach. Es war auch nicht mehr mein dringendstes Anliegen, durch meine Malerei zu beweisen, dass Blinde alles Mögliche tun können, wenn man ihnen nur eine Chance gibt. Ich hatte nicht mehr den Anspruch, die größte Malerin der Welt zu werden. Weil mir meine Umwelt kaum Anregungen bot, verbrachte ich zehn Stunden am Tag und sieben Tage in der Woche in meinem Atelier und beschäftigte mich dort damit, an technischen Problemen herumzutüfteln und meine Fertigkeiten zu verbessern. Inzwischen meisterte ich Schatten und die Anatomie der Pferde. Ich übte mich darin, Hände und komplizierten Faltenwurf zu malen. Auf diese Weise hielt ich meine Dämonen fern. Doch ohne neue Inspirationen fiel mir das Malen keineswegs leicht. Mein geistiges Archiv leerte sich allmählich. Ich sehnte mich nach Strukturen, nach intensiven Gefühlen und Abwechslung, nach dem Salz des Lebens sozusagen. Es erschien mir außerordentlich wichtig, ins wirkliche Leben zurückzukehren, zu wirklichen Menschen, Geräuschen und Ereignissen.

Al sperrte sich lange Zeit. Er konnte einfach nicht verstehen, warum das Malen nicht alle meine Bedürfnisse befriedigte. Ich versuchte ihm zu erklären, dass Malerei weniger mit der Geschicklichkeit der Pinsel führenden Hand zu tun hat als mit den analytischen Fähigkeiten des Geistes und dass mein Geist unterfordert war. Wir hatten eine der wenigen ernsthaften Auseinandersetzungen in unserer Ehe. Keiner von uns beiden wollte nachgeben.

Zwei Monate lang diskutierten wir ständig wegen des Umzugs. »Ich habe in dieser Angelegenheit keine andere Wahl«, argumentierte ich. »Wenn wir nicht umziehen, verkümmere ich seelisch.«

Ich war auf gar keinen Fall bereit, in unserer Pendlersiedlung zu bleiben, und packte bereits für ein unbekanntes Ziel. Das neue Jahr begann ich mit der Drohung: »Entweder wir ziehen gemeinsam um, oder ich tue es allein.«

Endlich gab Al nach. »Wir können uns umsehen«, lenkte er ein, »aber ich verspreche nichts.« Im Internet fand ich mehrere vielversprechende Angebote in Maryland, Virginia und South Carolina. Ich nahm Kontakt auf, bat um weitere Informationen, unterhielt mich mit den zuständigen Maklern und plante eine Besichtigungstour. Außerdem meldete ich uns für einen Kurs für angehende Pensionsbesitzer in North Carolina an. Dann begann ich, die Schränke auszuräumen.

Der Künstler ist ein Mensch, der in
der Ausbildung der Wahrnehmung erfahren ist.
MARSHALL MCLUHAN

Claudia war von meinem neuen Lebensentwurf alles andere als begeistert. In der Hoffnung, auf diese Weise eine Katastrophe zu verhindern, schlug sie mir vor, einen ihrer Bekannten zu besuchen, der in San Antonio Immobilien verkaufte. Wenn ich erst einmal begriffen hatte, dass das Führen einer Frühstückspension kein Spaziergang war, dachte sie, würde ich wieder vernünftig werden und weitermalen. Meine Ärzte rieten von einem Umzug in eine neue Umgebung dringend ab – und noch viel dringender davon, wieder zu arbeiten. Einige von ihnen waren der Ansicht, dass selbst das Malen meinen prekären Gesundheitszustand gefährde.

Das wird schon nicht so schlimm sein. Ich war davon überzeugt, dass die Veränderung mir, Al und unseren Finanzen gut tun würde. Wir fuhren also nach San Antonio und trafen uns dort mit Claudias Makler. Um uns einen Eindruck vom Leben in einer Pension zu geben, zeigte er uns mehrere in Betrieb befindliche Häuser. Diese Pensionen wären nicht auf dem Markt, erklärte er, aber wir würden Gelegenheit haben, mit den Besitzern zu sprechen. Als er merkte, dass wir von den Problemen und der Arbeit, die damit einhergehen, immer noch eine verschwommene Vorstellung hatten, fuhr er uns zu einem Haus im viktorianischen Stil der vorletzten Jahrhundertwende. Es lag im historischen King-William-Viertel der Stadt und wurde von einem Freund von ihm betrieben, der kaum über die Runden kam. Das Haus befand sich in einem katastrophalen

Zustand und sollte uns in aller Deutlichkeit zeigen, warum wir uns niemals etwas Derartiges zulegen dürften. Der Makler zählte die Schäden am Gebäude auf sowie die Probleme, mit denen alle Pensionsbesitzer zu kämpfen haben; und in mir stiegen allmählich Zweifel an der Durchführbarkeit meines Plans auf. Auf einmal kam es mir vor, als hätten alle, die sich dagegen ausgesprochen hatten, vernünftige Gründe dafür gehabt. Ich war weder der Verantwortung noch der zu erwartenden Arbeit gewachsen.

Al dagegen reagierte völlig anders. In dem Augenblick, in dem wir die Auffahrt des Beauregard House hinauffuhren, wusste er, dass er es unbedingt besitzen wollte. Ich verfiel in Panik. Was hatte ich mir nur dabei gedacht? Noch bevor wir die Haustür erreichten, war ich schon zweimal gestolpert: zunächst über eine zerbrochene Gartenwegplatte und dann über eine wacklige Treppenstufe. Wie sollte ich nur lernen, mich in einem neuen Haus zurechtzufinden? Würde ich jemals in der Lage sein, mit den Gästen richtig umzugehen? Wie konnten wir eine Pension führen, wo ich doch blind war und Al unter Stimmungsschwankungen und kurzfristigen Gedächtnisverlusten litt? Ich weinte und drohte und bettelte darum, in Georgetown bleiben zu können. Doch Al hatte sich in das Haus verliebt und glaubte außerdem, dass wir damit ein gutes Geschäft machen würden. Er unterbreitete dem Besitzer ein Angebot, das diesem interessant genug erschien, um an uns zu verkaufen. Wir veranlassten die Überweisung und kehrten in unsere Vorstadt zurück, um die Koffer zu packen. Drei Monate lang konnte ich nicht schlafen, weil ich mir wegen des Geldes Sorgen machte – und wegen der *Veränderung*.

Am 1. April 2000 zogen wir in unser neues Haus ein, das wir mit dem Erlös aus meinen Bildern bezahlt hatten. Bereits in der ersten Nacht ereilte uns ein Unglück in Gestalt eines heftigen Gewitters. Hagel prasselte auf das Dach, und durch Dutzende von Löchern und Rissen drang Wasser ein. Ich konnte weder die Küche noch einen Eimer finden. Doch Al beruhigte mich mit den Worten: »Es macht nichts, wenn du keinen Eimer findest, das Dach leckt ohnehin an viel zu vielen Stellen.«

Spätestens da wusste ich, dass wir ein Problem hatten. In meiner Eigenschaft als Schatzmeisterin hatte ich es versäumt, größere Reparaturen einzukalkulieren. Und Al hatte der Besorgnis erregenden Verfassung, in der sich das Haus befand, nicht genügend Beachtung geschenkt. Angesichts des Bauzustands und der Warnungen eines Versicherungsvertreters beschloss Al, dass wir lieber doch keine Zimmer vermieten sollten.

Zwar zeigten sich keine Gespenster, aber ich hatte trotzdem Angst. Ich hatte vergessen, was es bedeutete, sich als Blinde an einem Ort zu befinden, mit dem man nicht vertraut ist. Ich hatte viele Jahre vor dem Verlust meiner Sehkraft in Georgetown gelebt, doch von meiner neuen Umgebung besaß ich kein inneres Bild. Das Haus bot mir zu wenige Informationen, von denen ich auf Entfernungen und Grundrisse hätte schließen können, und es gab zu viele Fenster und gleichzeitig zu wenig Licht. Zu viele Türen öffneten sich in alle Richtungen, und es gab auch zu viele Treppen und lange Flure. Weil es überall hallte, fühlten sich alle Zimmer für mich gleich an. Ich konnte die Küche nicht finden, ich fand meine Schuhe nicht. Für jeden Schritt brauchte ich Hilfe. Ich war eine Fremde in meinem eigenen Haus.

Man konnte die Entscheidung, die wir getroffen hatten, nur als idiotisch bezeichnen. Meine neue Sozialarbeiterin war entsetzt darüber, dass wir ein Gebäude mit mehreren Stockwerken erworben hatten, da ich mit Stufen und Treppen immer noch nicht gut zurechtkam. Seit meinem Aufenthalt in Ruston hatte ich mich nicht weiter darum bemüht, das Navigieren in unbekanntem Gelände zu üben. Und dies bedeutete: Ich hatte der Tatsache, dass mein Sehvermögen auf null geschrumpft war, keinerlei Aufmerksamkeit gewidmet. Ich würde mein neues Zuhause niemals sehen und konnte nun nicht mehr nachvollziehen, warum ich unbedingt hatte umziehen wollen. Zwar gab es an der nächsten Ecke eine

Bushaltestelle, doch machte mir bereits der Weg zum Badezimmer Angst. Die Vorstellung, alleine mit dem Bus zu fahren, war entsetzlich. Drei Wochen lang hatte ich einen Weinkrampf nach dem anderen, doch als meine Tränen endlich versiegten, war ich immer noch im Beauregard House.

Ich rief die Kavallerie. Freunde kamen, räumten Gerümpel und kaputte Möbel fort und übernahmen tägliche Transporte zur Müllkippe. Sie putzten Fenster und Oberlichter, desinfizierten und kehrten, rissen Tapeten herunter, verputzten und malten. Als Freund Greg strich die Zimmer im Erdgeschoss. Claudia wischte die muffig riechenden Flure und spendete mir gleichzeitig Trost und Aufmunterung. Niki packte Geschirr aus und räumte Schränke und Kammern ein. Raye legte Kabel für Fernsehen und Telefone, während Sylvia die Küche schrubbte. Sie alle waren entsetzt darüber, dass Al ein Haus gekauft hatte, das wie ein Slum aussah und wie verschimmeltes Brot roch. Es kam ihnen absurd vor, dass wir unser schönes eingeschossiges Haus gegen dieses Ungetüm eingetauscht hatten. Ich drohte immer wieder, zu meinen Freundinnen zu ziehen. Nach Ablauf einer Woche waren alle erschöpft, doch das Haus war immer noch nicht bewohnbar. Es kamen noch mehr Freunde, um zu streichen, zu putzen und Müll zu entsorgen. Die Spediteure trafen ein und packten unsere Habseligkeiten aus. Meine Freundinnen halfen mir, meinen Schrank einzuräumen und dabei für alles den richtigen Platz zu finden, und stellten meinen Computer auf. Nun war das Haus zu unserem neuen Zuhause geworden.

Als wir alles nochmals durchrechneten, stellten Al und ich fest, dass wir uns eine ausschließlich private Nutzung nicht leisten konnten. Beauregard House benötigte immer noch ein neues Dach, eine neue Kücheneinrichtung, ein komplett neues elektrisches Leitungssystem, umfangreiche Klempnerarbeiten, ein Esszimmer, noch mehr Malerarbeiten, neue Fenster. Die Veranda musste repariert und die Badezimmer neu gefliest werden. Die Liste wurde länger und länger. Was sollten wir nur tun? Um unsere Torheit bezahlen zu können, besorgten wir uns eine Lizenz zur Führung einer Frühstückspension.

Nun besaß ich genau das, was ich mir gewünscht hatte. Wir lebten mitten in einer Stadt, und ich war Pensionswirtin. Ich war eine Geschäftsfrau und keine Künstlerin mehr. Ich musste nur noch lernen, wie man kocht, putzt und die Gastgeberin spielt. Zuvor aber musste ich herausbekommen, wie ich von der Küche wieder in mein Schlafzimmer gelangte.

Vorgesehen war, dass Al sich um die Reparaturen und die Rechnungen kümmern und mir beim Putzen und in der Küche helfen würde. Ich wollte kochen und backen. Wir hielten das nur zwei Tage lang durch, da es mir nicht gelang, den Gasherd einzuschalten, ohne dass mein Ärmel dabei Feuer fing. Weil der alte Backofen die Temperaturen nicht konstant hielt, waren meine Muffins abwechselnd verbrannt oder roh. Wir benötigten dringend eine Webseite, eine Telefonnummer, einen Wirtschaftsplan und ein durchdachtes Programm für die Erledigung der täglich anfallenden Aufgaben. Ich rief Claudia an. Sie blieb einen Monat lang bei uns und führte mich täglich auf meinen Wegen durch das Haus und die nähere Umgebung. Nachdem der erste Plan gescheitert war, beschlossen wir, dass ich mich um die Finanzen und Al um das Kochen kümmern würde. Jetzt fehlte uns nur noch ein Gast.

Ende Juni brachte uns ein Taxi unsere ersten Gäste, zwei Frauen aus Chicago, die wegen eines Tina-Turner-Konzerts nach San Antonio geflogen waren, ohne zu ahnen, dass ausgerechnet an diesem Wochenende in der Stadt eine bedeutende Konferenz stattfand und alle größeren Hotels und Gästehäuser ausgebucht waren. Der Taxifahrer hatte sich daran erinnert, dass Beauregard House früher eine Frühstückspension gewesen war, und die Frauen vor unserer Haustür ausgeladen. Im ganzen Haus gab es nur ein einziges vollständig renoviertes Zimmer: unser Schlafzimmer. Al und ich hatten keine Ahnung davon, wie man ein Gästehaus führt und wie wir uns als Wirte benehmen sollten. Dennoch boten wir diesen beiden verirrten Seelen unser Schlafzimmer an, um endlich ins Geschäft zu kommen, und schliefen im Büro auf dem Fußboden. Diesen ersten Gästen verdankten wir zwei weitere, und diesen wieder zwei. Ende August waren drei neue Schlafzimmer fertig gestrichen und eingerichtet. Eines Tages hatten Klempner und Elektriker endlich ihr Werk vollendet; und Wizard und ich stiegen die Treppen hinauf und hinunter, als hätten wir nie etwas anderes getan. Wir sind Tina Turner immer noch dankbar dafür, dass sie uns unsere ersten Gäste zuführte.

Irgendwann in der Zeit zwischen dem Verkauf unseres Hauses in Georgetown und dem Kauf von Beauregard House in San Antonio wurde mir eine Einzelausstellung in der Bal Harbour Gallery in Miami angeboten. Ich hatte seit dem vergangenen Dezember nicht mehr gemalt und besaß nicht genügend Bilder für eine Ausstellung. In unserem neuen Haus hatte ich kein Atelier, und alle meine Malsachen waren eingelagert worden. Als wir nach San Antonio umzogen, hatte ich beschlossen, das Malen aufzugeben. Das Leben als Malerin strengte mich zu sehr an, da ich offenbar nicht zwischen Kunstwerk und Künstler oder zwischen dem Individuum und seiner Krankheit unterscheiden konnte. Doch das Schicksal nimmt manchmal eigenartige Wendungen: Mein neuer Nachbar Ralph Medina erinnerte sich, auf einer Straßenausstellung in San Antonio Bilder von mir gesehen zu haben. Er drängte mich dazu, wieder zu malen, und bot mir ein verwohntes Appartement für hundert Dollar im Monat als Atelier an.

Ich konnte nicht widerstehen. Auf einmal steckte ich wieder voller kreativer Ideen, und das lag nicht nur daran, dass man mir in Miami eine Ausstellung vorgeschlagen hatte. Endlich begann ich zu verstehen, worauf es ankam: eine Künstlerin zu sein, der es um Kreativität und Ausdrucksmöglichkeiten ging, und eine Blinde zu sein, die malen konnte, das waren zwei ganz verschiedene Dinge. Und es sah ganz so aus, als sei ich eine Künstlerin. Mein Leben würde ich damit verbringen, hart zu arbeiten, zu experimentieren und ständig neu gesteckte Ziele anzupeilen. Ich würde lernen müssen, die skeptischen Medien zu ignorieren und einfach nur zu malen. Meine Begabung war nicht etwas, das sich einfach nur durch einen Ortswechsel oder eine Umorientierung im Leben auslöschen ließ.

Unsere Hausgäste trugen nicht unwesentlich zu meiner Rückkehr ins Atelier bei: nicht nur, weil ihnen die Bilder an den Wänden so gut gefielen, dass sie sie kauften, sondern auch, weil ich mich sehr für sie, ihr Leben und ihre Geschichten, ihr Wesen und ihre Verschiedenartigkeit interessierte. Solange ich noch sehen konnte, waren mir meine Mitmenschen egal gewesen. Sie waren für mich einfach nur Körper mit bestimmten ihnen zugewiesenen Funktionen: Sie waren dazu da, um mit mir ins Kino oder zum Lunch zu gehen oder aber um mich auf einem Einkaufsbummel zu begleiten. Heute sind sie mein Lebensnerv. Ich habe ständig Leute um mich und finde es herrlich. Heute pflege ich Beziehungen nicht mehr deshalb, weil ich nicht sehen kann und Hilfe benötige, sondern weil das Zusammensein mit anderen Menschen für mein seelisches Gleichgewicht unerlässlich ist.

Ich brauche nur unseren Gästen zuzuhören. Sie erzählen von ihren Abenteuern in San Antonio, von einem Tag auf dem Golfplatz oder von einer Werbung für Schlankheitsmittel, die sie im Fernsehen gesehen haben, und schon habe ich eine Geschichte für ein Bild. Die Unterschiede in Sichtweise und Charakter, meine Doppelrolle als Teilnehmerin am gemeinsamen Leben und als Voyeur, die Bilder, die Unterhaltungen bei mir heraufbeschwören – dies alles versuche ich auf die Leinwand zu bannen.

Obwohl ich selbst weiß, dass das kindisch ist, bin ich stolz darauf, normal zu wirken. Wir hatten schon Gäste, die erst nach drei Tagen merkten, dass ich blind bin. Ich spreche mit ihnen, während sie frühstücken, oder räume den Tisch ab. Sie sehen mich durch den Hof laufen, weil das Telefon klingelt. Irgendwann aber fragen sie Al: »Was ist bloß mit Lisa los? Als wir heute Nachmittag zurückkamen, winkten wir ihr zu, aber sie beachtete uns gar nicht.« Auf diese oder ähnliche Weise wird mein Geheimnis stets entdeckt.

Die Gäste an unserem Tisch regen mich dazu an, an meiner Staffelei immer wieder neue Themen zu erkunden. Jede Gruppe von Gästen erzeugt eine ganz eigene Art von Energie, die mich zu einzigartigen Bildideen inspiriert, mit einer ganz besonderen Farbauswahl und mit unterschiedlichen Gesichtern für die einzelnen Figuren. Aber aufgrund der mir gesetzten Grenzen scheitern die Ideen nur allzu oft. Ich will Bilder, die wie Schnappschüsse sind, Standfotos flüchtiger Augenblicke, Momentaufnahmen gebrochenen Lichts. Doch leider ist das unmöglich. Nur das Auge kann eine Momentaufnahme festhalten, und meine Augen funktionieren nicht. Ich kann nicht anders, als den wichtigsten Aspekt der Beziehung zwischen Maler und Objekt zu übergehen: die visuelle Beobachtung. Ich vermag lediglich, einen imaginären Dialog zwischen Betrachter und Künstler wiederzugeben, eine Version der Geschichte zu erzählen, die allein auf meinem Vorstellungsvermögen beruht. Wenn meine Arbeit an einem Bild abgeschlossen ist, denke ich immer, dass ich es hätte besser machen können, wenn ich nur aufmerksamer zugehört hätte. Ich werde nie ein ähnliches Porträt zu Stande bringen. Ich werde stets außerhalb der Szene bleiben, wie der Erzähler eines Theaterstücks, der die Handlung kommentiert, ohne an ihr teilzunehmen, und werde die Figuren von meinem ganz persönlichen Standpunkt aus betrachten, der außerhalb der Wirklichkeit liegt.

Meinem inneren Auge offenbart sich das Bild nicht immer so, wie es am Schluss aussehen wird. Manchmal entsteht es erst mit der Zeit und speist sich aus mehreren Quellen. Vor einigen Jahren besuchten Sylvia und ich New Orleans. Die Trauerzüge in den Straßen, die Lokale in der Bourbon Street, der Lärm aus den Hinterhöfen, das Durcheinander des Hafenviertels, die Straßenhändler und Wahrsager wirkten auf mich gleichzeitig so anregend und so verwirrend, dass ich mich auf nichts konzentrieren konnte. Als wir am zweiten Tag im Latin Quarter spazieren gingen, schlug Sylvia mir vor, alleine auf Entdeckungsreise zu gehen. Sie setzte sich in der Nähe in ein Café und behielt mich zu meiner Sicherheit drei Stunden lang geduldig im Auge, während ich über den Platz streifte, bei Unterhaltungen zuhörte und mich Menschen näherte. Ich fand den dichten Klangteppich überwältigend. Zu diesem Zeitpunkt sah ich noch keine Bilder, sondern spürte nur eine Art von Energie. Eine Gruppe von Straßenmusikern stimmte ihre Instrumente, improvisierte und bereitete sich darauf vor, auf dem Platz ein Jazzkonzert zu geben. Als sie aufhörten zu spielen, fragte mich jemand, ob ich mich verirrt habe. »Nein«, erwiderte ich. »Ich versuche mir nur vorzustellen, wie Sie aussehen.«

Vier Monate später flog ich wegen eines Vortrags nach Memphis, einer Stadt, die ebenfalls einen ganz eigenen Charakter besitzt. Nach meiner Rückkehr rief Sylvia mich an und schlug einen Ausflug zu einem Einkaufszentrum vor. Wir tauschten Erinnerungen aus Louisiana aus, als sich vor meinem inneren Auge plötzlich ein Bild von den Musikern aus New Orleans entfaltete: ein Jazzterzett in gestärkten weißen Hemden vor einem schmiedeeisernen, mit wildem Wein bewachsenen Zaun. Eindrücke aus New Orleans und die Reise nach Memphis verbanden sich zu diesem Gemälde, das ich *Beale Street Blues* nannte. Damit will ich erklären, dass sich meine Erfahrungen nicht unmittelbar in Bilder verwandeln, sondern zur späteren Verwendung gespeichert, kombiniert und immer wieder aktualisiert werden. Ich stelle mir gerne vor, dass ich alles, was ich höre und spüre, in meinem inneren Archiv ablege, auf hauchdünnes Durchschlagpapier, das so gestapelt wird, dass die Bilder einander überlappen und überlagern.

Auch Filme sind ergiebige Quellen. Wenn die Dialoge den Film tragen, stellen sich bei mir unweigerlich gedachte Bilder ein, doch wenn das, was die Schauspieler sagen, keine Spannung oder

Romantik vermittelt, geschieht weiter nichts. Ich mag zum Beispiel sehr den *Herrn der Ringe*, weil die Allegorien kraftvolle Vorstellungen der Figuren heraufbeschwören. Sam, Gandalf und den Zwerg kann ich mir mühelos vorstellen, ohne dass sie mir jemand beschrieben hätte. Gelegentlich zeichne ich Figuren aus Filmen, die dann von den Betrachtern meiner Bilder wiedererkannt werden. Es ist eigenartig, wie die Fantasie Lücken füllen kann. Ansprechende Bilder sind durch Leidenschaft, Energie und Bewegung gekennzeichnet. Wenn eine Person oder eine Figur in einem Film barsch, exzentrisch, einfühlsam, witzig oder weise ist, so kann ich sie malen.

Ein Paar, das kurz nach der Hochzeit bei uns gewesen war, kehrte nach einem Jahr zurück, um den Jahrestag zu feiern. Wir hatten uns bei ihrem ersten Besuch viel unterhalten, und ich fand beide hinreißend. Bei ihrem zweiten Aufenthalt saßen sie einmal zusammen mit uns und zwei anderen Paaren am Frühstückstisch und sprachen über ein Bild mit dem Titel *Study for West Side Story*, als der Mann links von mir meinte: »Wenn wir nicht wüssten, dass Sie zum ersten Mal hier sind und Lisa blind ist, dann würden wir denken, dass Sie Lisa für dieses Gemälde Modell gestanden haben.« Ich fand die Bemerkung seltsam, bis jemand feststellte, die Frau auf dem Bild sähe wie eine Zwillingsschwester der betreffenden jungen Dame aus. Das junge Paar sagte mir später, wie sehr es sie freue, dass ich sie in die Studie hineingemalt habe. Ich war mehr als verblüfft: Offenbar hatte ich von den Hinweisen, die ich wahrnehmen konnte, ziemlich korrekt auf ihr Aussehen geschlossen. Jeder am Tisch hatte sie auf dem Bild wiedererkannt!

Wenn sie mitbekommen, wie ich lebe und arbeite, vertrauen mir unsere Gäste häufig ihre Sorgen an. »Wie kann es sein, dass Sie glücklich sind und ich nicht?«, fragen sie.

Ich entgegne dann, warum sie denn nicht glücklich seien und was sie gerne täten, um ihre Situation zu verändern. »Worauf warten Sie?«, frage ich. »Was könnten Sie jetzt gleich tun?« Eine gesunde und wohlhabende Frau aus Boston, die kürzlich bei uns war, litt darunter, dass ihre Kinder jetzt erwachsen waren und sie nicht mehr brauchten. Nachdem sie ihre Aufgabe als Mutter erfüllt hatte, fand sie, hätte ihr Leben nun keinen Sinn mehr. Ich fragte sie, was ihr ein Gefühl von Identität vermitteln würde, und sie antwortete, sie würde gerne Jeans tragen, so wie ich. Jahrelang hatte sie sich ebenso wie ihre Töchter dem Diktat der Mode unterworfen. Es war ihr bewusst, dass sie sich von den eng definierten Werten und Erwartungen ihrer sozialen Schicht hatte einschränken lassen und dass sie diese Zwänge nun nicht länger ertrug.

»Ihr Mann ist zum Golfspielen gegangen«, stellte ich fest. »Warum fahren Sie nicht in die Stadt und kaufen sich einfach eine Jeans?« Einem Außenstehenden wäre es wie eine Kleinigkeit vorgekommen, doch sie kämpfte zwei Tage lang mit sich, bis sie sich endlich die Hose kaufte, und einen weiteren Tag, bis sie sie zum Frühstück trug und ihrem Mann zeigte. »Du siehst gut darin aus«, war sein Kommentar. »Jetzt kann ich mir selbst welche holen.«

Daraus ergab sich am Frühstückstisch eine längere Diskussion um Selbstbild und Identität und darüber, warum es so schwer fiel, sich eine Jeans zu kaufen. Wenn die Jeans ein Symbol dafür war, dass sie nun ihr Leben nach eigenen Vorstellungen gestaltete, was würde sie dann als Nächstes tun, fragte ich.

»Ich will mein Haus verkaufen«, antwortete sie. Ihr Gatte erstickte beinahe an seinem Erdbeersoufflee. Aber sie war eine Frau, die jahrelang in einem riesigen Haus herumgelaufen war, das jemand anderer für sie gebaut hatte, und die sich bis vor kurzem niemals gefragt hatte, ob sie in diesem Haus wirklich leben wollte.

»Sie müssen sich den Raum, in dem Sie leben, nicht aus dem Nichts erschaffen«, erklärte ich ihr, »aber Sie müssen ihn mit all dem füllen, was Sie brauchen, und ihn so einrichten, wie es Ihnen gefällt.« Da ich mich vor meiner Erblindung ähnlich verhalten hatte, verstand ich ihre Gefühle. Heute weiß ich einiges darüber, wie man sich sein eigenes Leben schafft, anstatt zuzulassen, dass andere es für einen tun. Doch dafür musste ich erst mein Augenlicht verlieren und gegen meinen Willen dazu gezwungen werden, mich zu verändern. Vielleicht wird ihr die Veränderung leichter fallen als mir, und möglicherweise muss sie ihr Haus dazu gar nicht erst verkaufen.

Bei der im Mai 2000 veranstalteten Vernissage verkaufte die Bal Harbour Gallery in Miami 16 meiner Bilder. Der Galeriebesitzer ärgerte sich so sehr darüber, dass ich 15 Minuten zu spät kam, dass er mich kaum zur Kenntnis nahm, als ich endlich da war. Dass ich auf dem Weg zur Galerie vom Taxifahrer ausgeraubt worden war, der mir Geld und Papiere genommen hatte, kümmerte ihn nicht weiter. Ich war über seine Unhöflichkeit entsetzt, doch mein neues Ich, das mit allen Schicksalsschlägen fertig wurde, beruhigte sich rasch wieder und genoss den Abend.

Diese Ausstellung führte zu weiteren und zu größerer Bekanntheit. Es folgten Ausstellungen im Dallas Museum of Art und in der neuen Galerie SOCO meines Freundes Jason Siegel in Austin. Nach einer Galaeröffnung im Witte Museum im Juli 2001, die von den Organisationen Lighthouse for the Blind (»Leuchtturm für die Blinden«) und Red McCombs mitfinanziert wurde, wurde meine Wanderausstellung »Blind Ambition« landesweit von insgesamt acht Museen gezeigt. Sie stellte eine Retrospektive meines Übergangs vom Aquarellieren zur Malerei in Öl dar. Begleitende Informationstafeln erläuterten die Beziehungen zwischen dem Verlust der Sehfähigkeit und der Technologie, Kunst, Kreativität und Farbe.

Meine Geschichte gefiel der Presse sehr. Jedes Mal wenn der Ausstellungsort wechselte, begann eine neue Runde von Medienpräsenz und Fernsehauftritten. Al und ich gewöhnten uns an ein Leben als lokale Berühmtheiten und an die ständigen Störungen unseres Privatlebens. Die Auftritte waren zu unserem Beruf geworden und trugen zu unserem Lebensunterhalt bei. Die Ausstellung »Blind Ambition« war so erfolgreich, dass Al mir ein zweites maßgeschneidertes Atelier bauen konnte. Unsere Freunde sprechen häufig über Als ausgezeichneten Geschmack und sein Gefühl für Farben. Dazu kann ich nichts sagen, ich weiß nur, dass das Atelier für mich perfekt ist. Al entwarf auch zwei weitere, miteinander verlinkte Webseiten: *www.beauregardhouse.com* und *www.blindartist.com*. Letztere ist für Leute gedacht, die von mir gehört haben, aber meinen Namen nicht kennen.

Mein Entschluss, meinen eigenen Weg als Malerin zu gehen, wurde einmal mehr auf die Probe gestellt, als ich im Mai 2000 einen Brief von Michael O'Mahoney erhielt, dem Besitzer der Wentworth Gallery, die in Miami und Atlanta Filialen unterhält. Er hatte meine Arbeiten in der Bal Harbour Gallery in Miami gesehen und wollte, dass ich einen zweijährigen Exklusivvertrag unterschrieb. Inzwischen verdiente ich zwar gut, indem ich meine Bilder über das Internet und gelegentliche Ausstellungen verkaufte. Doch ich fand, dass mir die finanzielle Sicherheit und auch das Ansehen gut tun würden, die mir eine renommierte Galerie bieten konnte. Außerdem zweifelte ich immer noch an der Qualität meiner Werke, und ein Angebot der Wentworth Gallery kam mir wie ein Gütesiegel vor.

Allerdings stellte O'Mahoney einige Bedingungen. Er bestand darauf, dass ich ausschließlich in Öl malte, weil die Sammler Ölbilder verlangten. Ich sollte jeden Monat zwei Gemälde im Format 75 mal 100 Zentimeter abliefern und für jedes 500 Dollar erhalten. Eigentlich hätte ich es nach meinen Erfahrungen mit der Sendung *Today* und dem Auftrag für das Kinderbuch besser wissen müssen. Hatte ich mir nicht geschworen, nur noch für mich selbst zu malen? Doch die Vorstellung, eine bekannte Galerie würde meine Arbeiten vermarkten, gefiel mir gut, und Wentworth war eine der größten der USA. Ich unterzeichnete den Vertrag und war sofort mit allem einverstanden, was nur zeigte, wie unsicher ich mich fühlte und wie wichtig es mir war, als Malerin Erfolg zu haben. *Ach toll,* dachte ich mir, *zwei Bilder im Monat, endlich habe ich einen festen Job.*

Jason redete mir gut zu, mich auf dieses neue Abenteuer einzulassen. »Du kannst es ruhig riskieren«, sagte er. »Der Vertrag ist so, als würde dir jemand einen Schnellkurs in Ölmalerei bezahlen.« Das sollte sich gelinde gesagt als Untertreibung herausstellen. Ich hatte es so eilig, von Wentworth vertreten zu werden, dass ich mir nicht die Zeit nahm, zu prüfen, worauf ich mich da einließ. Ich besaß weder Ölfarben noch die dazugehörigen Pinsel und Leinwand. Obendrein hatte ich nicht weiter darüber nachgedacht, dass Ölfarben und Lösungsmittel giftig und in Anbetracht meiner Vaskulitis für mich sehr schädlich waren. Aber ich wollte schließlich das tun, was alle bekannten Maler taten. Ich hörte mit dem Aquarellmalen auf und vergrub mich in meinem Atelier, wo ich mir alle erdenkliche Mühe gab, die Ölmalerei in kürzester Zeit zu meistern und die im Vertrag festgelegten zwei Bilder im Monat zu malen. Ich konnte sehr bald feststellen, dass Öl und Wasser tatsächlich zwei sehr unterschiedliche Flüssigkeiten sind. Die Techniken des Aquarellierens und des Malens in Öl stehen praktisch in vollständigem Gegensatz zueinander. Ich kam mir vor, als würde ich wieder auf jenem Hocker in Ruston sitzen und lernen müssen, in einer neuen Welt zurechtzukommen.

Ich beschäftigte mich systematisch mit Farbtönen, Impasto-Technik (Relief-Technik), Farbverdünnung und Lasieren, während ich mich gleichzeitig bemühte, eine wiedererkennbare Form zu malen. Aufgrund ihrer Eigenschaften und weil es lange dauert, bis sie trocken sind, ist die Arbeit mit Ölfarben auch für Sehende nicht ganz einfach. Mir war manchmal, als müsse ich durch tiefen Schlamm waten. Die Pigmente und das Farbsystem der Ölmalerei unterscheiden sich deutlich von denen des Aquarellierens. Beim Arbeiten mit Wasserfarben erhalten Formen, mit denen man arbeitet, fühlbare Grenzen, und für den Umgang mit Raum und Orientierung gibt es bewährte Methoden, sodass das Ergebnis absehbar ist. In gewisser Weise lässt es sich mit der Brailleschrift vergleichen, denn man kann sich das Bild ertasten. Ein Ölbild dagegen ist grenzenlos; ich kann weder feststellen, was ich gemalt, noch was ich übermalt oder betont habe. Ich arbeite buchstäblich blind.

Ein Jahr lang arbeitete ich zwölf Stunden am Tag, und das sieben Tage in der Woche. Es war wirklich alles andere als ein Schnellkurs. Meine Kraft war begrenzt, ich spürte die Wirkung der giftigen Dämpfe, und die Verpflichtung, zwei Bilder im Monat abzuliefern, besorgte den Rest: Irgendwann stieß ich an meine Grenzen und musste, um den Vertrag einzuhalten, Bilder abgeben, mit denen ich nicht zufrieden war. Im ersten Jahr fand ich, dass nur vier der Bilder wirklich vollendet und akzeptabel waren. Obgleich die Galerie meine Gemälde mit hohem Gewinn verkaufte, musste Al jeden Monat bitten und betteln, bis mein bescheidenes Honorar ausgezahlt wurde. Zwar machte mir meine Begegnung mit der Ölmalerei in gewisser Weise auch Spaß, doch war ich insgesamt mit der Galerie und den Vertragsbedingungen so unzufrieden, dass ich schließlich die Lust verlor, für Wentworth zu arbeiten.

Als Ende des Jahres eine Vertragsverlängerung anstand, versuchte ich die Bedingungen neu auszuhandeln: Ich wollte weniger Bilder abliefern müssen; zudem verlangte ich eine beträchtlichere Erhöhung meiner Honorare als nur um die vorgesehenen 15 Prozent und mehr Flexibilität bei der Wahl der Leinwandgröße. Die Galerie lehnte alle drei Änderungswünsche kategorisch ab, und ich beschloss, meiner Gesundheit und meinem seelischen Wohlbefinden zuliebe aus dem Vertrag auszusteigen.

Es stellte sich heraus, dass ich einen großen Fehler gemacht hatte. Vor lauter Begeisterung, von Wentworth repräsentiert zu werden, hatte ich es versäumt, den Vertrag vor Unterzeichnung von einem Anwalt prüfen zu lassen. Ohne dass es mir bewusst gewesen war, hatte ich der Galerie das Urheberrecht für die in ihrem Auftrag gemalten Bilder abgetreten. Ich nahm mir einen Anwalt, um den Vertrag anzufechten, aber es wurde sehr unangenehm. Die Galerie behauptete in einem unverschämten Brief, dass ich weder das Talent noch die finanziellen Mittel besäße, um höhere Honorare zu verlangen oder aber Vertragsänderungen durchzusetzen; sie wollten mir weismachen, dass ich nie wieder ein Bild verkaufen würde. Doch schließlich siegte ich und konnte mich aus der Knechtschaft für die Wentworth Gallery befreien.

Diese Erfahrung forderte einen hohen Preis. Die seelische Belastung und die Dämpfe hatten meinem Herzen schwer zugesetzt, und meine Vaskulitis flammte wieder auf. Einen Monat nach meinem Austritt aus dem Vertrag begann ich eine chemotherapeutische Behandlung. Weil Chemotherapie die Immunabwehr dämpft, wird sie auch gegen fortgeschrittene Vaskulitis und andere Immunstörungen eingesetzt. Ich konnte es mir nicht länger leisten, meine Gesundheit zu ignorieren, und sah mich gezwungen, mehr Energie in den Umgang mit meiner chronischen Krankheit zu investieren.

Eine chronische Krankheit hat keinen genau definierbaren Anfang und keine abgrenzbare mittlere Phase in ihrem zeitlichen Verlauf; und sie besteht fort, ohne ein bestimmtes Ende zu haben. Auch ist sie weder ein Umweg noch ein Ziel. Sie ist eine Tatsache des Lebens und ein Teil von dem, was man ist. Meine Vaskulitis betrachte ich nicht mehr länger als eine Krise. Sie ist bloß ein weiterer Faktor, der mich definiert: Ich bin blind, ich habe grüne Augen, ich bin verheiratet, ich bin eine Malerin, und ich habe Vaskulitis – mit all den damit verbundenen Schmerzen und Einschränkungen.

Eine chronische Krankheit geht nicht einfach von alleine wieder weg. Sie lässt sich nicht rasch lindern, und man darf sie nicht ignorieren. Ständig muss man sich neuen Gegebenheiten anpassen;

anders kann man nicht mit ihr leben. Jeder Mensch hat furchtbare Angst davor, eines Tages behindert oder entstellt zu sein. Kürzlich vertraute mir ein Gast an, unter heftigen Migräneanfällen zu leiden. Dennoch weigerte er sich, stärkere Medikamente zu nehmen, weil er nicht als schwach erscheinen wollte. Eine Dame, die ebenfalls bei uns wohnte, nahm mich eines Tages beiseite, um mich zu fragen, wie ich mit einer unheilbaren Krankheit leben kann. Sie erholte sich gerade von einer Krebserkrankung und fürchtete sich vor einem Rückfall. Ich glaube, das Unbekannte ist das, was uns Menschen wirklich Angst macht. Die abstrakte Vorstellung von Veränderung ist Furcht erregend. Ich versuche den Leuten zu erklären, dass man das Leiden lindern kann, aber nicht die Krankheit selbst. Ich vergleiche meine Versuche, meine Blindheit in mein Leben zu integrieren, mit der buddhistischen Parabel vom Krieger und dem Drachen. Ich bin der Krieger, und weil ich den mächtigen Drachen nicht erschlagen kann, trage ich Asbestkleidung, um nicht zu verbrennen.

Chronische Krankheiten können jeden von uns befallen, und zwar unabhängig davon, ob man reich oder arm ist, welcher Religion man anhängt oder welche Hautfarbe man besitzt. Wer Glück hat, kann 70 oder 80 Jahre alt werden, ohne jemals an Krebs oder Diabetes zu erkranken, einen Herzinfarkt oder Schlaganfall zu erleiden und sein Gehör oder seine Sehfähigkeit zu verlieren. Doch spätestens im Alter wartet auf die meisten von uns irgendeine chronische Krankheit.

Wie die meisten chronischen Leiden ist auch die Vaskulitis ein Tyrann. Sie ist immer gegenwärtig. Ich vergleiche sie oft mit dem alten Bademantel, den man einfach nicht wegwerfen kann, oder mit der Garage, die ich niemals aufräumen werde. Ich komme mir vor wie der Steuermann eines Schiffs, das nicht mehr viel Treibstoff hat. Die Gezeiten der Gefühle und die Wellen physischer Anfälle werfen mich hin und her, und deshalb ist es unerlässlich, ständig den Kurs zu korrigieren. Al sagt immer zu mir: »Sag mir einfach, was du denkst und was du brauchst.« Mit anderen Worten: Ich soll herausfinden, was mich belastet und was ich dagegen tun kann. Wenn ich in einer Angelegenheit nichts auszurichten vermag, beschäftige ich mich auch nicht weiter mit ihr.

Das Zauberwort lautet »Stressmanagement«. Im frühen Stadium einer chronischen Krankheit ist Stress unvermeidlich. Selbst Verdrängung besitzt eine wichtige Funktion, denn man kann sich nicht alles, was mit einem geschieht, gleichzeitig bewusst machen; das wäre einfach zu viel auf einmal. Man muss erst einmal lernen, mit einem Zustand umzugehen, und Verdrängung kann einem dabei in gewissem Umfang helfen. Allmählich lernt man seine neuen Grenzen kennen und mit ihnen umzugehen. Allerdings ist Stress etwas, das man empfindet – und nicht ein tatsächliches Geschehen. Man muss Stress irgendwie berücksichtigen und lernen, den Augenblick zu genießen. Weder sollte man allzu viel der Vergangenheit nachtrauern noch über die Zukunft grübeln. Einen wichtigen Schritt stellt die Erkenntnis dar, dass Kontrolle eine Illusion ist. Ich musste mir erst abgewöhnen, mir unbewusst selber Fallen zu stellen; ich musste lernen, nie mehr zu sagen: »Ach hätte ich doch …«, bevor ich meinen Zustand und die damit einhergehenden Beeinträchtigungen akzeptieren konnte.

Was zählt, ist die Einstellung. Wer seine Art zu denken verändert, verwandelt das Muster seines Lebens. Die Justierung der Einstellung ist so etwas wie eine Diät für Körper und Geist. Spontanes Essen untergräbt die guten Absichten, führt zu unerwünschten Pfunden und dazu, dass man sich unattraktiv und schlapp fühlt. Wenn ich gestresst bin, dann zeichne oder male ich, oder ich sitze im großen Sessel in meinem Atelier und denke nach. Ich mache Yoga, höre meine Lieblingsmusik, meditiere oder gehe mit Wizard um den Block. Manchmal hilft mir auch ein tiefer Atemzug oder ein Augenblick der Ruhe. Die kleinen Pausen, die wir uns zwischendurch gönnen, helfen uns, vernünftige Gedanken zu fassen und angemessen zu reagieren. Ich habe gelernt, mir selbst klar zu machen, dass Probleme nie so groß sind, wie ich zunächst meine, und dass es immer eine effektive Lösung gibt. Ich habe mir beigebracht, Geduld mit mir selbst zu haben und von mir nicht länger die Perfektion zu erwarten, zu der ich mich vor dem Verlust meines Augenlichts zwingen konnte.

Ich vermeide negative Gedanken, die zu einem Absturz in die Depression und Verzweiflung führen können. Leider gelang es mir nie, meine Albträume zu vertreiben, indem ich sie malte. Ich gestattete mir einige wenige Male, meine Ängste auf Papier zu bannen, doch es war keineswegs hilfreich, und ich floh hinterher jedes Mal aus dem Atelier, um mir anderswo Ablenkung zu verschaffen. Ich denke, dass ich letztlich nicht an der tödlichen Krankheit zu Grunde gehen werde, sondern an den kleinen alltäglichen Problemen. Wenn ich den leisen Stimmen des Zweifels nachgebe, werden mich die Dämonen meiner Vergangenheit und die Ungeheuer meiner Gegenwart auf den Abgrund zutreiben. Das ist der Grund, weshalb ich konkrete Realität male statt der wahnwitzigen Fantasien meiner Seele, und auch der Grund dafür, dass ich heitere Bilder in leuchtenden Farben male. Eines meiner Lieblingsbilder ist das eines Tigers. Er steckt voller Lebenskraft und ist zufrieden und von blühenden Orchideen umgeben. Ich durfte diesen Tiger im Zoo streicheln, denn er war alt und krank und hatte nicht mehr viele Zähne. Ich malte ihn wohlgenährt und geliebt und setzte ihn in eine perfekte Welt hinein.

Ich verfüge über zahlreiche Strategien, um mich selbst zum Lachen zu bringen. Lachen hilft mehr als zwei Aspirin, und von einer guten Komödie kann ich zwei Wochen lang zehren. Wenn ich einmal wieder herzlich lachen will, stelle ich mich mir selbst in einer lächerlichen Situation vor. Ich erinnere mich zum Beispiel daran, dass ich einmal aus der Dusche kam und plötzlich einem entsetzten Gast gegenüberstand, der den Frühstücksraum nicht finden konnte, oder an jenes Erlebnis im Kaufhaus, als ich den falschen Mann umarmte. Wenn ich gerade in einer Krise stecke, breche ich dann vielleicht nicht in wildes Gelächter aus, schaffe es aber doch immerhin zu lächeln.

Die Beziehung zwischen meinem Körper und diesem ungewöhnlichen Erfordernis lässt sich mit der zwischen einer Kobra und dem Schlangenbeschwörer vergleichen. Die Chemotherapie und das Prednison, das ich einnehme, sind der Schlangenbeschwörer, die Kobra ist die Krankheit und mein Körper der Korb, in dem sie wohnt. Anders, als die Ärzte gerne raten, »kämpfe« ich nicht gegen meine Krankheit, denn ich könnte diese Schlacht niemals gewinnen. Einen chronischen Zustand kann man weder bekämpfen noch umarmen. Man sollte ihm möglichst entspannt begegnen. Ich habe die Krankheit angenommen und passe mich an ihre ständigen Wechsel an. Ich versuche, den Dingen einfach ihren Lauf zu lassen. Alles, was ich tue, erfolgt auf der Grundlage der Entscheidung, aus dem Augenblick das Beste zu machen und im Gleichgewicht zu bleiben.

Es dauerte lange, bis es mir gelang, nicht mehr über meine Krankheit zu grübeln. Die Vaskulitis ist hartnäckig und zeitigt unvorhersehbare Auswirkungen; vor allem aber wird sie niemals einfach wieder verschwinden. Ich versuche festzustellen, was gerade geschieht, ohne voreilige Schlüsse zu ziehen. Ich lebe mit leichten chronischen Schmerzen, gegen die Paracetamol nichts auszurichten vermag. Ich nehme keine starken Schmerzmittel und vertrage weder Alkohol noch Narkotika. Der Schmerz ist in meinem Organismus eingebettet und nichts weiter als ein Teil von mir. Als ich letztes Jahr feststellte, dass meine Krankheit für Al quälender war als für mich, beschloss ich, nicht mehr über ihre körperlichen Auswirkungen zu sprechen.

Kontrolle ist eine verführerische Illusion. Unabhängig davon, wie sehr Al und ich aufpassen, welche Risiken ich eingehe oder meide, verschlechtert sich meine Gesundheit laufend. Es kann passieren, dass ich das Gleiche esse wie am Vortag und Al plötzlich den Notarzt rufen muss; es ist dann immer nicht abzusehen, ob ich aus dem Krankenhaus zurückkehren werde oder nicht. Ich halte eine sehr strenge Diät, weil eine große Anzahl von Nahrungsmitteln bei mir einen anaphylaktischen Schock auslösen kann. Trotzdem genieße ich hin und wieder ein Essen in einem Restaurant oder bei Freunden; anschließend kehre ich wieder nach Hause zu Jogurt und Mineralwasser zurück. Das Kaninchenfutter und der Biojogurt, von denen ich mich ernähre, sollten mich eigentlich längst zu einer großen, schlanken Blondine gemacht haben, aber aus irgendeinem Grund funktioniert es nicht, und ich bleibe klein, mollig und brünett.

Mein neues Ich hielt sich nicht lange mit der Wentworth-Katastrophe auf. Der Bruch mit der Galerie war ein wichtiger Moment für mich und ein großer Schritt in Richtung Selbstbestimmung. Endlich fühlte ich mich in der Lage, sowohl in künstlerischer als auch emotionaler Hinsicht meinen eigenen Weg zu gehen. Jason rief mich an und meinte, ich solle mir nichts aus der Geschichte machen, da ich »zur Malerin bestimmt« sei. Ich entwickelte meinen persönlichen Stil. Im Laufe des folgenden Jahres vollendete ich 40 Ölgemälde und verkaufte sie alle. Ich war keine blinde Malerin, ich war eine Malerin, die übrigens blind war. Ich brauchte offenbar weder eine Galerie noch einen Verlag, sondern nur Liebhaber von Kunst, denen meine Arbeiten gefielen.

Zwischen dem Maler und dem Kunstsammler besteht eine enge Verbindung, auch wenn sie einander nie begegnen. Ich habe bisher über 500 Bilder verkauft, und mir ist, als hätte ich über 500 Leben gestreift. Tausende von Menschen besitzen Reproduktionen meiner Bilder. Für einen einzelgängerischen Menschen wie mich ist dies das wahre Wunder, und nicht der Umstand, dass ich male. Ich nehme gerne Aufträge an und genieße die Herausforderung, die Erwartungen des Kunden zu erfüllen. Für jeden Käufer gibt es meiner Ansicht nach ein ganz besonderes Bild. Einen Entwurf, ein Sujet oder eine Farbauswahl abzuändern, um das Bild seinem späteren Besitzer anzupassen, erfordert eine sorgfältige Analyse, die ich als intellektuell sehr anregend empfinde. Mir gefällt die Vorstellung, dass jeder Sammler etwas wirklich Individuelles und Einzigartiges erhält. Es bereitet mir auch Freude, zu wissen, dass der Besitzer sehen kann, woran ich beim Malen dachte, und dass meine künstlerischen Ideen ihm allein gehören. Das Bild wird für mich dadurch in seinem Wert bestätigt, dass es an der Wand eines Sehenden hängt.

Malen ist eine Form der Kommunikation, und das Erbe, das die großen Meister hinterließen, besteht aus Form, Farbe und Schönheit. Auch ich hoffe, eines Tages ein Erbe zu hinterlassen, doch die Entwicklung meiner Kunst ist noch nicht abgeschlossen. Ich bin noch sehr mit der Logistik des Malens beschäftigt, mit ihren technischen und kreativen Aspekten. Im Laufe der Zeit werde ich einen Grad an Können erreichen, der die technischen Aspekte in den Hintergrund drängen wird, und dann werde ich imstande sein, Bilder zu malen, die mich überleben.

Meine anstrengende Hassliebe zur Malerei ist endlich überwunden. Heute bringe ich ihr nur noch reine Liebe entgegen. Die Kunst erhält mich am Leben und ist gleichzeitig meine große Leidenschaft. Dafür pflege ich eine Hassliebe zur Ölfarbe. Der Wentworth Gallery verdanke ich die Erkenntnis, dass Öl das mir zugedachte Medium ist, und doch kämpfe ich noch täglich damit. Wenn man nicht sehen kann, ist das Malen in Öl so, als versuche man, ohne Karte den Nordpol zu umfahren.

An der Ölmalerei gefällt mir, dass sie mir ermöglicht, komplexere Ideen umzusetzen. Das lange Trocknen und der Aufbau in Schichten erfordern viel Zeit und Geduld. Je komplizierter die Komposition, desto schwerer fällt es mir, an einem bestimmten Konzept festzuhalten. Das Gute daran ist, dass man die Arbeit beiseite legen und in Ruhe über die Komposition nachdenken kann; dann macht man sich wieder darüber her und beschäftigt sich mit den Stellen, mit denen man unzufrieden ist. Ich werde immer besser darin, meine Fehler zu korrigieren, so wie es mir immer besser gelingt, mich selbst aus Schwierigkeiten zu retten. Beim Malen in Öl kann ich die Farbe so dünn auftragen, wie ich will; ich kann das Bild in Schichten aufbauen und eine dünne Schicht über die andere legen. Die langsam trocknende Farbe ermöglicht mir eine gewisse Flexibilität, auch wenn ich es manchmal nervtötend finde, warten zu müssen, bis die jüngste Schicht hart genug geworden ist, damit ich weiterarbeiten kann. Gewöhnlich befinden sich in meinem Atelier mehrere Bilder in verschiedenen Stadien der Fertigstellung, was zur Folge hat, dass mir nie langweilig ist.

Ich finde es schön, jede beliebige Leinwandgröße auswählen zu können; beim Aquarellmalen dagegen ist die Bildgröße durch die erhältlichen Blockformate vorgegeben. Anders als beim Malen mit wasserlöslichen Farben kann ich eine Arbeit in Öl montieren, wie ich will, ohne befürchten zu müssen, dass die Farben verrinnen. Häufig stelle ich das Bild beim Malen auf den Kopf oder drehe es, und dadurch wird es dynamischer.

Der Terpentingeruch, die schädlichen Dämpfe und die erforderlichen Reinigungsmaßnahmen sind zweifellos negative Aspekte. Das Atelier muss makellos sauber gehalten werden. Alles muss sehr ordentlich aufgeräumt sein, jedes Ding und jede Farbtube an ihren korrekten Platz. (Al überprüft regelmäßig, ob die Farbtuben nicht durcheinander geraten sind.) Wenn man nicht sehen kann, ist das Reinigen von Pinseln und Oberflächen eine heikle Sache. Außerdem darf ich auf keinen Fall mit den Farben und Lösungsmitteln in direkte Berührung kommen und muss Flecken und Gerüche daran hindern, sich im Atelier auszubreiten. Nachlässigkeit bei der Reinigung des Ateliers überträgt sich leicht auf die Leinwand. Ablenkung hindert mich am Malen. Wenn ich vom Telefon, einer Angestellten, einem Gast oder Al bei der Arbeit unterbrochen werde, muss ich die Farben auf meiner Palette erneuern, denn ich kann mich nicht immer daran erinnern, wie ich die Farben auf der rechteckigen Platte verteilt habe. Ich hasse diese Verschwendung.

Anders als bei meinen Aquarellen kann ich das Ergebnis meiner Arbeit bei Ölbildern nicht ertasten. Deshalb weiß ich nie mit Sicherheit, ob die Perspektive stimmt, ob das Bild vollendet ist oder die letzten Verbesserungsmaßnahmen tatsächlich ihren Zweck erfüllt haben. Ich muss darauf vertrauen, dass Geist und Pinsel eng miteinander verbunden sind und dieser das vorgestellte Bild zuverlässig auf das Papier überträgt. Ich ärgere mich ein wenig darüber, dass ich den Farbton von Haut immer noch nicht richtig treffe. Keine Ahnung, warum ich das überhaupt weiß; ich weiß es einfach.

Ich denke, dass meine Bilder noch zu einfach wirken, und das lässt mir keine Ruhe. Ich kämpfe darum, komplexere Bilder schaffen zu können. Mit jedem Bild versuche ich, mir etwas Bestimmtes beizubringen, und wenn mir das gelungen ist, langweilt mich das Bild, noch bevor ich die Arbeit daran abgeschlossen habe. Es passiert auch oft, dass ich ein Thema nicht erschöpfend behandeln kann, bevor das Bild verkauft wird. Für mich ist dieses Gemälde dann eine unvollendete Arbeit. Ich wäre inzwischen geschickt genug, um ein Bild ein zweites Mal zu malen, aber ich tue es lieber nicht. Durch Wiederholungen kann ich nichts lernen, da ich die verschiedenen Bilder nicht miteinander zu vergleichen vermag. Sie werden es schon gemerkt haben: Es geht bei mir immer darum, was ich mag und was ich nicht mag. Vielleicht brauche ich in meinem Leben ständig eine Hassliebe, weil sie mir ermöglicht, Stress produktiv umzusetzen. Vielleicht bin ich aber auch einfach nur anstrengend.

Heute ging ich ans Telefon, aber als ich den Hörer aufnahm, konnte ich die Stimme am anderen Ende der Leitung nicht hören – und auch nicht die Stimmen im Raum, das Summen des Ventilators oder das Klappern und Klirren in der Küche. Wenn so etwas passiert, und es passiert neuerdings häufiger, wirft es mich aus der Bahn. Mir wird schlecht, und ich bekomme die gleiche Angst wie damals, als ich merkte, dass mein Sehvermögen schwand.

Ich war mehr als entsetzt, als ich feststellen musste, dass ich taub wurde. Es begann mit kurzen Ausfällen. Ich schaltete das Radio ein und ... Totenstille. Oder aber jemand unterhielt sich mit mir, und hier und da fehlte mir ein Satz. Die Vorstellung, nicht mehr hören zu können, war so schrecklich, dass ich in meine Verweigerungshaltung zurückfiel, so wie ich es getan hatte, als meine Probleme mit den Augen begannen. Ich ging nicht zum Arzt, weil ich hoffte, es würde von alleine wieder besser werden. Al und ich fuhren in Urlaub. Ich wünschte mir, meine neue Beeinträchtigung in Las Vegas zurücklassen zu können, doch sie folgte mir nach Hause zurück. Endlich gestand ich Al, Hörausfälle zu haben.

»Sie werden taub«, erklärte mir der Arzt, als ich mich schließlich doch untersuchen ließ. »Sie haben bereits einen Verlust von 40 Prozent.«

Außer Claudia erzählte ich es niemandem. Ich fühlte mich der Wahrheit einfach nicht gewachsen. »Ich kann nicht sehen, und bald werde ich auch nicht mehr hören können. Wie soll ich damit umgehen? Wie soll ich darauf reagieren?«, jammerte ich. »Ich komme mir vor wie in einem Zug, über den der Lokomotivführer die Kontrolle verloren hat.«

Wunderbarerweise schienen die Chemotherapie und die Steroide, die ich seit dem Wentworth-Debakel einnahm, nach einigen Monaten eine wohltätige Wirkung auf mein Gehör und meinen allgemeinen Gesundheitszustand zu haben. Ich erlebte weniger Ausfälle, und das immer wieder auftretende Rauschen schien leiser zu werden. Mein Asthma beruhigte sich wieder, und ich fühlte mich besser, als es seit langer Zeit gewesen war. Ich ermüdete nicht mehr so leicht, und meine Schultern hatten aufgehört zu schmerzen. *Es scheint mir besser zu gehen,* dachte ich. Ich entschied, dass ich die Chemotherapie nicht mehr brauchte. Ich redete mir ein, sie sei schlecht für mich. *Schließlich ist es ja Gift.* Ich hörte auf, die Medikamente zu nehmen, ohne jemandem davon zu erzählen.

Natürlich waren die Symptome schnell wieder da. Mein Arzt wunderte sich über die rapide Verschlechterung meines Gehörs, zumal er eine intensive Behandlung verordnet hatte.

»Na ja, es ist eine sehr schmerzhafte Krankheit«, meinte ich ausweichend.

»Nach so viel Chemotherapie dürften Sie nicht mehr derartige Schmerzen haben«, entgegnete er. »Vielleicht sollte ich die Dosierung erhöhen.« Das hatte ich nun davon.

Wem Tag für Tag der eigene Niedergang bewusst gemacht wird, dem fällt es schwer, mit dieser Realität fertig zu werden. Das ist der Grund, warum manche Leute nach Operationen am offenen Herzen ihre Diät nicht einhalten, warum Raucher die bedrohlichen Statistiken ignorieren, warum Menschen mit Osteoporose keinen Sport treiben. Schlechten Nachrichten aus dem Weg zu gehen ist Teil der menschlichen Natur, und bei manchen von uns ist dieses Verhalten ausgeprägter als bei anderen. Wie oft hatte ich damit angegeben, dass ich mich mit meinem Schicksal abgefunden hatte, dass ich meine Vaskulitis akzeptierte und den Augenblick lebte? Wem wollte ich eigentlich damit etwas vormachen?

Ich fuhr mit der Chemotherapie fort, aber ich hatte einen nicht wiedergutzumachenden Fehler begangen. Wenn man sein Gehör erst einmal verloren hat, bekommt man es nie wieder zurück. Der Arzt sprach strenge Worte. »Es ist deine Entscheidung, Lisa. Wenn du dich nicht an deine Diät hältst und deine Medikamente einnimmst, dann bist du in sechs Monaten tot, ohne Wenn und Aber. Der Hörnerv ist bereits geschädigt, und du kannst jederzeit leichte Schlaganfälle erleiden.« Mit anderen Worten: Chemotherapie und Disziplin, oder der Tod.

Was ich dachte, als ich das hörte? Ich dachte mir: Ich will keine Kranke sein, die Chemotherapie braucht. *Ich will endlich wieder gesund und normal sein.* Es war so schön gewesen, keine Symptome mehr zu spüren. Es war, als ob man seine Rechnungen nicht bezahlt und hofft, keiner werde es merken. Ich hatte nicht aufgepasst, und der Drache hatte mich angesprungen.

11. Das innere Auge und die Leichtigkeit des Herzens

Wenn es dunkel genug ist, kann man die Sterne sehen.

CHARLES A. BEARD

Durch meine Tätigkeit als Pensionswirtin, die Ausstellungen und die Webseiten wurde mein Leben zu so etwas wie einer öffentlichen Angelegenheit. Bald nach der Eröffnung von Beauregard House wurde ich für die Oprah-Winfrey-Show interviewt und dadurch auf eine Weise bekannt, die mir zu diesem Zeitpunkt angemessen erschien. Ich hatte nichts mehr dagegen, als blinde Malerin gesehen zu werden. Wann immer das Feature über mich wieder gesendet wird, erhalte ich Hunderte von E-Mails. Eine Filmgesellschaft namens Motivational Productions drehte 2002 ihren alljährlichen Film über mich und verteilte ihn an Schulen überall im Land. Das Thema jenes Jahres waren positive und negative Grenzen – jene, die wir uns selbst setzen, und jene, die uns durch unsere Gesellschaft und unsere eigenen Fehlurteile gesetzt werden. Die Premiere fand im Empire Theatre in San Antonio statt. Ich ging hin und fühlte mich wie ein Star. Seit der Film herausgekommen ist, erhalte ich Tausende von E-Mails von Erziehern und Kindern, die mir erzählen, dass ihnen meine Geschichte dabei half, an ihren Zielen festzuhalten und sich selbst Grenzen zu setzen, oder aber sie dazu ermutigte, auf der Schule zu bleiben.

Der Artikel im Magazin *People* über Al und mich machte uns noch bekannter. Mir ist aufgefallen, dass in vielen Internetforen und Chatrooms die Rede von mir ist. Sogar auf europäischen, indischen und ägyptischen Seiten diskutieren die Leute über die faszinierende blinde Malerin.

Offenbar haben sich viele Teilnehmer dieser Foren sowohl über mich als auch über meine Kunst ihre Meinung gebildet. Insgesamt scheinen ihnen die Bilder zu gefallen, während ihnen die Künstlerin einige Rätsel aufgibt. »Warum möchte jemand, der blind ist, malen?« »Warum spielt sie nicht Klavier oder töpfert? Ich kann das wirklich nicht nachvollziehen.« »Wie mag sie nur ihre Farben ordnen?« »Wie bekommt sie die gegenständlichen Bilder hin?« Es sieht ganz so aus, als wären alle Aspekte meines Lebens es wert, eingehender untersucht zu werden. »Warum betreibt sie eine Frühstückspension?« »Ich habe gehört, dass sie Yoga macht.«

Anfangs las Al mir alle an mich adressierten E-Mails vor, doch mittlerweile erhalte ich so viel Post, dass er sie zuerst durchsieht und mir nur diejenigen vorliest, die besonders lustig oder aber sehr einfühlsam sind. Bis vor kurzem hätte ich mich durch so viel Aufmerksamkeit verletzt gefühlt, besonders wenn kritische oder ablehnende Meinungen geäußert werden. »Ihr Farbsinn ist gestört.« »Die Hintergründe sind zu unruhig.« Früher konnte ich mich über jede negative Kritik, über jede Ablehnung einer Ausstellung ärgern, aber inzwischen bin ich nicht mehr so leicht beleidigt. Heute sehe ich Kritik als etwas an, das mir hilft, mich in meiner Kunst zu verbessern. Ich kann mir anhören, was über mich gesagt wird – und was manchmal wirklich sehr beleidigend ist –, ohne hinterher geknickt oder verstört zu sein. Auf die Besprechungen meiner Ausstellungen bereite ich mich vor, indem ich mir selbst sage, dass ich Kritik brauche. Ich habe festgestellt, wie sinnvoll es ist, bei meiner Arbeit konstruktive Kritik zu berücksichtigen.

Nun, wo ich mich selbst akzeptieren kann, kämpfe ich nicht mehr verzweifelt um die Anerkennung anderer. Ich kann es genießen, wenn es unterschiedliche Meinungen gibt, und bin froh darüber, dass meine Arbeit als bedeutsam genug betrachtet wird, um so viel Aufmerksamkeit zu erzeugen. Ich habe gemerkt, dass meine Arbeit für andere sehr anregend ist.

Gelegentlich gehe ich auch ins Internet und nehme an Diskussionen teil, besonders wenn ich nützliche Informationen bieten kann. Einige der Kommentare sind schmeichelhaft. Es gibt sogar Leute, die mich bewundern, und zum ersten Mal in meinem Leben bin ich in der Lage, das positiv aufzunehmen. Meine kindliche Angst, dass es böse Folgen haben könnte, wenn ich die Aufmerksamkeit anderer auf mich und meine Leistungen lenke, verringert sich. Aber ich fürchte, dass meine Unsicherheit nie ganz verschwinden wird. Stets werde ich daran erinnert werden, wie anders ich war: zu intelligent, zu kritisch, zu introvertiert, zu intensiv. Erst in den letzten Jahren wurde mir klar, dass genau jene Eigenschaften, die meine Eltern an mir hassten, diejenigen sind, die mir halfen zu überleben.

Häufig frage ich Jason nach seiner Meinung und gebe mich nicht damit zufrieden, wenn er nur sagt, dass ihm etwas gefällt oder aber dass an einem Bild etwas nicht stimmt. Ich bestehe auf einer regelrechten Kritik. Wir haben eine Abmachung: Wenn Bilder von mir nicht innerhalb eines bestimmten Zeitraums verkauft worden sind, kann ich sie zurückverlangen und ausbessern oder sogar übermalen. Seit ich mit Jason zusammenarbeite, musste ich zwar noch nie auf diese Möglichkeit zurückgreifen, aber ich finde es beruhigend, dieses Hintertürchen zu haben.

Mein Alltag ist ziemlich anstrengend. An normalen Tagen weckt Al mich gegen sieben Uhr morgens. Normalerweise tue ich eine halbe Stunde etwas für meine Fitness; anschließend gehe ich in die Küche zu Al und helfe ihm bei den Vorbereitungen für das Frühstück. Wir besprechen unser Tagesprogramm und die Dinge, die erledigt werden müssen. Wir versuchen, die Arbeit unter uns aufzuteilen. Ich besorge die Buchführung, überweise die Rechnungen und trage die Reservierungen ein. Wenn ich eine schlechte Nacht hatte, schlafe ich morgens aus, und Al erledigt alles Anfallende alleine. Ich versuche, möglichst acht Stunden am Stück zu schlafen, damit mein zirkadianischer Rhythmus nicht gestört wird: Denn sonst fällt es mir noch schwerer, den Tag von der Nacht zu unterscheiden, weil in meiner Welt ständig Nacht ist. Wenn ich sehr müde bin, habe ich keine Lust, mich dazu zu zwingen, nach dem Zeitplan der Sehenden wach zu bleiben.

Al meint, meine Strategie, den Tag zu bewältigen, bestünde darin, »mich zurückzuziehen, Kräfte zu sammeln und zurückzukehren«. Sobald ich mich überfordert fühle, klinke ich mich aus meiner normalen Routine aus, tanke neue Energie und nehme dann mein aktives Leben wieder auf. Wenn mir nicht nach Malen ist, bringe ich eine meiner Freundinnen dazu, mit mir Malutensilien einkaufen zu gehen. Manchmal hilft es mir auch, eine meiner Lieblings-CDs zu hören. Oder ich gehe zu einem Yogakurs oder nehme an einer Partie Bridge teil. Bridge ist mein neuestes Hobby und ein fantastisches Gehirntraining. Weil die Karten erhöhte Markierungen haben, kann ich mitbieten, und jeder Spieler sagt die Karte an, die er spielt. Natürlich ist mir mein gutes Gedächtnis dabei eine große Hilfe.

Womit ich mich außerdem beschäftige? Seit einiger Zeit lerne ich Spanisch. Ich höre mir Bänder an und probiere meine Sprachkenntnisse bei jeder sich bietenden Gelegenheit aus. Ich gehe auch gern in unserem Viertel mit Wizard spazieren, der allerdings als Blindenhund leider ein Reinfall ist. Reisen inspirieren mich noch immer. In den letzten Jahren waren wir in Schottland, Frankreich und Mexiko, an Orten mit einer sehr intensiven Atmosphäre, die meiner Fantasie reiche Nahrung boten. Manchmal fahren wir auch einfach nur zu einer Eigentumswohnung am Strand der nahen South Padre Island und verlassen dann eine Woche lang das Zimmer nicht. Schlafen und Sex sind nach wie vor meine liebsten Urlaubsbeschäftigungen. Gelegentlich kommt es vor, dass wir auch einmal eine Sandburg bauen.

Trotz des heftigen Auf und Ab von Glück und Leid, Zweifeln und Widerständen, ist mein Leben zu etwas Rundem und Ganzem geworden. Zelle für Zelle entstand eine neue Frau und ersetzte die alte, deren Welt an jenem Tag auf der Interstate 35 unterging. Ganz langsam und allmählich geschah es, dass die Blindheit zu einem festen Bestandteil meiner Persönlichkeit wurde und nicht länger ein gefürchteter, unerwünschter Eindringling war. Neulich ertappte ich mich dabei, wie ich sagte: »Ich kann mich gar nicht mehr daran erinnern, wie es war, nicht blind zu sein.«

Eine Gruppe von Akademikerinnen, die neulich bei uns war, erkundigte sich nach meinen künstlerischen Zielen. Ich erzählte ihnen, dass ich Kunst mittlerweile als eine *Möglichkeit* ansehe und nicht mehr als ein Ziel. Es war eine befreiende Erfahrung, so weit zu kommen, dass ich für mein Endprodukt bezahlt werde, ohne es selbst beurteilen zu müssen und zu können: keine Selbstvorwürfe, keine ständigen Selbstprüfungen – ich tue nicht mehr und nicht weniger, als mit einem Bild etwas zur Raumgestaltung oder zum Leben anderer Menschen beizutragen.

»Das ist einer der Aspekte, die mir am Blindsein gefallen«, stellte ich fest.

Sie waren bestürzt: »Es gibt Dinge, die Ihnen am Blindsein gefallen?«

Ich hatte nie bewusst darüber nachgedacht, und jetzt war es mir einfach so herausgerutscht. Also musste ich zugeben, dass es tatsächlich Aspekte der Blindheit gab, die ich zu schätzen gelernt hatte. Damit waren sie nicht zufrieden. »Machen Sie doch mal eine Liste. Was ist so schön daran, blind zu sein?«

Meine Liste sah schließlich folgendermaßen aus:

Am Blindsein gefällt mir, dass ich nur einen einzigen Bleistift benötige. Al hat in seinem Büro vermutlich Hunderte von Bleistiften, weil er sie nie ordentlich aufräumt. Ich habe nur einen, und weil ich ihn stets an die gleiche Stelle zurücklege, weiß ich immer, wo er ist.

Ein weiterer Vorteil ist, dass ich zu einer Expertin für Stimmen wurde. Die Stimme erzählt mir alles über einen Menschen und gibt mehr von ihm preis als seine Gesten und Mimik. Aus der Stimme jedes Menschen, der in mein Leben tritt, höre ich Heuchelei, Begeisterung, Zerrissenheit, Distanziertheit, Wärme, Verzweiflung oder Verärgerung heraus, ohne mich durch visuelle Informationen verunsichern zu lassen. Yogi Berra sagte einmal: »Wenn man einfach nur hinschaut, kann man viel beobachten.« Ich »schaue« auf den Klang der Stimme.

Am Blindsein gefällt mir auch, dass ich keine Konsumentin mehr bin. Früher war ich eine äußerst eifrige Konsumentin, aber ich habe die Lust auf viele Dinge verloren, die ich früher für unentbehrlich hielt. Es macht mir viel Spaß, mit Freundinnen einkaufen zu gehen und zu hören, was sie über ihre Errungenschaften sagen. Manchmal bestehen sie darauf, dass ich auch eine Kleinigkeit erstehe, doch all meine Kleidungsstücke und Kosmetikartikel kauft heute Al ein.

Am allerbesten gefällt mir am Blindsein, dass ich mir keine Sorgen mehr über mein Aussehen mache. Ich spüre, wie sich mein Gesicht und meine Hüften mit dem Alter verändern, aber ohne von einem Spiegel auf den harten Boden der Tatsachen zurückgeholt zu werden, kann ich ewig 18 bleiben. Meine Schönheit ist zeitlos!

Meine Blindheit gibt mir das Gefühl, dass ich nichts und niemandem etwas schulde und deshalb das Recht habe, mich selbst zu belohnen. »Du hast diese Woche alles gut gemacht, du hast endlich all deine E-Mails beantwortet, du hast dich an deine Diät gehalten«, sage ich zu mir, »und deshalb kannst du dir jetzt die Hände maniküren lassen.« Tatsächlich bin ich inzwischen so weit, dass ich mir immer dann, wenn ich Lust darauf habe, eine Maniküre leiste, gleichgültig ob ich brav oder böse war. Jedes Mal wenn ich einer Versuchung nachgegeben habe, denke ich an Mark Twain, der einmal gesagt hat: »Iss, was du willst, und lasse das Essen es in dir drinnen selbst ausfechten.« Ich halte mich nicht an das, was Claudia als »erwachsenes Verhalten« bezeichnet und was in Wirklichkeit nichts anderes ist als eine Kombination von hoffnungslos übertriebenem Schuldgefühl und Verantwortungsbewusstsein. Mit alldem bin ich fertig. Früher dachte ich, dass mir nie etwas Schreckliches zustoßen würde, wenn ich immer nur das Richtige tat und nicht viel Aufhebens um mich machte.

Noch viel besser gefällt mir, dass meine Erblindung mich dazu zwang, mich zu verändern. Ich wurde zu einem freundlicheren und glücklicheren Menschen, der ein sinnvolles Leben lebt. Ich habe liebe Freunde, lebe in einer von Zuneigung geprägten Ehe und habe meine Leidenschaft für die Kunst entdeckt. Eine Krise ist eine Chance. Die Erblindung öffnete in mir eine Tür, die sonst verschlossen geblieben wäre.

Oft denke ich, was kann mir jetzt, nachdem ich mein Augenlicht verloren habe, denn noch passieren? Meine grässliche Kindheit vermochte mich nicht zu brechen, meine elende erste Ehe zwang mich nicht in die Knie, die Blindheit löschte mich nicht aus, und deshalb denke ich, dass mir auch Taubheit nichts anhaben kann; sie wird nur eine weitere Reise ins Unbekannte sein. In den Jahren seit meiner Erblindung entwickelte ich Strategien, um mit dem Leben zurechtzukommen, und eine Form von Selbstsicherheit, die mir helfen wird, jeden weiteren Sturm zu überstehen. Ich bin mir nicht sicher, ob ich es ertragen könnte, Al zu verlieren, doch meine Chancen stehen besser als früher. Ich kann alles überleben und glücklich, wirklich glücklich sein.

Es ist eine ziemlich lange Liste geworden. Wenn mir jemand vor fünf Jahren erzählt hätte, dass ich eines Tages so viele Vorteile des Blindseins aufzählen würde, hätte ich ihn für verrückt gehalten.

In den letzten Jahren war ich sehr krank. Ich habe ständig irgendwelche gesundheitlichen Probleme, und deshalb rechnen wir mit allem und versuchen, vorausschauend zu handeln. Inzwischen habe ich so viele Spezialisten kennen gelernt, dass ich eine Vermittlungsagentur eröffnen könnte. Nun droht Taubheit, eine weitere Schicht von Dunkelheit, die mich von der Welt abzuschneiden versucht, die ich inzwischen so sehr liebe. Dieser Hörverlust ist eine weitere Konsequenz der Vaskulitis, die mir bereits das Sehvermögen nahm. Die Aussichten sind schlecht. Mein Arzt hat mich angewiesen, ihn sofort zu verständigen, wenn sich an meinem Hörvermögen irgendetwas ändern sollte. »Ich weiß nicht, ob Sie mich richtig verstanden haben: Sie müssen in der *Minute*, in der Sie eine Veränderung feststellen, mit mir Kontakt aufnehmen«, betonte er, vermutlich weil ich frühere Warnungen ignoriert hatte.

Der Hörverlust ist schon so weit fortgeschritten, dass ich kaum noch zwischen *f* und *s*, zwischen *d* und *t* oder ähnlich klingenden Wörtern unterscheiden kann. Ich habe es aufgegeben, Unterhaltungen in Räumen voller Menschen zu folgen, weil ich Angst haben muss, nicht richtig zu verstehen, worum es geht. Wir haben ein Telefon für Hörbehinderte gekauft, bei dem man den Ton lauter stellen kann. Trotzdem passiert es mir öfters, dass ich Leute, ohne es zu wollen, mitten im Satz unterbreche. Ich hasse es, unabsichtlich unhöflich zu sein, aber ich vermisse auch die Kommunikation mit anderen Menschen. Ich habe gelernt, die anderen darum zu bitten, mit mir Geduld zu haben, da ich immer schlechter höre. Weil ich keine Lust habe, in Timbuktu zu landen, wenn ich eigentlich nach Peru fliegen wollte, bitte ich andere, das Gesagte mehrmals zu wiederholen, bis ich mir sicher bin, richtig verstanden zu haben. Das ist ein großer Schritt für jemanden, der zwei Jahre lang nicht zugeben konnte, blind zu sein. Jetzt achte ich sehr auf den Verlauf meines Gehörverlusts und passe mich ständig neu an.

Meine größte Sorge ist, ob ich weiterhin werde malen können. Wenn mir die Anregung des Gehörten fehlen wird, der mittlerweile wichtigsten Inspirationsquelle für meine Bilder, werde ich dann in der Lage sein, mich an den Rhythmus des Tanzes, die Rufe des Toreros, die Intimität einer Unterhaltung oder den Lärm des Straßenverkehrs zu erinnern? Werde ich die Fähigkeit entwickeln, das Gehörte so im Gedächtnis zu bewahren wie das Gesehene?

Wie werde ich Gehörtes archivieren und reaktivieren? Wenn ich nicht mehr malen kann, kann ich dann Bildhauerin werden? Wie werde ich ohne Gehör Energie tanken können?

Bevor die nächste Phase beginnt, muss ich meine Ängste ordnen und analysieren. Welche Ängste sind berechtigt und welche nicht? Ich muss wissen, wie ich mit ihnen umgehen soll, wenn sie relevant werden. Ich muss Gewissheit haben, dass ich weiter malen und funktionieren kann. So, wie Blindheit die Welt auslöscht, so löscht Taubheit das Gefühl aus, Teil einer Gemeinschaft zu sein. Ich vertraue fest darauf, dass das Leben ebenso wie die Kunst fortbesteht.

Mehr als je zuvor ist die Kunst das, was mich am Leben erhält. An Tagen, an denen ich nicht viel Kraft habe, male ich immer nur etwa 15 Minuten lang am Stück. Ich verbringe viel Zeit damit, mich in meinen bequemen Sessel zu kuscheln, Musik zu hören und mich mit meinen Bildern zu unterhalten. Seit einiger Zeit denke ich mehr nach und male weniger, und dadurch entstehen aussagekräftigere Bilder.

Es ist nicht so, dass die alten Zweifel ganz ausblieben. Und ich muss mir auch immer wieder selbst klar machen, dass meine Arbeit wertvoll ist. Doch diese Momente der Unsicherheit treten seltener und in größeren Abständen auf als früher. Ich male mehr und mehr für mich selbst – zu meinem Vergnügen, zu meiner Unterhaltung, aus Freude am Lernen, aus Freude an der Herausforderung – und konzentriere mich dabei völlig auf Kreativität und Ausdruck. Neulich begann ich, mich mit dem Malen von Wasser und Spiegelungen auseinander zu setzen; bisher hatte ich damit noch nicht viel Erfolg, aber es hat mir Spaß gemacht. Je kniffliger ein Problem beim Malen ist, desto lieber beschäftige ich mich damit.

Ich verstehe nicht richtig, warum, aber es gibt einen Zusammenhang zwischen meinem Hörverlust und dem Drang, komplizierte Bilder in Angriff zu nehmen. Das Malen von Bauwerken langweilt mich; vielleicht liegt es daran, dass ich Gebäude weder sehen noch hören kann. Beinahe alle meine aktuelleren Arbeiten zeigen zahlreiche Figuren in sehr detailreichen Umgebungen und komplexen Perspektiven. Jahrelang stellte ich mir vor, ich würde eines Tages eine tausendköpfige Menschenmenge beim Bad im Ganges malen. Ich denke, das war Teil meiner Trotzhaltung. Vielleicht werde ich dieses Bild eines Tages wirklich malen, aber fürs Erste genügen mir ein halbes Dutzend Antiquitätenhändler, die sich in einem Auktionshaus umsehen.

Ich kann heute einiges viel besser als früher; es fällt mir leichter als je zuvor, mir detailreiche Szenen vorzustellen. Es ist, als wäre meine Blindheit ein Stereoskop, durch das ich eine gewaltige Bilderbank betrachten kann. Ich lasse mir die Richtigkeit dieser Bilder ständig von anderen bestätigen, weiß aber auch, dass meine Verzerrungen »wirklichen« Lebens ihre eigene Gültigkeit besitzen und einfach nur eine andere Sichtweise darstellen. Es gelingt mir besser als früher, mentale Karten anzufertigen, und ich muss meine Bilder nicht mehr bis in alle Einzelzeiten vorausplanen. Ich kann ein Bild so gut im Kopf behalten, dass ich ein komplexes Gemälde nicht vorzuzeichnen brauche. Häufig benutze ich mehrere Farbpaletten gleichzeitig und nehme im Anfangsstadium eines Bildes von ihnen allen Farbe, um erste Schichten aufzubauen, ohne mich dabei um Nuancen zu kümmern. Ich lege das Bild freihändig an, anstatt es vorzuzeichnen und dann auszumalen, und deshalb konzentriere ich mich bei der Komposition eher auf die Anordnung der Objekte und auf die Einheit, die sie bilden. Wenn ich das richtig hinbekomme und Licht und Schatten korrekt verteile, habe ich es später mit den Einzelheiten leichter.

Der größte Unterschied gegenüber früher ist, dass ich die Komposition und die Platzierung von Objekten mit der Zeit verändern kann, indem ich übermale, was ich nicht mehr haben will, und neue Elemente hinzufüge. Ich kann Linien nach Lust und Laune verändern oder krümmen und weiß selbst nicht, wieso das so ist.

Es kommt mir immer mehr so vor, als würden meine Bilder irgendeiner unbewussten Quelle entspringen. Ich versuche, Techniken alter Meister mit einzubauen, mit denen ich mich beschäftigt habe, und experimentiere mit selbst entwickelten Techniken, erste Anzeichen eines persönlichen Stils. Al sagt, dass ich in meiner Entwicklung große Fortschritte mache.

Mit anderen Worten, ich werde allmählich zu einer richtigen Malerin. Ich erhalte weiterhin Einladungen, Reden zu halten und Seminare und Workshops zu leiten. Es macht mir Spaß, anderen zu zeigen, was ich gelernt habe. In den letzten Jahren wollte ich öfter zu Ausstellungen meiner Arbeiten, doch die Bilder waren bereits vor der offiziellen Eröffnung ausverkauft. Meine Gemälde tauchen in Filmen und auf Buchumschlägen auf, als Titelseiten von Zeitschriften und als Poster. Es ist sehr schön, dass meine Arbeit so viel Anklang findet. Ich strebe weiterhin danach, die Techniken meiner Kunst – und auch des Lebens – zu beherrschen, doch ich weiß, dass allein die Beschäftigung mit der Kunst Zufriedenheit schenkt. Ich bin ein normaler, wenn auch blinder Mensch, der den Drang hat zu malen. Als ich neulich mit Jason darüber sprach, meinte er: »Nun, Lisa, vielleicht gibt es Leute, die deine Werke kaufen, weil sie deine Geschichte faszinierend finden. Aber niemand zahlt Tausende von Dollar, nur weil er ein Bild besitzen will, das von einer Blinden gemalt wurde. Er kauft ein Gemälde der Künstlerin Lisa Fittipaldi.«

»Sich zurückziehen, Kräfte sammeln und zurückkehren« ist nicht nur meine Strategie für den Alltag, sondern eigentlich ein Resümee meiner Entwicklung seit der Erblindung. Zuerst zog ich mich zurück: Ich versteckte mich vor der Welt und weigerte mich, mich an meine neue Situation anzupassen. Dann sammelte ich Kräfte: Ich lernte, was ich brauchte, um mein Leben zu meistern. Und schließlich kehrte ich in die Welt zurück und zu einer vollständigeren und echteren Version meiner selbst.

In mein altes Leben würde ich um nichts in der Welt zurückkehren wollen. Das Augenlicht ist keine vollwertige Entschädigung für Einsamkeit, für ein Leben ohne Freunde oder für eine unglückliche Ehe. Ich neide anderen nicht ihr Leben, da ich viel zu beschäftigt bin, mein eigenes zu genießen. Ich habe mein Augenlicht verloren und dafür Hellsichtigkeit gewonnen. Die Stimme, die mir einst erzählte, ich sei nichts wert, ist verstummt. Eines Tages wurde mir klar, dass ich nun über 50 Jahre alt war und nichts weiter eingebüßt hatte als mein Sehvermögen und meine Gesundheit. Ich atmete noch und war immer noch in der Lage, meine Unterwäsche richtig herum anzuziehen. Ab jenem Tag hörte ich die vertraute nörgelnde Stimme nicht mehr. Es ist mir selbst ein Rätsel, wie ich so weit kommen konnte, aber eines weiß ich mit Sicherheit: Glück ist nicht das Ziel, sondern das, was uns auf unserem Weg weiterbringt.

Bald werde ich nach Oaxaca in Mexiko fliegen, um an einem Spanisch-Intensivkurs teilzunehmen. Es ist mein erster Urlaub alleine und meine Art, mir selbst zu beweisen, dass ich noch unter den Lebenden bin. Es ist eine Herausforderung und eine weitere Stufe auf der Treppe meines Lebens. Ich empfinde gleichzeitig Angst und Vorfreude und habe keine Ahnung, wie es mir ergehen wird, wenn weder Al noch irgendwelche Freunde mich begleiten. Ich frage mich, wie ich mit den Hörausfällen zurechtkommen werde, der unbekannten Umgebung und einer Kultur, mit der ich nicht vertraut bin. Werde ich das Essen und das Wasser vertragen? Natürlich muss ich auch an meine missglückten Flugreisen denken, und ich fürchte mich davor, in Depressionen und Abhängigkeit zu versinken.

Die zwei Wochen in Oaxaca sollen mir meine Stärken und Schwächen aufzeigen. Ich wünsche mir, dass mir dieser Urlaub Abstand schenken und mir helfen wird, mich zu integrieren und anzupassen, und dass er mir ermöglicht, ein Abenteuer zu erleben.

Nach meiner Rückkehr werde ich wissen, wo ich herkam und wohin ich gehe. *Reisen* ist für mich ein Weg zum Glück. Ich werde mich nach Oaxaca zurückziehen. Ich werde dort Kräfte sammeln. Dann kehre ich nach Hause zurück.

»Irgendwas hält dich. Doch es tut weh: Dieses Werde und Stirb. Dieses Blüh' und Vergeh'« Konstantin Wecker

Muriel Simon
WIEDER IM LEBEN
Mein neuer Anfang nach der Diagnose Brustkrebs
Erfahrungen
224 Seiten
ISBN 978-3-404-61601-5

An einem späten Sommerabend, während sich die Arbeit auf und unter dem Schreibtisch stapelt und der Wecker längst auf sieben gestellt ist, weil die Tochter zur Schule gebracht werden muss, ertastet die 40-jährige Muriel durch Zufall einen Knoten in ihrer Brust. Gefangen zwischen Ahnung und Hoffnung, durchlebt sie die folgenden Tage. Schließlich ist sie für die kleine Lara allein verantwortlich … Aber das Leben hat andere Pläne. Der Knoten stellt sich als aggressiv heraus, schnell wachsend, vermutlich schon streuend. Die Ärzte läuten sofort die Behandlung mit einer starken Chemotherapie ein. Ein ganzes Jahr lang, das für Muriel zur Tortur wird.

Bastei Lübbe Taschenbuch